EMA
Exact Management Accounting
正合管理会计

正合管理会计学

Exact Management Accounting

张孝林　徐 辉◎著

中国经济出版社
CHINA ECONOMIC PUBLISHING HOUSE
·北 京·

内 容 提 要

本书是财务会计向管理会计转型的读本。书中从管理会计的价值观入手，通过对企业和企业成本的剖析，提出企业极限的概念，结合独具匠心的正合魔方、M. I. E. 模型，构建出一套企业管理会计方法论。

书中介绍了面向业务的预算、项目化运营和量子化管理三个管理会计实务，为管理会计在实体经济中的运用提供可行的应用方案。

本书适合于企业决策者与管理者及相关专业同仁使用借鉴，并可作为管理类本科生、MBA、研究生学习参考。

图书在版编目（CIP）数据

正合管理会计学 / 张孝林，徐辉著.
—北京：中国经济出版社，2018.8
ISBN 978-7-5136-5294-0
Ⅰ.①正… Ⅱ.①张… ②徐… Ⅲ.①管理会计 Ⅳ.①F234.3

中国版本图书馆 CIP 数据核字（2018）第 169383 号

责任编辑　赵立颖　潘向阳
责任印制　马小宾
封面设计　任燕飞设计工作室

出版发行　中国经济出版社
印 刷 者　北京金明盛印刷有限公司
经 销 者　各地新华书店
开　　本　710mm×1000mm　1/16
印　　张　15.5
字　　数　245 千字
版　　次　2018 年 8 月第 1 版
印　　次　2018 年 8 月第 1 次
定　　价　68.00 元
广告经营许可证　京西工商广字第 8179 号

中国经济出版社 **网址** www.economyph.com **社址** 北京市西城区百万庄北街 3 号 **邮编** 100037
本版图书如存在印装质量问题，请与本社发行中心联系调换（联系电话：010-68330607）

序

管理是人类最基本的社会实践活动，是赋予社会机构以生命能量和活动效率的基础要素，管理能力和水平的进步与经济发展、社会进步以及改善对美好生活的追求密切相关。我一直认为，做好管理工作的基础来自对管理对象的深刻了解和对管理活动规律的准确把握，俗话说，没有考核就没有管理，没有记录和数据也就缺少了管理决策的依据。因此，以服务管理决策为目标的管理会计学对提升企业的决策能力和管理水平具有重要的理论价值和实践意义，这也是提升管理学科整体能力和水平的关键性前沿学科领域。

当前中国特色社会主义建设进入了新时代，我们已经完成了从无到有的历史性突破，但却需要继续解决从有到好的质量提升。当今社会急需破解人们对美好生活追求过程当中发展不平衡不充分的新矛盾，这需要我们抛开跟着感觉走的传统思维，摒弃经验主义的束缚，向决策要效率，向管理要质量，这里的关键在于作为经济活动最基本单元的企业及其活动的质量。我们急需通过供给侧结构性改革倒逼企业经营能力和水平的提升，为社会的转型升级奠定坚实的经济基础。

我国经过近70年的艰苦建设，取得了令世人瞩目的伟大成就，综合国力和国际影响力均有了很大的提升，但实现中华民族伟大复兴还有漫长的路要走。努力学习和吸收世界各国先进的科学技术和管理经验，提升科技水平和管理能力仍是摆在国人面前的重要任务。世界是开放的，模式是多样的，学习国外的理论和经验，必须秉持客观公正、实事求是的态度，必须符合中国的国情，不能照搬照抄，要学人之长，克己之短，要从纷繁复杂的社会事务中，发现和解决中国企业面临的关键和核心问题，去探索中国管理的本质规律。

《正合管理会计学》是以精准服务于企业经营为目的的管理会计专著，向我们展示了体系完整、逻辑清晰的管理会计全新的体系框架，为完善中国企业版的管理会计理论体系做出了有益探索。本书的作者长期服务于中国的实体企业，对国有企业体制机制改革有着深切的了解。作者围绕全面预算管理，从内部利益平衡性预算拓展到服务企业整体核心战略的全新战略型管理，会计体系新颖完整，工具方法具体实用，全书的探索折射出为构建适合中国国情、真正解决中国问题的管理会计理论的辛勤耕耘，我想作者的良苦用心必将给学界带来习习清风。

实践在不断发展，改革在不断深化，社会在不断进步，管理在不断创新，理论也需要不断充实完善。正因如此，尽管本书作者花了很大力气，这本专著也已经为我们从更宏观的角度，尝试打开了管理会计新体系的大门。但“登堂入室”之后，我们仍依稀感觉有不少内容需要补充完善，好在不断创新本身就是学术研究的常态，希望通过作者抛砖引玉，能够吸引广大读者的热心参与，随着同行研究的进一步深入，相信再版修订时一定会呈现给我们更加精致完善的精品之作。

本书作者长期工作在企业管理的第一线，对企业经营的状况以及长期积累的问题有着清醒的认识和深刻的理解。他们带着对自己所从事事业的无限热爱和追求卓越效率的崇高期待，克服重重困难，查阅与研磨了大量的现实案例和著作资料，数易其稿，终于为我们呈上了这部倾心之作，这份强烈的责任意识和事业追求值得我们每一个人尊敬。

2018 年 5 月 1 日

顾锋，上海交通大学安泰经济与管理学院教授，博士生导师，校党委副书记。兼任中国管理现代化研究会（中国管理学会）市场营销专业委员会秘书长；国家自然科学基金、国家社会科学基金同行评审专家；中国生产力学会理事，上海生产力学会副会长；中国科学学与科技政策研究会理事，科技成果转化专业委员会常务理事；上海市社会科学届联合会副主席。

前　言

20 世纪 90 年代，部分国企实行公司制改革后，摒弃了过去政企不分的体制，开启了自主经营、自负盈亏、自我发展、自我约束的公司制新体制。依据公司法与公司章程赋予的职权，企业内部的决策层须履行对年度财务预算方案的审批，企业开始建立与实行预算管理制度，并授权财务部门制订年度财务预算方案。由此，财务会计从事后记账转变为事前预测，其间经历过由传统预算管理发展到全面预算管理。

财务预算方案是对企业全局利益的综合考量，预算方案的制订也多为决策层的集体意志。然而潜移默化的“官本位”思维长期根植于企业的“骨髓”之中，虽由过去指令型预算变为利益平衡型预算，但这仅是形式不同而实质未变。预算方案的实质仍是在分责任、分资源、分利益，这个“资源”指向对货币资金的消费自由度。

目前有些企业，预算管理仍存在着预算规划扎紧口袋分“资源”，预算控制“两头硬中间软”，加之管理机制的掣肘和财务会计的局限，导致预算分析流于形式，预算考核重结果、硬兑现，预算评价多以审计结论来替代。

事实上，在企业内部，预算执行者对“资源”索取的渴求度极高，期盼在一定程度上对冲自身面临的业务拓展难、生产任务重、成本压力大等窘境，所以更寄希望于决策层在责任、资源、利益分配上多些倾斜和额外照顾，毕竟“会哭的孩子有奶吃”，企业预算在某个阶段俨然成了平衡内部利益的“跷跷板”，各利益单元在相互攀比追捧“资源”过度消费的同时，可能更多考虑了自身利益，而忽视并削弱了创造市场价值的动力。而在企业外部，市场竞技的优胜劣汰、与竞争对手的厮杀、难以预知的风险等，无不是考验企业的生存基础、竞争能力的极限挑战，拼尽全力以赢得市场的主动和满足客户的需求效用，以此换得企业延续的持久可能。那么，一问公司，你的初心是什么？

观察企业年度预算分解，各方力量在维护自身利益的前提下，内部利益单元将更多的精力聚焦于产量、资金、薪酬等配给计划的逆向博弈上。管理层忙于平衡协调内部利益关系，最后靠行政命令草草收场。执行层必将会产生三种心态，第一种是服从心态，业务被强制服从预算，表现在给多少花多少、不许“讲价钱”；第二种是取巧心态，想方设法多申报预算资金等着“砍”，这一旦变为惯例，存在即为合理；第三种是写实心态，预算要适应业务的需求，实现资金向高效益业务领域的理性流动。

乱象丛生中理性地思考：企业存在的真正目的是什么？是求得利润，进而回馈社会及其利益相关者，所以企业需要有效组织劳动分工。在现有生产技术条件下，劳动生产力越高，生产一种商品所需要的劳动时间越少，凝结在该商品中的劳动量就越小，该商品的价值就越小。这样的商品价值是市场客户乐见并愿意“埋单”的，这样的产品才会拥有更强的客户黏性，企业才谈得上客户的忠诚度。追溯150年前，马克思在《资本论》第一卷中关于“商品价值理论”的经典诠释至今仍令人深思。那么，二问公司，你给客户提供的是什么？

公司经营管理进入序时轨道，预算执行与控制在静默中时断时续，核算的记录跟不上实际业务的脚步，也看不清预算的偏离。当决策层或管理层一声令下没钱也上时，核算还在窃喜预算没超。其实预算与核算不成必然的因果，业务与核算才成必然因果。“责任预算不超”看似头悬利剑，实则各利益单元各司其职——会计要控制资金量，部门要完成工作量，说到执行控制只是彼此“会心一笑”的对账，钱没花超请莫多言，至于什么资金效益、生产效率嘛——还请各负其责吧！总而言之是有意曲解组织原则中“到位不越位、补台不拆台”的本意，一句话：要遵守游戏规则。当决策层高喊“向管理要效益”的同时，体制机制的束缚突出表现为责权利的不对等，那么执行层在面对质量、效率、效益的抉择时只能保持缄默。

财务会计的预算分析专业性很强，但时效性和有用性不强，决策层勉为其难地翻阅着“会计三张表”若有所思，但其关心的价格波动、商品滞销、客户流失、管理内耗、损失浪费、质量低劣、作业负效、资金断链等问题，用财务会计知识体系做出的预算分析对于专业外领域的人不易理解。要保证年度绩效完成，决策层最有效的手段就是强制约束，说不清钱就别花、或者采取“一刀切”的手段，而内部利益单元忙于划清责任边界，“自扫门前雪”，从而引发内部隔阂并催生“部门墙”也就不足为奇了——“勿谓言之不预也”。究其原因，关键是个体目标与企业目标相背而行、即便同向也不同步，还有经营管理统驭之术失当，预算控制之法失灵，预算分析之责失位。三问公司，你的供给是客户想要的吗？

12 月 31 日是会计期末计量企业经营业绩成果的盘点日，同样也是企业绩效总考核的裁决日。一路走来唯产量论的价值偏好和对生产效率、商品价值的忽视与轻慢形成了强烈反差，绩效考核完全倒向结果主义，分周期唯结果论英雄，对比预算奖优罚劣。一个完整预算周期就这样结束了，而下一个预算周期的轮回却早已提前启动，我们始终没有看清企业预算目标是什么。四问公司，你的客户还在吗？

决策层虽然看到了会计期间价值表现的总体结果，但更应关注生产过程的效率量度与资本价值的跟踪评价及变化趋势，正如美国作家梭罗在《瓦尔登湖·经济篇》中说，“一切变化，都是值得思考的奇迹，每一刹那发生的事都可以是奇迹。”然而企业对于接近 12 月 31 日之前已投入或刚刚投下的资本流出，按会计规则计入了年终封账清单，可业务与作业本身是连续的，其投入产出比的水平表现、抗风险增收益的能力展示以及所对应的资金利益的净流入趋势，被人为地用时间界限割裂开来，资本价值的全生命周期管理则湮没于分年度的会计报表之中。对于企业来说，它是否真的需要一种专业人才，能帮其持续观测效益变化、提出风险控制评价方案，挖掘对公司不利的“出血点”，开具“止血”疗痛处方，设计优化或重构业务创造价值的模式，促成企业下一步的决策更加理性与明智呢？五问企业，谁能助你找到答案？

这些痼疾沉疴的解决，财务会计现实不具备，而管理会计一定能做到。因为企业经营管理不仅需要能提供财务信息的财务会计，更需要能实时地深度分析这些信息，并前瞻性地防范风险，把握企业经营节奏及发展方向的管理会计，那么具备这样的能力即管理会计型能力；拥有这样能力的人即管理会计型人才；集成这样能力的人组成的组织即管理会计型组织。

本书的创作是作者基于 20 多年的国有企业从业经历和管理认识，是对处于转型期的国有企业从计划经济向市场经济过渡时，面临难以跨越的蕃篱和剧痛的剖析，也是出于对管理会计介入企业改善经营管理、提高经济效益的渴望。

实践使我们认识到，正合管理会计是支持和推动企业实现战略目标的一项能力。其本质内涵，是需求导向、目标驱动；其外在表象，在于目标量化、效率观测、业态重构、价值挖掘。企业内部最活跃的经济资源是人，当运营体制和绩效机制发生根本性变革，催化用人制度的推陈出新，才有可能激发员工的价值创造力和焕发管理活力。展开企业目标的内外对标，精准判定自身的比较优势与竞争优势，调节个体目标与组织目标达成同向、同行、同步，形成内外部合作互助的竞合关系，消除冲突对抗，体现公平效率，释放出管理会计人性哲学的艺术魅力，未来是可以建成人与组织协商、和解和双赢的新发展战略模式的。

正合管理会计理论，若有一丝新鲜的思想能够帮助读者打开思路并引起思考，夫复何求！作为本书的作者，长期在国有企业任职，主要从事会计实务工作，深感学识不足、力不从心。因身处石油矿区且远离中心城市，学术研究资源和氛围条件极其匮乏，附近几乎没有较具规模的公共图书馆或像样的书店，相关学术专著等资料的查阅与研磨，需奔袭60多公里远的天津或100多公里外的北京，其中的辛劳实不足为外人道也。然几番易稿，却都不尽如人意，对读者深感愧疚。但缘于喜爱与执著，且怀着强烈的责任感和事业心，我们仍渴望尽己所能将研究心得与读者分享。

书中引用了一些业内优秀文章及著作的精华内容，并已尽力联系作者。一些未能联系上的作者，见书后请与我们联系。对这些优秀的作者，我们再次表示诚挚的谢意！书中内容多源于我们的笔记和录音，限于学术水平不足，难免存在疏漏与错讹，不妥之处，敬请广大读者批评、斧正，以便再版时改正和提高。

近六年的攻苦食淡，研究成果绝不仅仅属于我们自己。感激吴炤生、纪树范、王育山等油田会计届前辈的引领、教导和方武、孙义新、于绍生等财务领导的指导、支持。本书的写作中，李志华、佟江、樊奖平、许劲松、王英瑞、程显宝、郑洪光、赵洪祥、张新刚、赵博、李海军、冯立新、杨志彬等同志和汪亚萍女士提出了部分修改建议，中国石油大学（华东）张涛博士和长江大学吴杰教授给予的指导和帮助，以及大港油田第一采油厂同事及好友给本书提供了许多素材案例且鼎力相助，一并表达谢意。最后，作者还要深深的感恩父母及妻儿，他们的全方位理解、默默的付出、全力的支持和关心，是作者完成本书的最大动力之一。

目　录

第1章　绪论

“双十一”前的一天，一家生产快销品的企业老板正在思考是否需要进行一次促销（Promotion）活动。销售部门为此欢欣鼓舞，通过这次促销活动全年的销售任务有望顺利完成。

销售部门制订了详细的促销计划以期望促销活动能圆满成功。然而事情并没有这么简单。促销活动会大幅度提高产品的销量，那么生产部门能否及时生产出足够的产品呢？采购部门能否保证原材料的供应呢？财务部门能否准备足够的资金进行原材料的采购呢？需要向银行贷款吗？人力资源部门能否安排足够的人手加紧生产呢？是否需要安排加班？加班需要支付的加班费有多少？

再进一步考虑，促销的折扣会不会影响到产品的商誉？为了促销生产出的产品会不会积压？没有消耗掉的原材料占用的仓储成本是多少？促销结束后价格恢复会不会导致销量大幅度下降？如果销量大幅度下降会不会给竞品创造一个空窗期的机会？销量的大起大落对企业真的好吗？因为折扣损失掉的利润有多少？而提供报告的销售部门还在眼巴巴地等着老板进行“正确”的决策，以挣取他们的年终奖金。

促销活动真的有利可图吗？要达到什么样的效果促销活动才真的有利可图呢？企业中的哪一个部门能够为老板做这样的规划与分析？上述分析应该提供何种报告，谁来完成这个报告？财务部门有能力完成这项分析工作吗？应该如何支持决策？……类似这样的问题，大部分的企业都期盼有一个好的答案。

同样，一家通过传统工艺生产红糖的企业，不知道它应不应该抛弃传统渠道而进入连锁超市销售；一家房地产企业，不知道它的资金链什么时候在何种条件下会断裂；一家快递公司，不知道为什么它的终端经常出现快件无法及时派送的现象；一个创业团队，不知道为什么他们的商业计划书屡次被投资人或 VC[①]

① VC：风险投资（Venture Capital）。

拒绝。这是管理学研究的范畴吗？管理学对企业经营活动进行计划、组织、领导和控制，以实现企业的经营目标。管理学虽然对企业的效益有所涉足，但并不突显。这是会计学研究的范畴吗？会计学重点研究资产、负债、所有者权益、费用、收入和利润，而会计核算的本质简单说就是什么时间、什么地点、做了多少事。这些学科对于上述问题的分析与解决，似乎都有一点，但又都不完全。凡此种种，让企业家、老板等诸多决策人倍感困惑，难道商业与经营只能依靠经验吗？有没有一门学科能帮助人们做出更明智的决策呢？

答案是有的，这门学科就称之为“管理会计学”。

1.1 管理会计与管理会计学

在我们开始谈管理会计之前，让我们先看看日常比较熟悉的医院和医生。医生日常的工作是诊断与治疗，当然现代医学还赋予了医生预防的职能，这些诊断、治疗与预防工作是医生的“**活动**”。传统的中医诊察方法是“望、闻、问、切”，据此查找病因，“望、闻、问、切”可以看成是中医的“**工具和技术**”。西医的诊察通过医生临床上的一系列检验、检查进行诊断，而这些血检、尿检、B 超、CT 和各种手术是西医的“工具和技术”。伴随着这些工具与技术，患者会得到各种检验单、X 光片、诊断报告和病历，这些是医生的“**信息与报告**”。个人诊所、社区卫生院直至三甲医院的规模、设备、技术能力和管理水平是有差异的，这些都决定了医生“活动”的目的和结果不同。比如对于一些危重病患，三甲医院的值班医生会呼叫二线、三线、四线的医生，还可以随时组织专家会诊，而社区医院的医生在病情许可的前提下直接让患者转到上级医院了。此外，沿海地区的医生较少见到地方性甲状腺肿大的病例，北方的医生较少见到蛇咬伤病例等，这些客观存在的情况往往也决定了医生的流行病学的研究方向，医生任职的医院及其所在的主、客观环境一起构成了医生的“**应用环境**”。

管理会计可以看成是企业的“医生”。管理会计也要为企业“把脉”“检查”“诊断”，并开具“处方”，可能的话直接“手术治疗”。这近似于管理会计进行的规划、决策、控制、评价四个活动范围。管理会计是源于实践的，要视企业的具体情况，针对不同环境制定不同策略，直白地说就是“具体问题具体分析”。

我们用一个小例子来进一步解释管理会计。

某企业发生了一笔100万的修理费，总裁把有关人员叫来询问，总裁的问题很明确：为什么发生这100万的修理费。

设备部负责人首先回答：我们的A设备坏了，现在的生产任务很重，我们连夜组织专家会商，第一时间确定了维修方案。厂家的维修工程师也坐高铁来了现场。为了不影响生产，一些关键部件都是通过空运送达的。国内这样的大型成套设备维修平均需要7天，而我们只用了3天，节约了4天的时间，为企业创效160万。

总裁问：我是问为什么发生这100万的维修费。

物资采购负责人说：有些关键部件涨价了，按原采购目录价格计算，大约只需要80万，而且为了不影响生产，抢时间嘛，咱走的空运也增加了物流成本。

财务会计说：这100万中材料费用80万，劳务费用20万，但是现在“营改增”了，相当于劳务费用的税额也可以抵扣，所以无形中相当于咱们省钱了。而且我们会计部进行了全程跟踪，审批手续完备，账票相符。

管理会计说：我们有2种完成同样任务的设备，A设备启停简单，无需专业技术，但是维修保养费用高，B设备需要专业培训的人员才能操作，工段上的工人愿意使用A设备，不愿意使用B设备，这就造成了A设备总不能得到及时保养。A设备的能耗比B设备稍高，在投产A设备时，本来是为了降低B设备的负荷，可以2台设备交替使用，以B设备为主。但现在正好反过来了，A设备成了主力。因为人员离职变动等原因，会操作B设备的人员已经越来越少了，这次维修就是A设备连续长时间运转，一个保护装置过热失效引起轴向旋转机构偏磨造成的。设备部应重新制定设备运行计划和定期维修计划。企业管理部要将A、B两设备的运行计划纳入督查范围，严控工段按计划运行设备。人力资源部要协调抽调人员进行B设备的操作培训，确保工段每班次都有操作B设备的人员在岗。生产部要重新调配仓储货位，让A、B两设备的消耗品随时保有一定仓位，避免A、B两设备连续长时间高负荷运行。同类问题还有可能出现在K设备和L设备上。K和L固定资产分类相同，但是我们长时间观察不到K设备的运行记录。建议设备部对此设备给予关注和持续跟踪，如果确属闲置资产，会计部应考虑对该项资产进行调剂使用、对外租赁或依年限情况采取报废处置等措施。

通过这个例子，大家能够清晰地看到，各个部门是在向总裁汇报处理维修事项的结果，各个部门所做的工作都体现了尽职负责，无可厚非。但对于总裁提出的问题，基本上是站在各自角度给予答复，并未从全局角度和问题实质进行剖析。而管理会计的表现则证明了其具备这样的能力：

一是在规划上，设备运行和维修是有技术标准的，严格执行标准就是提质增效，不能等到出现故障了再维修，可能造成生产的被动和责任的推卸；

二是在决策上，A或B设备的利用程度（一开一备或同启同停）和使用效率（不间断满负荷运行或定期停产检修）是需要企业预算统筹考虑的，是否有备用设备的接替方案，对企业营收和利润的影响须制定预案和响应机制；

三是在控制上，提前培训补充专业人员，落实设备运行记录检查，按技术标准定期检修，产出品库存量与订单发货量保持平稳，避免突击生产拼设备；

四是在评价上，设备运行效率和完好状态，决定了资产创收增效的能力，是企业更有质量、更有效益、更可持续发展的基础和动力，低效、无效、负效资产背负的越多越大，企业越难摆脱经营困境和释放压力。

可以看出，管理会计更关注业务本身，更多站在“老板”或“总裁”的角度——或者说，站在企业的高度思考问题。我们可以从四个方面进行总结。在会计主体上，管理会计是对内服务企业和各责任单元，针对的是业务作业方式而非人的行为管理；在价值取向上，管理会计注重观察企业宏观与微观、整体与个体、全局与局部等环节的价值创造能力，判断和分析其结果对企业内部利益的影响趋势；在工作目标上，管理会计侧重为企业内部决策层和管理者提供经济服务，携手互利促成业财融合，实现企业价值最优，而非权力控制和对人监督；在基本职能上，管理会计履行预测、决策、规划、控制和评价的职能，属于“经营型会计”。

当然，作为一门学科领域，管理会计绝不是这四方面的概括就能完整描述其轮廓的。随着社会及经济的不断发展，对管理会计的认识仍会不断深入，而随着认识与研究的不断深入、深化，管理会计在实体经济中发挥的作用也将越来越大。

管理会计的萌芽可以追溯到20世纪初的美国，它是多学科相互交叉渗透的结晶。第一次世界大战后，美国许多企业开始推行泰罗①的科学管理来提高企业的生产效率与工作效率。为了配合科学管理，“标准成本”“差异分析”和“预算控制”等方法开始引进到会计中来，成为成本会计的一个组成部分。曾有学者提出过“管理的会计”这个词汇，并主张将管理的重心放在加强内部管理上，但在当时并没有受到会计界的普遍重视。

第二次世界大战后，为了应付激烈的市场竞争，企业广泛实行职能管理与行为科学管理，借以提高产品质量，降低产品成本，扩大企业利润。与此相适应，“责任会计”与“成本—业务量—利润分析”等专门方法也应运而生，并加入到原有的会计方法体系中来。1952年会计学会年会上正式通过了“管理会计”这个名词，标志着管理会计正式形成，传统会计则被称为“财务会计”。

20世纪70年代末管理会计被引入中国后，理论界以杨时展、余绪缨以及杨继良等国内知名教授为领军，先后对管理会计的理论和方法加以思考和研究，并总结出在中国应用管理会计的诸多理论成果。同时，部分实体企业推进管理会计的探索与实践从未间断，也取得了长足的进展。但在具体实践中，也经常面临着难以向各界解释什么是管理会计的尴尬。

管理会计的英文是Management Accounting。Management是管理的意思，Accounting源于Account，而Account作名词有账户、账目、账单的意思，也有解释、理由、描述的意思。Account作不及物动词用，是解释、导致、报账的意思，做及物动词用有认为、把…视为的意思。可问题是Management Accounting为什么要在Account后面加-ing呢？从英语语法上，名词是不加-ing的，只有动词才有可能加-ing. 既然在Account后面加了-ing，Account一定是动词，在这里变成动名词了，这是非谓语动词。那么Management Accounting的英语本意是不是应该是管理解释或管理描述呢？我们认为这更接近于管理会计的本意，即面向企业内部，对企业内部的管理进行解释和描述。从动名词的特征来看，管理会计的本意也不是指的从事管理会计工作的人员，因为英语中有专门的词accountant，来指代会计师和会计人员。

---

① 即弗雷德里克·温斯洛·泰勒（Frederick Winslow Taylor，1856—1915），美国著名管理学家，经济学家，被后世称为“科学管理之父”，其代表作为《科学管理原理》。

引用清华大学于增彪教授的观点："通过战略把公司管理工作之间的桥搭起来，这就是管理会计的内容。"

在财政部公布的《管理会计基本指引》中，确定了单位应用管理会计，应包括应用环境、管理会计活动、工具方法、信息与报告四要素。"基本指引"明确了管理会计的目标，是通过运用管理会计工具方法，参与单位规划、决策、控制、评价活动并为之提供有用信息，推动单位实现战略规划。我们认为，"基本指引"中的这些表述，准确地概括了管理会计的定义。若用一句话描述，管理会计就是一种拥有"解析昨天、控制今天、算赢明天"的价值创造能力。

管理会计的价值创造能力，并非指在投融资活动中创造价值，管理会计的价值创造也不体现在公司理财上。资产是企业过去的积累，而价值是未来的发展。企业的利润是一次性的价值，而企业真正的价值是可持续性地创造利润，管理会计创造价值的体现正是在为企业持续地创造利润，这才是管理会计所创造的价值。

当代管理会计理论研究与方法实践中，广泛使用概率论、统计学、经济学理论中的定量技术作为分析工具，包括边际分析法、本量利分析法、投入产出法、成本效益分析工具等。

随着企业对市场环境变化的反应提速，管理会计应主动融入业务与作业过程中实地研究，通过直接观察和访谈等方法，第一时间获取真实和精准的非财务计量数据加以研究分析，控制过程与注重结果并重，使管理会计技术方法既有一定的目标性与前瞻性，又有一定的可操作性。

同时，将财务计量指标与非财务计量指标（如创新和质量、生产率、市场占有率等）结合管理会计技术方法协同考量，用以评估企业未来业绩发展和制定前景规划，预判可能影响企业长期竞争地位的利弊风险，而非仅仅关注和偏重短期财务业绩表现，更不必将利润作为唯一的财务业绩计量对象，而应将利润作为事情做得更好后的自然附产品。

对管理会计面临的应用环境、活动、工具与技术、信息与报告进行研究，归纳、提炼、总结出一般方法的学科即管理会计学。管理会计学是会计学的分支，现代会计学也已逐渐发展形成两大分支，分别是**财务会计与管理会计**。

一般认为，管理会计学是在当代市场经济条件下，以强化企业内部经营管理，实现最佳经济效益为最终目的，以现代企业经营活动以及价值表现为对象，通过对财务等信息的深加工和再利用，实现对经济过程的预测、决策、规划、控制、责任考核评价等职能的一个会计分支。

与传统意义的会计学不同的是，管理会计学同时也是边缘学科，这至少包含两层意思。其一，管理会计需要横跨多个学科及领域，甚至要利用一些比较“冷门”的学科，如刑事侦查学、法医学、军事情报学等的思维、方法和技术；其二，我们理解的管理会计与传统主流管理会计学的认识存在一定差异，而处于边缘学科的外边缘。管理会计要在实体企业中实用、有用、能落地，这本身就是一场自下而上的实践革命。如同医学一样，管理会计学本身既是一门依赖知识储蓄、技术积累、兼容并蓄的科学，也是一门折射人性哲学思维的艺术。

十九世纪是现代外科学启蒙阶段，在没有发明“麻醉术”和“无菌术”之前，外科手术室不亚于野蛮的屠宰场，在没有发现“血型”之前，给术中患者使用的都是鸡、猴等动物的鲜血，外科学完全处于一个“蛮荒”的时代。医院虽然是科学前沿之地，但在那个时代，白衣天使和刽子手往往也只是一线之隔。

美剧《尼克病院》是对当时外科医生的最好诠释。外科医生要解决三大难题：出血、疼痛和感染。在麻醉剂尚未广泛应用时，“快”是评价外科医生的第一标准，医生甚至打晕病患来减轻他们的痛苦。而细菌学出现前，术后感染死亡率极高，但是当时的医学中没有任何解决办法，只能依靠病患自身的免疫系统来抵抗细菌。普通患者手术时必须在“观众”的注视下进行。最出名的快刀手英国医生罗伯特·李斯顿（Robert Liston，1794－1847）是当时外科医生手术中死亡率较低的医生，手术死亡率达到10%。同时他也创造了历史上唯一一场死亡率300%的手术，手术中被他以神速切下腿部的患者次日因感染死去，他的助手则被他失手切断手指亦因感染而死去，另一个无辜受害者是在场观摩手术的一位名医，被他刺中两腿间的要害，因恐惧而休克致死。外科手术和屠宰场没有任何分别，医生追求的只有时间。当时的外科学任何概念都没有建立起来。

随着时间的推移，医学在不断进步。以罗伯特·科赫的细菌学为代表的理论体系逐渐建立；从血液的基础理论研究到输血前的交叉配血试验技术在不断完善；诊断学开始精确地区分压痛、反跳痛；体温计的出现使高热得以被量化；各种疾病的手术方法和步骤在一个个的病例中被精细化描述，甚至细致到切口的位置、方向、病人体位、出血量，等等。以常见的洗手为例，医生再也不是术后洗手和清理工具，而是将外科刷手方法当作手术前的一项重要作业，在术前经过多道程序保证去除手上的细菌，手术使用的器械在术后进行清点和登记。先进的技术，日益精益的管理和越来越严格的制度在保障患者的生命，降低死亡率。这一系列的理论、方法、技术、制度、规程的确立，使外科学逐步摆脱蛮荒，现代外科学正式建立起来了。

管理会计在中国大地已经生长了30多年，但目前尚未形成完整并通行的体系版本，如同十九世纪的外科学一样处于一种荒蛮的时代。科学的体系尚未健全时，就给一些“江湖术士”极大的生长空间，我们在新闻中见到的企业组织员工“喊口号”甚至给顾客“下跪”也就不足为奇了。所谓“神医”上门开方、企业自愿吃药，越没疗效越押注于下一个“砖家”，结果企业实力不仅得不到提高，还会因此失去自信，破罐子破摔，甚至怀疑一切，认为还不如凭自己经验，由此彻底倒向了反智主义。

管理会计的现状，除了应用环境的局限及认识水平之外，管理会计自身没有形成一套完整的理论体系，以及在企业能够精准落地实用、有效的方法，也是很重要的原因。值得欣喜的是，2014年以来，财政部陆续发布了《关于全面推进管理会计体系建设的指导意见》和《管理会计基本指引》等一系列文件，为我国管理会计发展规划了蓝图、指明了方向，并确立了管理会计在中国会计体系中的地位。

中国经济由高速增长转向高质量发展，供给侧结构性改革向纵深推进，“三去一降一补”倒逼企业经营方式由“粗放型”向“精益型”加速转变，这个过程中，管理会计在企业经营管理中发挥的作用将越发明显是可以预期的。但受限于管理会计的自身发展，距离企业的管理需求尚存有较大差距。同时，生产型企业重视规模发展的思维根深蒂固，经营型理念尚未转变到位，理解存在一定偏差，对经营效益的关注偏弱，企业内部业、财全面融合还存在一定困难。此外，在完善管理会计知识结构、理论与方法的实用化和职业技能素养培养等方面，能否顺应和满足企业战略目标管理的需要，也面临着巨大挑战。

据国内权威部门统计，目前美国从事管理会计工作的人，约占美国会计人员总量的80%以上，而中国目前从事财务会计的人却占了会计从业人员总量的95%以上。可以说中国管理会计领域现在是一片“蓝海”，据保守估计，目前中国的管理会计人才缺口达300多万。

如此大的人才缺口，对于财务会计来说既是职业机遇更是人生挑战。但长期积累的专业熟练度，以及数十年享受舒适区“吃老本”的惯性，对管理会计知识抵触与免疫性攻击，对其排异对抗，使得财务会计想转型管理会计难以一蹴而就。根据查尔斯·汉迪“第二曲线”理论①，如图1-1所示，财务会计更需要培养自己的第二曲线，体验斜杠青年②的心境，尽快启动新一轮个人技艺的蓄能增长。管理会计能力越精炼，多重职业新技能越充足，自身提升空间将越大，未来获得的机会越多。

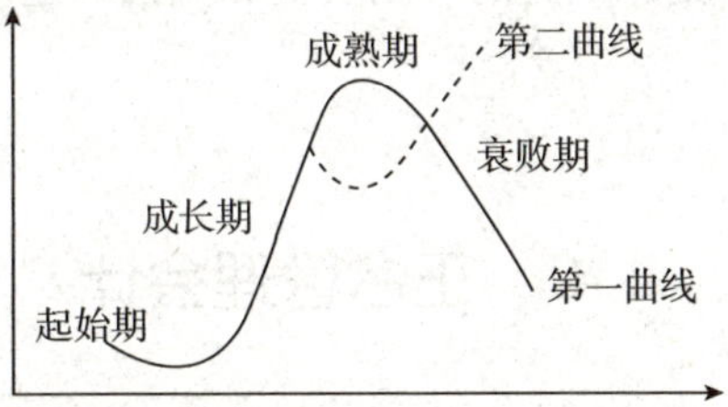

图1-1 第二曲线理论

2014年全球特许会计师协会（CGMA）在其公布的《全球管理会计原则》中，提出了管理会计人员需要同时具备专业技能（如会计和财务技能等）、商业技能（在不同商业环境中恰当运用专业技能的能力）、影响技能（在组织中能影响和帮助其他人的决策能力）和领导能力（共同协调能力）四项基本能力。

在具体实践应用中，管理会计的技术方法涉及会计学、数理统计和经济数

① 第二曲线理论：管理思想大师查尔斯·汉迪把从拐点开始的增长线称为“第二曲线”。任何一条增长曲线都会滑过抛物线的顶点（增长的极限），持续增长的秘密是在第一条曲线消失之前开始一条新的S曲线。在这时间、资源和动力都足以使新曲线度过它起初的探索挣扎的过程。

② 斜杠青年：拥有多重职业和身份的多元生活的人群。“斜杠青年”是一个新概念，来源于英文“Slash”，其概念出自《纽约时报》专栏作家麦瑞克·阿尔伯撰写的书籍《双重职业》。

学、逻辑学、预测学、运筹学、决策学、微观经济学、行为科学、信息经济学、控制学、管理学、伦理学、心理学、信息技术等多学科知识，以及管理会计背后的马克思主义哲学、中国传统哲学、科学技术哲学等哲学思想。因此，对管理会计人员的培养和能力提升，任重而道远。同时，管理会计不仅是财务部门和财务主管的技能和职责，更应上升为企业最高决策层的能力与职责，并与企业中长期规划及发展战略相互依托。

在当今知识经济和信息时代，管理会计控制系统的自动化、与人工智能和商业智能技术相结合将是不可逆转的趋势。管理会计人员以往的优势集中在对财务数据的集成计量、分析汇总并传递信息，而对非财务信息则不敏感、不敏锐、不确定、不熟悉，对于如何处理各类财务和非财务的控制信息，则明显准备不足和无所适从，这将使管理会计职业前途面临更为严峻的考验。因而，管理会计需要不断吸收各种经济、管理学派的方法和技术，并借鉴其他领域的研究成果，从而使其具有更加广泛的实用价值和更强的适应能力，以得到自身进一步的发展和完善。

1.2 正合管理会计

正合管理会计（Exact Management Accounting）简称 EMA，是一套建立在中国国情基础上的管理会计理论实践体系。正合管理会计理论体系是一个开放的体系，本书谨就此理论体系的框架进行概述。

管理会计始终参与企业整体经济运行的规划、决策、控制与评价的全过程。而在经济发展转型以及在 IT 技术、DT 技术[①]和人工智能技术的推动下，传统的管理会计学逐渐地暴露出其固有的缺陷。在《管理会计基本指引》的引领下，结合实体企业微观经济的经营现状及发展方向，我们归纳总结出了“正合管理会计学”。

正合管理会计学是以正合管理会计价值观、正合管理会计方法论、正合管理会计 BPU 实务理论为核心的“三位一体”的管理会计理论体系框架，如

① IT 技术：Information Technology，信息技术（Information Technology，缩写 IT），是主要用于管理和处理信息所采用的各种技术的总称。DT 技术：（Data Technology）数据技术，与 IT（internet Technology）相对应，由马云在世界互联网大会中演讲时正式提出。

图 1－2 所示。

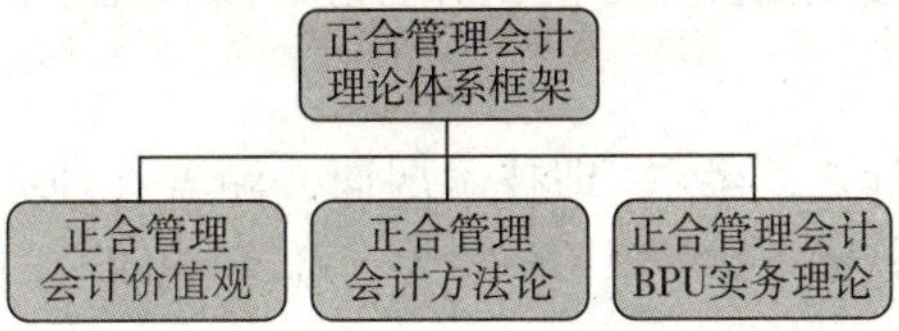

图 1－2　正合管理会计理论体系框架简图

“正合管理会计学”中，“正”即价值观，代表正气、正身、正直、正义、公正；“合”意指方法论，代表融合、集合、联合、聚合、合作。

“正合”二字出自《孙子兵法·势篇》：“凡战者，以正合，以奇胜[①]。故善出奇者，无穷如天地，不竭如江海”。其大意是：大凡用兵作战，总是以正兵当敌，以奇兵取胜。所以，善于出其不意的人，其战术变化，就像天地万物那样无穷无尽，像江河之水那样通流不竭。

《正合管理会计学》主要包括三个层面的知识体系。为方便理解，我们借用中国传统文化中的“道”“术”“器”对这三层知识体系进行概括，其主要内容如图 1－3 所示。

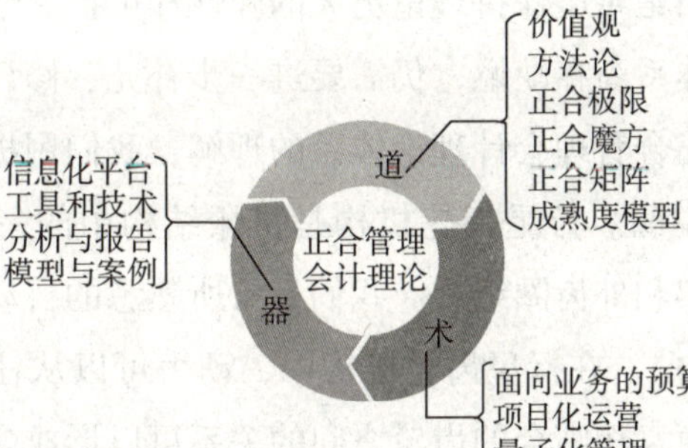

图 1－3　正合管理会计学知识体系

一是正合管理会计之“道”，即理论层面，包括正合管理会计的价值观、方法论、正合极限、正合魔方、正合矩阵和成熟度模型，是企业为客户持续创造价值的理论基础。

---

① 奇胜，有学者认为应该读为 jī，取“奇数”之意。无论“奇”字做何解释，并不影响对本书的理解。

二是正合管理会计之“术”，即实践层面，对管理会计在实体企业应用实践的空间进行抽象，形成面向业务的预算管理、项目化运营、量子化管理构成的实务理论（BPU）。

三是正合管理会计之“器”，即技术层面，涵盖管理会计信息平台、技术和工具、分析报告与模型案例。

作业成本法、平衡计分卡的创始人之一罗伯特·卡普兰认为，没有理论指导的会计实践通常带有盲目性。这句话的出处已无从考证，一个近似的表达是斯大林说的：“离开革命实践的理论是空洞的理论，而不以革命理论为指导的实践是盲目的实践。”① 无论这样的表述出发点如何，都在说明理论与实践结合的重要性。

通过五年多时间对管理会计理论与方法的研究与实践，我们逐步认识和形成了在实体企业应用管理会计的一些独特的方法与路径。我们试图对这些实践的积累加以总结和提炼，以期形成一套相对系统和完整、逻辑清晰的理论体系框架，用以进一步指导管理会计的实践活动，并将之命名为“正合管理会计理论体系框架”，其知识结构如图 1－4 所示。

之所以称为框架（Framework），一方面是因为管理会计学科内容庞杂，多学科交叉，另一方面是希望保持理论更大的弹性和可扩展性，第三方面也是因为目前形成的理论体系尚存缺憾，仍需要进一步补充、修订、丰满、完善。

为便于读者对正合管理会计理论体系的理解，我们用机械结构中的行星齿轮机构进一步进行说明。行星齿轮机构是机械结构中的一种，其主要由太阳轮、行星轮、行星架和外齿圈组成。我们日常所熟悉的自动档汽车的变速箱就是一种行星齿轮机构②。在行星齿轮机构中，动力可以从任一端输入，也可以从任一端输出，因而互相啮合的齿轮之间的关系可以形成多达 12 种传动组合。

正合管理会计理论体系框架中，价值观与方法论可以视同行星齿轮机构中的太阳轮，管理会计的工具与技术为行星架，在行星架上有三个行星轮，分别代表面向业务的预算、项目化运营和量子化管理，行星轮与代表管理会计信息化的外齿圈啮合，构成了正合管理会计理论体系框架，如图 1－5 所示。

---

① 人民出版社《斯大林选集》1979 年版上卷第 199～200 页。

② 自动档汽车的变速箱原理有很多种，如液力变矩器、机械式无级变速、双离合自动变速等，行星齿轮机构仅为其中一种。

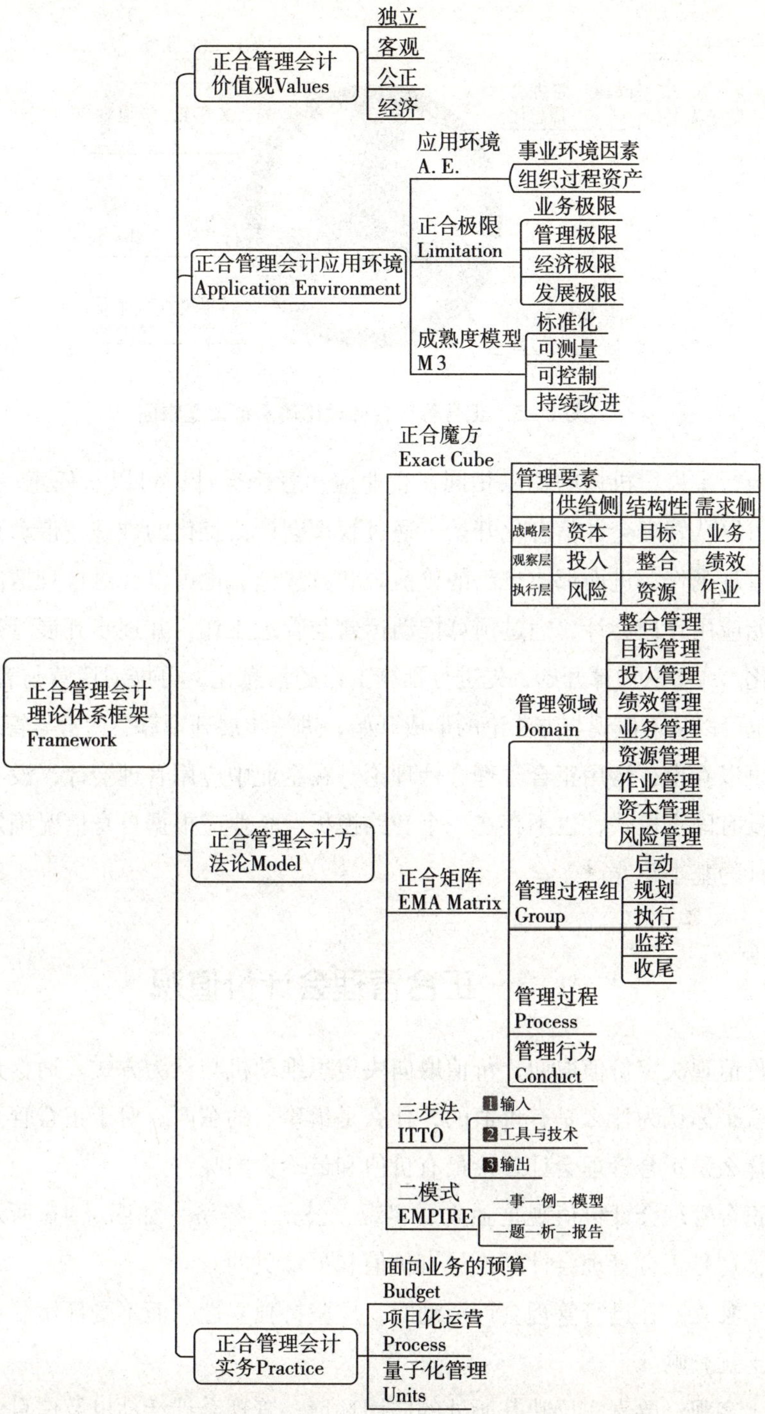

图1-4　正合管理会计理论框架知识结构

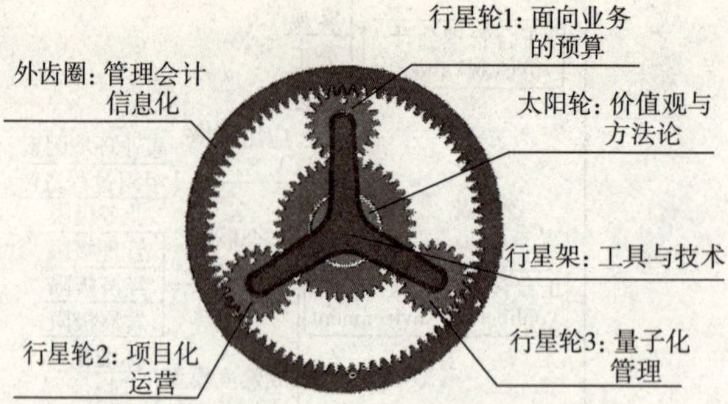

图1-5　正合管理会计理论体系框架逻辑图

与行星齿轮机构的特点相同，企业应用管理会计，可以从任意一端开始。比如可以从管理会计信息化开始，通过管理会计信息化的推进，带动预算、运营与管理工作，进而形成自己的价值观和方法论。也可以针对自身情况，从预算开始应用管理会计，通过预算推动运营与管理工作，并逐步开展管理会计的信息化。或者从预算开始，先进行预算工作的信息化，再推动运营与管理工作；当然也可以从价值观与方法论的形成开始，进一步展开预算、运营与管理工作。

可以看出，运用正合管理会计理论，在企业中应用管理会计，没有一定之规，没有固定模式，也不存在一个套路模板，企业应根据自身情况确定应用管理会计的基本路线。

1.3　正合管理会计价值观

价值观决定价值取向，价值取向决定思维动机与行为方式。通俗地说，价值观就是你认为什么是有价值的，什么是最珍贵的东西。对于正合管理会计来说，什么是正合管理会计理论最有价值和最珍贵的呢？

正合管理会计价值观是独立、客观、公正、经济，如图1-6所示，我们认为，这是正合管理会计理论最有价值和最珍贵的。

· **独立**：在进行管理会计活动时，应坚持独立性，而不受环境、相关干系人等干扰影响。

· **客观**：要真实反映其所处的应用环境，管理会计活动以及信息与报告要尊重自然规律、客观规律、生产规律、市场规律、人际交往的基本规律等，而

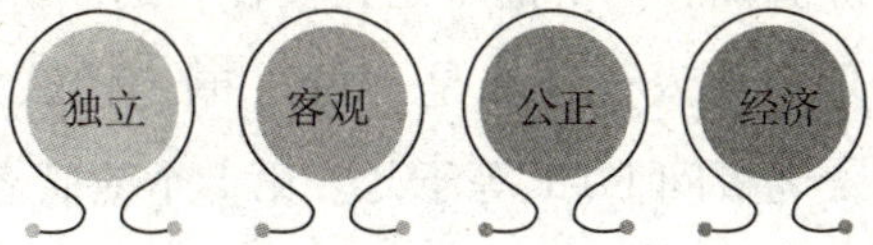

图1-6　正合管理会计价值观

不受人的主观意识形态的影响。

·**公正**：实事求是，不唯上、不摇摆、不妥协，忠恕待人，坦荡处事，在实践中集智聚力，和衷共济，检验纠错并持续完善，追求卓越。

·**经济**：恪守经济规律，为企业改善效率和创造价值提供可行性方案，支持决策做出恰当选择，促成行动达成企业预期目标。

价值观是思维和行为的基本指导原则。我们提出正合管理会计价值观的意义在于：

1）价值观是正合管理会计理论的基石；

2）价值观是协调管理会计活动中干系人关系的核心；

3）价值观是企业健康发展的关键；

4）价值观是管理会计实践的保证。

古希腊哲学家亚里士多德提出过第一性原理："在每个系统探索中存在第一性原理。第一性原理是基本的命题和假设，不能被省略和删除，也不能被违反。"任何系统都存在第一性原理。如欧几里得几何学是一个非常庞大的体系，但这个体系只是从五条公设推出来的：

1. 任意两个点可以通过一条直线连接；

2. 任意线段能无限延伸成一条直线；

3. 给定任意线段，可以以其一个端点作为圆心，该线段作为半径作一个圆；

4. 所有直角都全等；

5. 若两条直线都与第三条直线相交，并且在同一边的内角之和小于两个直角，则这两条直线在这一边必定相交。

这五条公理，不证自明，也就是亚里士多德所说的第一性原理。正合管理会计价值观就是正合管理会计理论体系的第一性原理。

从我们收集到的资料来看，目前尚未见到管理会计学方面的理论或著作明确地提出管理会计的价值观。但价值观是真实存在的。价值观指导了管理会计的行为方式，告诉管理会计人员什么是“好”的，什么是要坚持的。一个笑话说某企业招聘会计，老板问1+1等于几？第1个应聘者回答等于2，第2个应聘者回答等于3，第3个应聘者在老板耳边悄悄说：“您想让它等于几？”第3个应聘者被录取。这虽然是一个网络段子，但是这种“节操碎一地”的人和事并非没有，而秉承这样价值观的人一旦担任重要岗位，尤其是给企业出谋划策的管理会计工作，其后果不堪设想。这固然是个人职业操守的问题，需要依靠职业道德建设来约束和提高，但理论体系本身所秉承的价值观更加重要。没有价值观的引领，也许在某些事上可以获得短期利益，但是从长远看，对于企业有百害而无一利。

管理会计既是面向业务的，也是面向实践的，同时更是面向未来的——无论是对其服务并工作的企业还是管理会计本身来说，这是管理会计的使命与责任。管理学大师彼得·德鲁克曾说：“努力创造未来是要冒很大风险的。然而，它的风险比被动接受未来小得多”。

第2章　正合管理会计应用环境

正合管理会计学，首先讨论的是企业。

《管理会计基本指引》第六条中定义了管理会计的四个要素："单位应用管理会计，应包括应用环境、管理会计活动、工具方法，信息与报告等四个要素。"

《管理会计基本指引》开篇即明确其所指的单位，应包括企业、事业、政府机关等独立运行并可准确进行经济计量的社会组织和单位。很明显，《管理会计基本指引》对管理会计的应用环境不限于企业层面，而是更广泛地应用于各种社会组织。

读者需要注意的是，我们认为，企业就是管理会计四个要素中的应用环境，但是管理会计的应用环境不是企业，或者说不仅仅是企业。一方面，应用环境包括组织本身，而企业仅仅是组织的一种形式，除了企业之外，还包括行政事业单位；另一方面，应用环境还包括组织的内外部环境。

在本书中，我们以企业为基本研究对象。

2.1　企业

世界上现存最古老的企业，目前认为是日本的金刚组。这是一家建筑企业，创办于公元578年，即中国的南北朝时期的周朝，金刚组创建三年之后的581年，隋朝代北周而立。世界上第一个股份有限公司是创建于1602年的荷兰东印度公司。中国最早的近代企业是安庆内军械所，是清末洋务运动最早官办的新式兵工厂、清政府1861年创办的最早的以手工制造近代武器的军工作坊。可以看出，企业出现的历史是很古老的。那么，到底什么是企业？

对于企业的概念与定义，存在诸多的说法和不同的理解。

在《现代汉语词典》中，企业被解释为：从事生产、运输、贸易等经济活动的部门，如工厂、矿山、铁路、公司等。

1979 年版的《辞海》中，“企业”的解释为：“从事生产、流通或服务活动的独立核算经济单位”。

汉语字典对企业的描述是这样的：企业是从事生产、流通或服务性经营活动，实行独立核算的经济组织，国民经济的基本单位。按其经营活动的部门分，有工业企业、农业企业、商业企业、交通运输企业、服务企业等；按所有制分，有国有企业、集体或合作社企业、私营企业等；按组织形式分，有公司制企业、合伙企业、独资企业等。

徐艳兰和张颖在《西方经济学》一书中对企业的定义是“企业指将投入转化为产出并能做出统一生产决策的生产经营性组织，既然是生产经营性组织，自然将赢利作为首要目标”。

这些解释大同小异，在解释企业是什么时，用了“部门”“独立核算经济单位”“独立核算的经济组织”“生产经营性组织”等表述，但从语义来看，都脱离不了组织这一基本定义。而美国经济学家科斯（R. H. Coase）却给出了不同的表述。

科斯在 1937 年发表的《企业的本质》一文中做出了这样的表述：“企业本质是一种资源配置的机制，企业与市场是两种可以互相替代的资源配置方式”。

可以看出，科斯用了“机制”来表述企业，而没有用“组织”一词。科斯之前的经济学家主要从规模经济的角度解释企业的性质，认为通过企业这种组织形式可以实现分工合作，从而提高生产效率，降低成本。科斯则开创了一个新的视角，提出了企业的本质是一种机制，并从交易成本的角度来分析企业的性质。

交易成本（Transaction Costs）可以理解为：在一定的社会关系中，人们自愿交往、彼此合作达成交易所支付的成本，即人—人关系成本。它与一般的生产成本（人—自然界关系成本）是对应概念。从本质上说，有人类交往互换活动，就会有交易成本，它是人类社会生活中一个不可分割的组成部分。

从以上众多的释义可以看出，企业的定义包含三层含义：首先，企业是一种社会组织；其次，企业从事经济活动，也就是能够给社会提供产品或服务；最后，企业是以获得收益为目的，即以营利为目的。这三层含义是一体的，不能分割开来进行孤立讨论。

站在不同的立场上，人们对企业的理解是不尽相同的。资本方和消费者对企业的理解就有可能存在巨大的认识差异。而从企业经营者的角度来说，企业是以客户需求为导向，以效率目标为驱动的社会组织。企业经营是以营利为目的，资本的保值增值是企业出资人的期望，企业的经营者无疑应该满足出资人的这一期望。

在现有生产技术管理条件下，企业将资金、设备、生产资料和人力等资源优化组合，按一定组织形式分工协作，进行有效率的生产，为社会提供商品或服务以满足社会消费需求，有利于企业持续经营和稳定获利，从而引起资本方的关注和青睐，吸引资本注入并持续追求资本的保值增值。企业在客观上是社会的稳定剂。

经营目的与经营目标是不同的两个概念。一般来讲，目的比较抽象，是某种行为活动的普遍性的、统一性的、终极性的宗旨或方针。目标则比较具体，是某种行为活动的特殊性的、个别化的、阶段性的追求。某一行为活动目的的最终实现有赖于许多隶属的具体行为活动目标的实现。目的的内涵精神是贯穿于各个具体目标中的。

在谈到企业以营利为目的时我们经常面临被质疑的尴尬——企业以营利为目的，那企业的社会责任呢？这不是在鼓吹唯利是图吗？对这种非此即彼、非黑即白的“冷战思维”我们也很无奈，因为我们始终也没搞明白企业以营利为目的是怎么推导出企业必然唯利是图的。以营利为目的的前提是企业为社会提供了产品或服务，在理解企业时不能把这二者分割开来甚至对立起来。

国有企业同样是以营利为目的的。应该认识到，国有企业的“股东”是全体人民，国有企业营利，即全体人民营利，国有企业盈利，社会的总价值量才能增长，国家和民族才能发展。

2.1.1　企业制度

企业是如何被组织起来，并进行经营管理的呢？这就涉及了企业制度。企业制度是关于企业组织、运营、管理等一系列行为的规范和模式的总称。

企业制度是企业产权制度、企业组织形式和经营管理制度的总和。企业制度的核心是产权制度，企业组织形式和经营管理制度是以产权制度为基础的，三者分别构成企业制度的不同层次，如图 2 –1 所示。

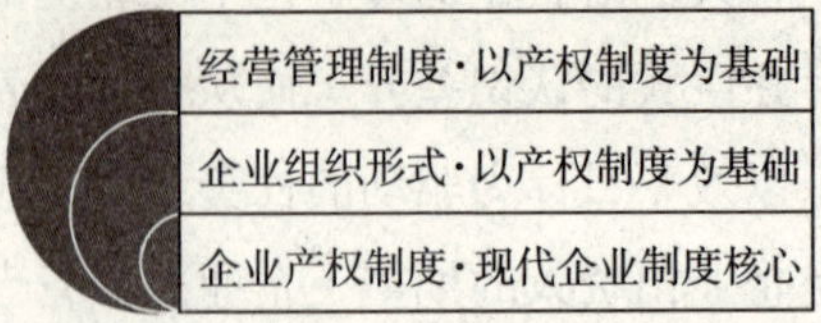

图 2 –1　现代企业制度构成及关系

现代企业制度被定义为以市场经济为基础，以企业法人制度为主体，以公司制度为核心，以产权清晰、权责明确、政企分开、管理科学为原则的新型企业制度。因此，现代企业制度有四个原则，即产权清晰、权责明确、政企分开、管理科学。如图 2 –2 所示。

图 2 –2　现代企业制度的原则

随着《公司法》的发布，现代企业制度的提法逐渐为公司制所取代，2013 年 12 月 28 日修订后的《公司法》则对组织形式进行了更明确的法律界定。有些朋友可能经历过公司制改革，原来叫某某局（厂）的企业一夜之间都变为了某某（有限）公司。工厂与公司到底有什么区别呢？这个区别当然不是体现在名称上。也有人理解为公司以销售为主，工厂以生产为主，这也并不全面。其实这两者本质的区别，就在于企业制度上的不同。

新中国成立后，我们国家成立了各行各业大大小小的各种“国营厂”。名义上这些企业属于全体人民，所以又称为全民所有制企业。但这个“全体人民”仅是一个逻辑概念，并不具有产权清晰的特征，产权制度亦不明确。经过几番经济体制改革，国务院国有资产监督管理委员会（简称国资委）作为特设机构，依据授权代表国家履行出资人职责，国资委这个“物理”的机构通过推进国有企业公司制改制和进行现代企业制度建设，对国有企业的产权界定进行了明确，并为混合所有制改革扫清了道路。换一种理解方式可以说，"国资委"与国有企业进行"物理"连接，"国资委"通过法律与全体人民进行"逻辑"连接，从而实现了国有企业的产权制度改革。

民营企业是不是就天然具备产权清晰的特征了呢？并不是。产权清晰有多层含义。对于一个民营企业来说，企业的所有者是谁，从法理上必须清晰，而不能笼统地说是老板的。是老板这个自然人的吗？其配偶有份额吗？可以继承吗？有没有其他人（包括亲属或朋友）的产权注入？注入的形式是赠与还是无息借款还是约定了利息还是约定了分红？所占的比例有多少？这个企业准备承担多大的责任？是由这个"老板"全部承担还是分摊到所有的产权人？是按比例分摊吗？……等等，这些问题都是产权制度所要解决的问题。所以，一个叫××厂的可能是一家现代企业，叫××公司的也可能仅仅是一个传统小作坊或家族企业。在"双创"大潮的引领下，当创业者怀揣梦想去注册公司时，一定要理解工商行政管理部门要求我们填写各种表格、章程、决议时并不是在故意刁难大家，而是为明确企业"产权清晰、权责明确、政企分开、管理科学"这 16 个字而必须做出的背书（当然，如何简化程序、提高效率、方便创业，以及政府转变职能成为服务型政府是另外的问题了，不在本书的讨论范围之内）。

现代企业制度下，受企业经营权与所有权分离等原则的影响，极易出现经营者的短期利益与所有者的长期利益之间存在诉求矛盾或目标不一致。双方的利益调和，需要真正从体制、机制入手来激活，敷于表面和流于形式的机构及人员调整，不能从根本上解决经营目标不一致等一系列问题。

2.1.2　企业的分类

企业可以按照不同视角和维度进行分类。常见的有法律分类、经济类型、经营规模、健康程度和按照产业分类等多种分类方式。

从法律上分，企业可以分为非公司企业法人、有限责任公司、股份有限责任公司、个体工商户、私营独资企业、私营合伙企业；

从经济类型上划分，企业可以分为国有、集体、股份制、私营、中外合资（外资）；

从经营规模来看，企业可以分为特大型、大型、中型、小型、微型；

从企业的健康程度划分，可以分为相对比较健康的随机应变型企业、军队型企业[①]、韧力调节型企业，和相对不健康的消极进取型企业、时停时进型企业、过度膨胀型企业、过度管理型企业以及僵尸企业；

从三次产业分类方式，企业可以分为农业企业、工业企业、制造业企业、服务业企业。

从企业的行业分类，大体上有两种分类方式，标准行业分类法（International Standard Industrial Classification of All Economic Activities）和标准产业分类法（International Standard Industrial Classification of All Economic Activities），其划分逻辑基本一致，一般划分为农、牧、林、渔业；采矿和采石；制造业；电、煤气、蒸气和空调供应；供水；污水处理、废物管理和补救；建筑业等21个大类。

一般国民经济行业分类的作用主要是解释行业本身所处的发展阶段及其在国民经济中的地位，分析影响行业发展的各种因素以及判断对行业的影响力度，预测并引导行业的未来发展趋势，判断行业投资价值，揭示行业风向，为各组织机构投资决策提供依据。

对于企业来说，按照国民经济行业分类，仅仅是知道了企业的经营范畴或业务内容。使用这样的分类方法，我们仅能粗略地知道企业所处的行业，而对企业自身的商业逻辑、价值方向、投资回报、成本性态等方面都不能进行相对准确的界定。

那么，是不是可以从管理会计视角提出一种分类方法呢？我们进行了一些尝试，从管理会计视角去观察和甄别企业，并将企业的行业划分为了23类。包括：①种殖业[②]；②采掘业；③制造业；④建筑业；⑤地产业；⑥流通业（商业）；⑦生物与机器修理业（医院、兽医、机器设备修理）；⑧输运业（航空、铁路、物流、快递）；⑨餐饮业；⑩金融保险业；⑪娱乐业；⑫中介业；⑬仓储旅馆业（含KTV）；⑭旅游业；⑮出版业；⑯信息业；⑰设计咨询业

---

① 这里指按军事化管理的企业，不是指军队开设的企业。

② 这里指栽种与养殖，一般包括农业、畜牧业、渔业等行业中以生物资产增加为主营业务的企业。农机、农药、化肥、种子等的生产销售企业虽然也属于传统农业企业，但是按照管理会计分类属于制造业，在渔业中，鱼类养殖企业属于本类，而远洋捕捞则属于采掘业。

（包括心理医生）；⑱环保业；⑲公共服务业（水电气暖电信供应）；⑳传媒业（电台、电视台、报社、新闻网站）；㉑租赁、劳务派遣和家政业；㉒教育培训业；㉓其他服务业。

国民经济行业分类经常用于国民经济的各种统计中，而对企业内部经营管理，尤其是在管理会计的规划、决策、控制、评价活动中意义不大。对于管理会计来说，通过对企业精准的分类，去开展相应的管理会计实践活动更具有实际意义。从管理会计视角对企业进行管理会计行业划分是一种新的企业分类方式，随着研究的深入，其结果可能会有改动。这种分类原则依据于7个要素：

1）生产、制造或提供何种产品或劳务；

2）产品或服务本身的特性；

3）客户的构成；

4）有形、无形资产构成及重要性；

5）付出何种劳动；

6）收益以何种方式取得；

7）人力资源构成及劳动性质。

为了进一步让读者理解管理会计视角下的企业分类，我们通过几个有趣的例子进行进一步的说明，仅供读者参考。

例1　一家化工厂，从管理会计的角度，首先分析企业所提供的是何种产品及本身特性、有形或者无形资产的构成及其重要性，客户的构成、品牌以及专利等，经过这样的分析就很容易地将其归于制造业。

例2　各类电商网站，想向用户销售产品，首先要准确地识别每位用户的需求。例如“淘宝网”平台，当用户搜索一件产品后，用户的搜索信息被记录在用户所使用的浏览器的Cookies中，并提交给平台的后台系统进行处理。电商平台的后台程序获取到用户的搜索信息后，会根据平台上销售同类商品商家的竞价排名等算法搜索出更多的此类产品，并将结果在电商平台的“猜你喜欢”区域或其他区域重新“推送”给用户，这就是淘宝网的直通车推广。这种精确定点投放广告比“大水漫灌”式的粗放投放的转化率要高很多。而提供这种精准推广的“淘宝网”既不是一个零售企业，也不是一个广告企业，我们通常管它叫平台，那“平台”是哪一种企业呢？从上面的分析可以看出，其业务模式严重依赖于互联网技术，而只能将其归为信息业。

例3 制造业的本质是买进原材料，生产出产成品，原材料被转化到产成品中，同时工人的劳动也凝结在了产成品当中。而煤炭、石油开采等采掘业企业则不同。采掘业虽然也在消耗材料，但是其消耗的材料并没成为产成品的一部分（事实上也不可能成为产成品的一部分，因为我们只能开采，而不能“制造”或“装配”煤炭或石油），而是在生产过程中被消耗掉了，而且这种消耗的数量和频率与生产量之间没有任何必然的联系，这与制造业完全不同。不能发现或者无视这种不同而使用满足制造业需求的 ERP 系统对采掘业企业进行供应链管理，其效果与前景悲观。

例4 餐饮业是一种混合型的企业，后厨本质上是制造业，服务员点餐、上菜是服务业，所以我们将它作为一个独立的行业看待。

例5 中介也是一种较为特殊行业，例如房屋租赁业务，中介人员获取租客的求租信息，再为租客匹配到合适的房源，在这个过程中，为租房者节省了时间、精力甚至现金——比如为租房而产生的交通费和请假被扣掉的薪水。信息中介与计算机行业中的数据公司不同，它并不是在出售信息，而是起到撮合的作用，从中收取佣金，这与 58 同城这样的信息平台不同，58 同城是在出售信息，匹配工作是由客户自己完成的。

例6 仓储公司、酒店与 KTV 等行业均属于仓储旅馆业。看似 KTV 与酒店并无直接关联，似乎应该属于娱乐业，但本质上二者同样是为客户提供空间供客户休息、娱乐，其业务模式、业务极限的算法都是相同的。

例7 出版业主要是指出版书籍、音像制品等，出版业与传媒业的业务模式并不相同。

例8 计算机产业并不能归类到信息业中。将计算机在柜台出售，无论是出售整机、主板还是移动硬盘，均为零售或批发，属于流通业。而同为 IT 行业的联想公司却属于制造业。新浪、网易、腾讯等互联网企业才属于信息业。

对企业进行行业划分时，要具体问题具体分析。一些特殊的行业，还要对其业务本质进行分析。例如心理医生，为患者进行心理治疗的过程中出售的是时间，这与咨询业的业务模式相同，而如果该医生有处方权，并为患者开了药物，就是流通业与咨询业的组合模式了。

企业往往不仅仅属于一个分类，依据二八法则，如果主营业务超过 80%，一般可以认为企业单一属于某种分类，否则企业属于多种分类的混合体。比如某企业既从事牛羊养殖，又生产兽药，那么在分类上应该分别进行区分，或者说是种殖业与制造业的混合体。

2.1.3　企业的模式

企业的分类仅仅对企业的领域进行了划分，并不能准确地描述出企业是“干什么的”。而企业的业务模式则可以回答这个问题。

企业的模式包含了一系列概念。在“双创”“互联网+”等众多“风口”中，“商业模式”“业务模式”“运营模式”“盈利模式”，直到“B2B模式”“B2C模式”等，各种各样的模式频繁见诸各类文章，同时也带来了理解上的混乱。对各种模式的认识，不同的学者有不同的诠释，我们综合一些著作和文章，谨就商业模式和业务模式谈一谈站在管理会计视角上对此的理解。

2.1.3.1　商业模式

李振勇先生在其著作《商业模式》中对商业模式是这么定义的：为实现客户价值最大化，把能使企业运行的内外各要素整合起来，形成一个完整的高效率的具有独特核心竞争力的运行系统，并通过最优实现形式满足客户需求、实现客户价值，同时使系统达成持续赢利目标的整体解决方案。

泰莫斯定义的商业模式是指一个完整的产品、服务和信息流体系，包括每一个参与者和其在其中起到的作用，以及每一个参与者的潜在利益、相应的收益来源和方式。在分析商业模式过程中，主要关注该类企业在市场中与用户、供应商、其他合作方的关系，尤其是彼此间的物流、信息流和资金流。

可以说，商业模式是一种包含了一系列要素及其关系的概念性工具，用以阐明某个特定实体的商业逻辑。它描述了企业所能为客户提供的价值以及企业的内部结构、合作伙伴网络和关系资本（Relationship Capital）等借以实现（创造、推销和交付）这一价值并产生可持续盈利收入的要素。如果用一句话来概括什么是商业模式，那就是“钱是如何实现排他性的持续增值的”。例如家门口的小便利店是一种商业模式，消费者在便利店购买了某种商品，就不会在同一时间为同一目的在大型超市再次购买，这就是业务模式的排他性。而前些年网上有一个用大头针换别墅的案例，就不是一种商业模式，因为其不可持续。

腾讯公司在最困难的时候，公司连租赁服务器的资金都无法承担，但腾讯公司用了10年的时间培养了客户群，就是现在的80后和90后人群，而腾讯的业务模式也从单一的即时通讯软件开发商扩展到了电商平台、在线支付、游戏等众多领域。

微信和QQ同样都出品于腾讯公司，而奇怪的是一段时间以来90后的微信使用率较低，远不如60后70后，甚至50后的用户使用率都非常高，大量的80、90甚至00后，仍在一如既往地使用QQ软件进行即时通讯，这不仅取决于个人习惯或偏好，也与用户所处的环境有关，如很多老师在QQ上留作业，同学们都在QQ上联系，毕业后继续维系同学关系的QQ群等。这些环境因素久而久之建立并强化了用户的使用习惯。但参加工作后，交往的人群范围逐渐固定，这恰恰是微信的优势，微信是面向熟人的软件，微信号不容易被搜索添加，而QQ是一个面向社会的软件，随意编写QQ号码或QQ用户名就可以搜索到用户进而添加好友。这不仅仅是两个软件（或应用）表面上的功能差异，而是业务模式的转变。从QQ的黄钻到微信的微商，腾讯的业务模式已经不再局限于单一领域，而扩展成为了一个“生态系统”，微信和QQ用户群差异的背后，其实是商业模式的不同。随着微信支付功能和支付生态的日益成熟，微信客户群和使用率也在悄悄发生变化，这些都是企业商业模式转变带来的结果。

商业模式是一个非常宽泛的概念，它包括了“运营模式”“业务模式”“盈利模式”等。可以说商业模式是一种简化的商业逻辑，并且可以用一些元素来描述这种逻辑。

MBA智库总结提出了用9个元素来对商业模式进行描述。

1）价值主张（Value Proposition）：即企业通过其产品和服务所能向消费者提供的价值。价值主张确认企业对消费者的实用意义。

2）消费者目标群体（Target Customer Segments）：即企业所瞄准的消费者群体。这些群体具有某些共性，从而使企业能够（针对这些共性）创造价值。定义消费者群体的过程也被称为市场划分（Market Segmentation）。

3）分销渠道（Distribution Channels）：即企业用来接触消费者的各种途径。这里阐述了企业如何开拓市场，涉及企业的市场和分销策略。

4）客户关系（Customer Relationships）：即企业同其消费者群体之间所建立的联系。通常所说的客户关系管理（Customer Relationship Management）即与此相关。

5）价值配置（Value Configurations）：即企业资源和业务作业活动的配置。

6）核心能力（Core Capabilities）：即企业执行其商业模式所需的资格、能力和技术。

7）合作伙伴网络（Partner Network）：即企业之间为有效地提供价值并实现其商业化而形成合作关系网络。这也描述了企业的商业联盟（Business Alliances）范围。

8）成本结构（Cost Structure）：即所使用的工具和方法的货币描述。

9）收入模型（Revenue Model）：即公司通过各种收入流（Revenue Flow）来创造财富的途径。

从这9个元素的描述中可以看出，商业模式具有以下两个特征：

（1）商业模式是一个整体的、系统的概念，而不仅仅是一个单一的组成因素。如收入模式（广告收入、注册费、服务费）、向客户提供的价值（在价格上竞争、在质量上竞争）、组织架构（自成体系的业务单元、整合的网络能力）等，这些都是商业模式的重要组成部分，但并非全部。

（2）商业模式的组成部分之间必须具有内在的联系，这个内在联系把商业模式的各个组成部分有机地关联起来，使它们互相支持，共同作用，形成一个良性的循环。

根据上述理解，可以把商业模式分为两大类。

（1）运营性商业模式。重点解决企业与环境的互动关系，包括与产业价值链环节的互动关系。运营性商业模式创造企业的核心优势、能力、关系和知识，主要包含以下几个方面的主要内容。

• 产业价值链定位：即企业处于什么样的产业链条中，在这个链条中处于何种地位，企业结合自身的资源条件和发展战略应如何定位。

• 嬴利模式设计（收入来源、收入分配）：企业从哪里获得收入，获得收入的形式有哪几种，这些收入以何种形式和比例在产业链中分配，企业是否对这种分配有话语权。

（2）策略性商业模式。策略性商业模式对运营性商业模式加以扩展和利用。应该说策略性商业模式涉及企业生产经营的方方面面。

• 业务模式：企业向客户提供什么样的价值和利益，包括品牌、产品等。

• 渠道模式：企业如何向客户传递业务和价值，包括渠道倍增、渠道集中/压缩等。

• 组织模式：企业如何建立先进的管理控制模型，比如建立面向客户的组织结构，通过企业信息系统构建数字化组织等。

2.1.3.2 业务模式

对于业务模式，MBA 智库也进行了定义：业务模式是企业所采取的独特的、行之有效的产品或者服务提供方式，这种方式有效满足了特定顾客的需求，构成企业竞争优势的核心。在商业上取得成功的业务模式表面上看是满足了顾客的需求，产品和服务获得了良好的销售业绩，深层次上实际是业务模式的运作符合某种经济规律或原理。

企业业务模式架构中有 4 个基本模式：①流程评估模式；②流程反馈模式；③活动交互模式；④业务事件模式。而基本的业务模式，又可进一步延伸扩展。顾锋先生在其著作《企业业务选择与优化》中将业务模式总结为 16 种，详见附录 2。

如何确定企业的业务模式，选择何种业务模式，企业成立之初或进行转型时需慎之又慎。业务模式能否成功包括 5 个要素：

1）与外部环境相适宜；

2）与内部资源和能力相匹配；

3）与竞争对手保持一定的差异性；

4）要针对现实而不是过去或未来；

5）保持一定的稳定性与动态性。

企业不同的产品或服务有着不同的业务模式，甚至同一产品或服务也可能是多种业务模式的组合形式。企业的业务模式越丰富，其灵活性越强，抗风险能力越大。因而，企业往往在有意或无意地追求更多的业务模式，这就是通常所说的“不把鸡蛋放在一个篮子里”的原因。所以，在分析与解决企业业务模式时，应全方位、立体化地进行。

当经济向好时，很多问题都被掩盖了。而一旦经济下行压力增大，企业经营面临困境时，很多企业老板多在抱怨营商环境日趋恶劣。包括一些国有企业在内，也相继提出生产经营一体化的理念。但是如何进行生产经营一体化，却苦无思路。其实，企业的业务模式是会随着社会和企业的不断发展而改变的，此时恰恰应当回到对企业的商业模式和业务模式的梳理上来，重新对商业模式、业务模式和盈利模式进行设计，根据客户的需求、市场的变化及技术的进步等因素适时调整商业模式和业务模式，以应对改变的到来。

2.1.4　企业的经营导向

在分析一个企业时，首先要回答的问题是，企业到底“生产什么、怎么生产、为谁生产”。为了回答这个问题，我们来观察一下企业的经营导向。

企业的经营导向一般分为生产型和经营型，如图2－3所示。

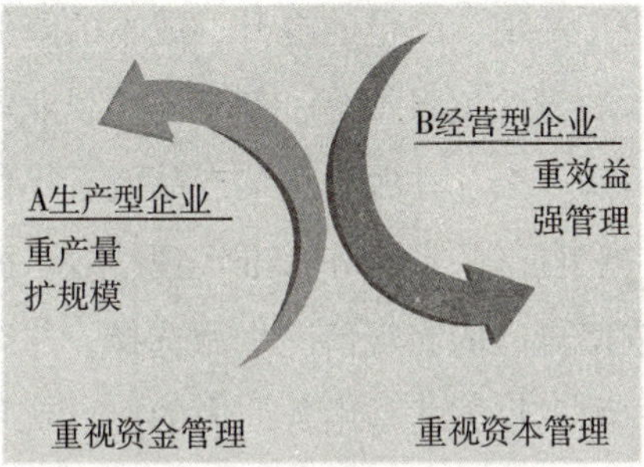

图2－3　企业的经营导向

生产型企业更重视产品在量上的累积和资产规模的扩张，经营型企业则更重视营收、利润的增长和生产管理效率的提高。企业是哪种类型与企业的所有制形式没有必然关系，与企业所处的行业、领域也没有必然的联系。一家制造业的国有企业可能是经营型的，而一家从事IT外包的民营高科技企业也可能是生产型的。一家单纯从事贸易的企业，如果其全部经营活动都是在围绕订单、供货与收付款展开，那么这也是生产型企业。我们所说的生产型和经营型是在说经营导向问题，而不是说企业从事的具体作业是制造还是贸易。无论国有企业还是民营企业，无论哪个行业或领域的企业，都存在经营导向的问题。

传统的经营思维给出的一般性假设是：价值是由企业创造的。在计划经济条件下，供给端按计划指令从事产品生产和提供服务，由企业自主地决定它所提供的价值和生产能力。处于需求端的客户则代表着对企业提供产品和服务的购买能力。在生产能力与购买能力之间存在着物理连接的销售环节（销售渠道和销售终端），使企业的产品和服务从企业的手中交付到客户手中。这是站在企业立场上来看的，假设客户完全需要企业提供的产品和服务，也就是常说的“卖方市场”，企业可以凭借资源优势转换为心理优势给客户施加压力或者提出要求，客户没有其他选择，只能被动接受，以达成企业实现自身的价值的目的。

但是，这些假设所表现出来的是工业化早期的企业观点和生产实践论，也就是“我提供什么、你消费什么”，而不是“你需要什么、我生产什么”。这是中国开始工业化进程时的基本国情所反映出的供需平衡关系。企业所做的价值创造是在自己的封闭体系内完成的，价值创造的过程与市场是分离的。那么，企业的管理者自然会将精力集中在关注自身的各个作业环节的过程上，包括计划在技术上的制定与实现、品量的提升、成本的降低、效率的提升以及产品与服务的数量和成本的线性关系等等，都是基于企业内部展开的，有关生产什么、从供应商那里采购什么、在哪里组装产品或者提供服务等决策，都源于这样的假设。企业只按照自己的意愿和标准实现绩效，而这种思维方式是由内向外的，也就是企业依据自己的客观情况来做选择，与客户价值创造并没有真正的建立联系。但客户的思维方式是由外向内的，也就是说客户更关注自身与社会的关系，并依据自身在社会生活中所必须采取的行动来做选择。双方在思维模式上反差巨大，企业若没有引起关注，那么企业所有的努力就无法真正对客户产生影响并具有价值。

无论我们身边的粮食、副食、百货的流通与消费，还是钢铁、冶金、制造等重工业的产量，半个世纪的时间里，中国已经从物资极度匮乏转变成了产能的结构性过剩。以上变化带来的是商业环境的根本改变。然而这种转变来得如此迅速，以致很多人尚未认识到这种转变对企业经营会带来什么影响以及如何进行应对。

量变带来质变。随着产能的增大，宏观经济越来越接近“天花板”。在新的转型期，企业不应以扩大产能规模和增加产品总量为根本目的，而应将目光转向市场和客户的需求，根据市场和客户的需求去调整或重构企业的业务模式，精准定位客户需求，进行个性化服务，德国提出的工业 4.0、中国提出的中国制造 2025、美国提出的制造业再造计划以及日本提出的日本工业复兴计划，都是基于这种认识。基于这种认识设计与制造的产品市场认可度好，优质客户的黏性高，资本的增值才能得以实现，企业的经营导向才能真正从生产型向经营型华丽转身。

例如，长三角和珠三角近几年倒闭了大量的制造业企业，很多人认为制造业的“寒冬”来了，整体国民经济下行较为严重。但是中国目前最大的问题不在于企业倒闭，而在于结构性的失衡。在“一带一路”（The Belt and Road Initiative）倡议下，中国在战略层面向沿线国家输送技术和产能，同时围绕供给侧结构性改革，重点推进“三去一降一补”，通过强化提质增效促进国民经济保持中高速增长、迈向中高端水平。改革进入深水区过程中，“妈宝企业”[①]、低效企业、亏损企业、“僵尸企业”等必然会被市场所抛弃或淘汰。市场经济有自己的游戏规则，要遵循市场经济规律，企业就要转变自身的业务模式。

中国经济高速发展了近40年后，经济环境已经发生了根本性的转变，量变的积累推动中国经济站在了质变的临界点上。随着信息化时代和客户时代的到来，许多企业开始寻找新的经营假设：即价值是由客户和企业共同创造的。普拉哈拉德[②]也支持这一观点，他说：“传统企业的关注焦点和企业对于价值链的关注，是创造和向消费者转移产品所有权。但是，消费者的目标越来越表现为获取他们想要的体验——而未必一定是产品的所有权。”——是的，聪明的读者一定想到了共享单车。普拉哈拉德与哈默尔在1995年出版的《为未来而竞争》一书中提出了经理人必须主动出击，寻找新的市场机遇，商业的成功很大程度上有赖于市场状况和客户的满意程度。因此，激烈的市场竞争与裂变的经济动荡，倒逼企业要以客户思维换位思考，学会放弃过去习惯的思维方式和管理方式。

为什么有的企业付出了艰辛和努力，却不能激发客户的购买欲望，反而被客户抛弃？根本原因就是企业只强调自身的价值，而忽略了客户的价值。“利己先利他，利他必利己”，这样浅显的道理却一直困扰着人们。“他”与“己”谁先跨出第一步呢？如果仍分不出先后，相信客户一定会选择放弃。我们所处

---

① “妈宝企业”一词源于网络词汇“妈宝男”。妈宝男本意是指什么都听妈妈的，什么都以妈妈是对的，什么都以妈妈为中心的男人，亦指那些被妈妈宠坏了的孩子。由此引申到企业管理中，我们创造了“妈宝企业”一词，用以指那些习惯计划经济体制，对市场缺乏敏感性，没有独立判断，完全听命于上级指令性安排的企业。——作者注

② 哥印拜陀·克利修那·普拉哈拉德，核心竞争力理论的创始人之一，1941年出生于印度南部泰米尔纳德邦的哥印拜陀镇。哈佛大学博士与哈默尔合作著作1995年出版的《为未来而竞争》（Competing for the Future）曾被《商业周刊》（Business Week）评为年度最佳管理图书。

的环境变了，因此，企业需要主动改变自己的思维模式，以保持与客户思维模式的无缝融合。客户的立场，就是企业的立场。企业的经营思维，就是最大限度地创造客户价值。

可以看出，企业价值是核心，企业应根据企业价值确定自己的发展定位，形成自己的管理优势。从管理会计视角出发，围绕企业价值，企业管理可分为资金管理、财务管理、经营管理和资本管理四个层次。这四个层次分别对应着企业的比较优势、竞争优势、机制优势和价值优势，如图2-4所示。

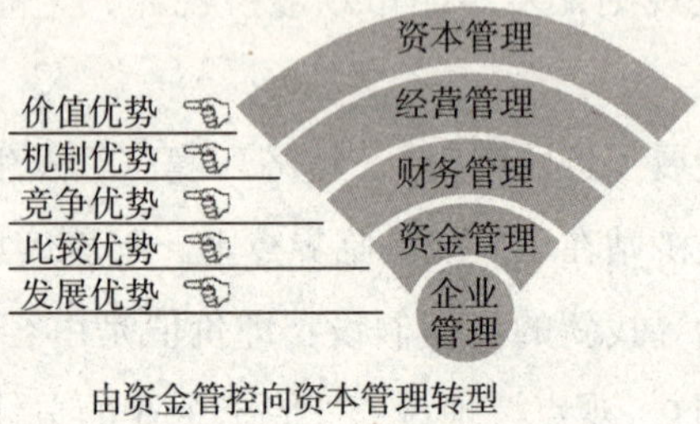

图2-4　经营型企业的管理优势

在经营导向的转型期，企业作为市场主体应由资金管控向资本管理加快转型，更加关注资本结构和资本节奏，突出商品产出的经济性；市场主体在供给侧结构性改革进程中，以市场为导向，以效益为中心，重建内部利益的分配机制，以激发和调动其内部独立运营单元及员工自主经营的主动性。在这一进程中，管理会计要跟上时代的步伐，分析企业目标的清晰度和可行性、考虑现有资产的健康状况及资源配置的经济性、资本的构成是否合理、某些资产是否需要淘汰、业务模式是否过于单一、作业方式是否陈旧、质量效率是否低下等等一系列问题，并开展相应的管理会计活动。

例如某市的一家自行车厂，随着城市的扩张和生活水平的提高，更多的人开始使用电动车，自行车的销售量逐渐减少，而企业的研发没能及时跟上消费升级的步伐，痛失电动车的发展机遇。大量滞销的自行车存放在仓库中，既浪费仓库的资源，又得不到现实利益流入。2016年，共享单车兴起，该企业接到了大量订单，企业开足马力生产仍供不应求。但是该企业并未因此而兴高采烈，反而居安思危，自行引入资本方进行资本投入，也建立了一个共享单车品牌，在整个城市进行投放，建立大量的共享单车点，利用手机APP进行租赁，企业由原有的生产型转向经营型，商业模式、业务模式、作业模式全部发生改变。生产型企业必须积极直面转型，加强管理与提高效率，由重视资金总量转变为更注重资本回报，加快向经营型企业转变。当然，本书并不是一本心灵鸡汤，这个故事其实并没有完，2017 年共享单车的寒冬中，还是这家企业新一轮融资失败，资金链断裂，在寒风中瑟瑟发抖。不过这个锅并不应该由企业转型来背，这个悲伤的结局与该企业的转型只有相关性，而并没有因果性。

当前，中国深化经济体制改革的动车已加快提速，供给侧结构性改革、提质增效和“三去一降一补”等都在提示我们，经济转型已势在必行。在市场经济环境下，经营型企业要确立市场主体地位，以追求经济效益和企业价值的最大化为经营目标。那么，为客户价值创造就是企业必须坚持的经营理念。客户价值决定着企业经营的价值，管理会计应帮助企业站在客户的立场和运用客户思维方式，调集企业内部优势资源并善于借助外部有利条件，创新企业的业务模式，与客户形成无障碍互动，共同创造价值。

2.1.5　企业的组织形式

企业内部的组织形式一般分为职能型组织、项目型组织和矩阵型组织三种类型。

2.1.5.1　职能型组织

职能型组织结构亦称 U 形组织，起源于 20 世纪初法约尔在其经营的煤矿公司担任总经理时所建立的组织结构形式，故又称“法约尔模型”。它是按职能来组织部门分工，即从企业高层到基层，均把承担相同职能的管理业务及其人员组合在一起，设置相应的管理部门和管理职务。随着生产品种的增多，市场多样化的发展，企业也会根据不同的产品种类和市场形态，分别建立各种集生产、销售为一体，独立核算、自负盈亏并承担其上级某种特定职能的事业部制，这也是职能型组织的一种表现形式。职能型组织的一般结构及在职能型组织中进行项目协调的关系如图 2－5 所示。

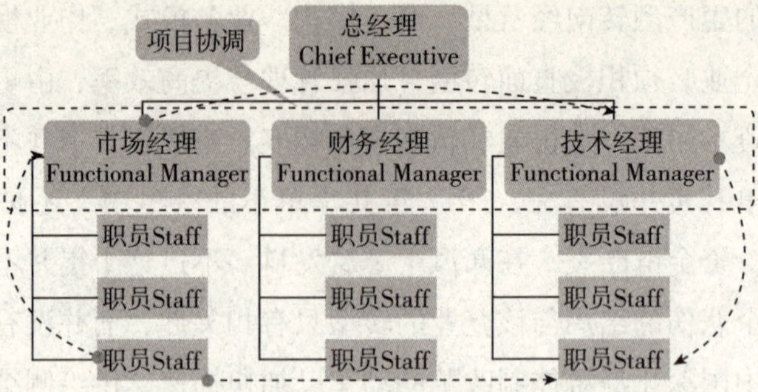

图2-5 职能型组织的一般结构及项目协调关系

1. 职能型组织的优点

1）容易发挥职能部门资源集中的优势；

2）在人员使用上有较大的灵活性；

3）同一部门的人员在一起易于交流知识和经验；

4）人员的流动不影响技术的连贯性；

5）可以为本部门人员提供一条正常的晋升途径。

2. 职能型组织的缺点

1）日常事务性工作是职能部门工作的焦点，而这类工作的目的性不明确，目标不易量化；

2）不同职能部门在资源使用的优先权上容易产生冲突；

3）部门责任边界与权限不清，容易导致无人负责；

4）对客户的响应迟缓和艰难；

5）从职能部门调配给项目的人员积极性不高；

6）跨部门的交流沟通比较困难。

3. 职能型组织的适用性

职能型组织主要适用于中小型的、产品品种比较单一、生产技术发展变化较慢、外部环境比较稳定的企业。

具备以上特性的企业，其经营管理相对简单，部门较少，横向协调的难度小，对适应性的要求较低，因此职能制结构的缺点不突出，而优点与功能却能得到较为充分的发挥，如物业公司、医院等通常都是职能型组织。

2.1.5.2 项目型组织

项目型组织作为一种新兴的企业组织形态，本质上是为了应对跨领域解决方案的复杂问题，需要进行更加系统的知识管理，例如软件外包和工程建设等。作为应对不确定性的重要实现形式，项目型组织应运而生，它更加注重人的因素、顾客、柔性和变革。项目型组织的一般结构及项目协调关系如图 2－6 所示。

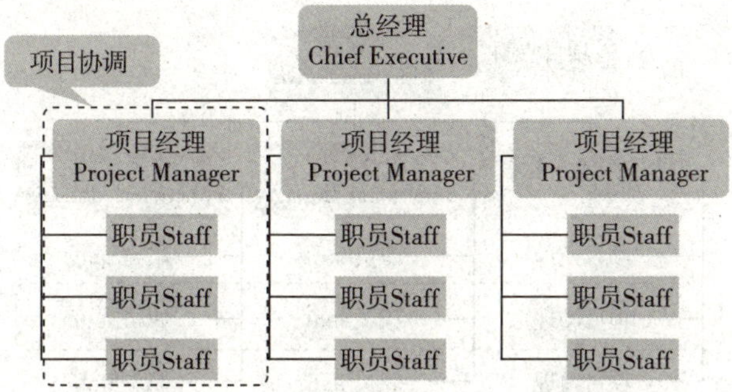

图 2－6　项目型组织的一般结构及项目协调关系

1. 项目型组织的优点

1）项目所有者明确；

2）命令单一、决策速度快；

3）易于沟通和协调；

4）可充分发挥团队的优势；

5）对客户的响应速度快；

6）组织结构上简单灵活，易于操作。

2. 项目型组织的缺点

1）资源独占，可能造成浪费；

2）机构设置重复；

3）项目结束时小组成员的工作没有保障，不利于员工的职业发展；

4）各部门之间的横向联系少，经验很难分享；

5）容易造成不同项目在公司规章制度的执行上不一致。

3. 项目型组织的适用性

项目型组织适用于长期的、大型的和复杂的项目，如航天工程、大型基础设施建设项目、综合房地产开发项目等。

2.1.5.3 矩阵型组织

有些企业的组织形式是矩阵型组织。矩阵型组织又可细分为弱矩阵、平衡矩阵和强矩阵三种形式。矩阵型组织的一般结构及项目协调关系如图 2－7 所示。

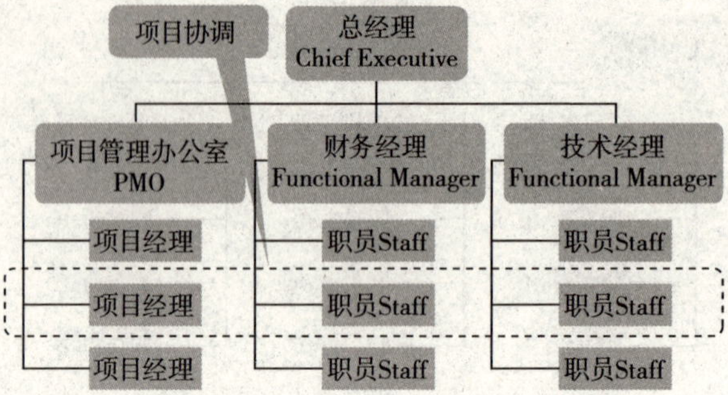

图 2－7　矩阵型组织的一般结构及项目协调关系

一个企业中如果职能型更强，兼有项目型组织的特点，这个企业就属于弱矩阵型组织，反之企业的项目型较强，职能型较弱，企业就属于强矩阵型组织，如果职能型和项目型基本持平，这个企业就是平衡矩阵型组织。强矩阵、弱矩阵和平衡矩阵之间的对比如表 2－1 所示。

1. 矩阵型组织的优点

1）项目是工作的焦点；

2）充分使用组织的人力资源，避免了资源的重复设置；

3）有利于集中各部门的技术、管理优势；

4）对客户以及公司组织内部的响应快速灵活；

5）能保证与公司的政策一致性。

2. 矩阵型组织的缺点

违反了命令单一原则，项目经理与职能经理在工作优先级上有时会产生冲突。

3. 矩阵型组织的适用性

矩阵型组织是一种很有效的组织结构，在西方国家被普遍采用。引进这种组织结构，对处在快速发展中的我国企业来说，具有非常现实的意义。然而，兴一利必生一弊——矩阵型组织很不好操作。

我们可以用一个表格来表示职能型企业、项目型企业和矩阵型企业之间的差异，如表 2－1 所示。

表 2－1　常见的企业组织形式对比

比较项	职能型	矩阵型			项目型
		弱矩阵	平衡矩阵	强矩阵	
项目经理权限	很少	有限	少到中等	中等到高	很高至全权
全职参与项目人员比例	几乎没有	0～25%	15%～50%	50%～95%	85%～100%
项目经理的角色	兼职	兼职	全职	全职	全职
项目预算控制者	职能经理	职能经理	项目经理 职能经理	项目经理	项目经理
项目管理者常用称谓	项目联络员	项目协调员	项目经理	项目经理	项目长 项目总指挥
特点	按专业划分 有明确上级 受部门制约 项目联络员不解决问题	按专业划分 有明确上级 受部门制约 项目协调员解决小问题	按专业划分 上级不明确 受部门制约 项目经理处理日常问题	按专业划分 上级不明确 受部门制约 项目经理处理授权问题	按项目划分 有明确上级 项目设部门 项目经理解决关键问题

很多企业都是职能型组织。比较典型的如绝大部分公立医院，患者去医院就医需要分科室挂号，医生根据患者的病情进行化验。如果化验没有得到结果，医生将继续开出其他检验项目或让患者转到其他科室。所有的科室各司其职，分工上的专业性较强。职能型企业并不必然是有害的，但会产生不利于管理的部门墙。当企业不断发展时，横向的职能部门不断增加，纵向的职位等级也将不断增多，这时企业规模迅速扩大，集团化公司开始形成，“大企业病”随之而来。

矩阵型企业是按照职能划分的纵向领导系统和按项目（任务或产品）划分的横向领导系统相结合的组织形式。因为矩阵型结构中出现了横向管理，而这种横向管理打破了“部门墙”的限制，员工可以沿着业务流程自由“穿行”。只要员工能力达到流程环节的要求，就可以承担流程上的相应角色，为员工彻底拓展了活动空间。员工的综合能力越强，能够掌控或参与的业务流程线条越长，员工获得的成长空间越大。矩阵型组织结构并没有消除纵向管理，而是保留部分职位管理一般性事务工作，有针对性采取以能力管理为基础的项目矩阵管理方式，横向激发管理活力和工作效率，两者相互作用，互为补充。

例如一家职能型企业，需要 A、B、C 三个部门共同完成一项业务，三个部门主管各司其职，无法达到真正的齐抓共管。若将该业务转变为项目制，将组织形式转变为矩阵型，则更有可能顺利完成任务。项目经理从各个职能部门抽调人力资源，在强矩阵下，部门员工可以通过集中办公（War Room）技术为项目经理工作。而某些外资医院，病患到达医院享受 VIP 待遇，由导诊负责病患在医院就诊的所有流程。这很类似于弱矩阵型组织，导诊更像一个项目协调员，带领患者到各科室去检查和诊断，医院科室的人员专业性较强，并没有被项目集中抽调，而是分散作业，实现了资源的最大利用率和最高的作业效率。

没有哪种组织形式是一定“好”的或一定“对”的，矩阵型组织形式也未必一定是完美的。组织形式的设计或重构的目的是使企业适应环境的变化，获得更高的作业效率。因此，只有仔细分析企业，辨析企业所处的行业、领域及分类，深入剖析企业制度、商业模式、业务模式、盈利模式，进而量化企业目标，确立经营导向，配以相适应的组织形式，才能保证企业进入良性发展的轨道。

2.2 企业成本

有一个广为流传的小故事，魏文王曾求教于名医扁鹊：“你们家兄弟三人，都精于医术，谁是医术最好的呢?”扁鹊回答说：“大哥最好，二哥差些，我是三人中最差的一个。”魏王不解地说：“请你介绍得详细些。”扁鹊解释说：“大哥治病，是在病情发作之前，那时候病人自己还不觉得有病，但大哥就用药铲除了病根，使他的医术难以被人认可，所以没有名气，只是在我们家中被推崇备至。我的二哥治病，是在病初起之时，症状尚不十分明显，病人也没有觉得痛苦，二哥就能药到病除，使乡里人都认为二哥只是治小病很灵。我治病，都是在病情十分严重之时，病人痛苦万分，病人家属心急如焚。此时，他们看到我在经脉上穿刺，用针放血，或在患处敷以毒药以毒攻毒，或动大手术直指病灶，使重病人病情得到缓解或很快治愈，所以我名闻天下。”魏王大悟。

这个“心灵鸡汤”一样的故事经常在管理学中被当成反面教材，以提示管理者用人的思路或提醒管理者及早发现问题，避免亡羊补牢。但是让我们从另一个视角——成本，来看这个故事：

图2-8　扁鹊三兄弟的故事

对于病人来说，选择扁鹊的大哥无疑是成本最低的。这不仅仅是一个故事，而是就发生在我们身边。延迟退休政策相信许多人都已经知道了。延迟退休的一个原因是社保缺口的日益扩大。除了增加社保参保人群、提高社保基数、拓展社保投资渠道等思路以增加社保收入外，降低社保的支出也是争论的焦点。然而降低社保支出与社保覆盖人群的利益需求是矛盾的。在首届健康中国高峰论坛上，中国工程院院士、北京大学医学部主任詹启敏教授提出“尽早将体检费用纳入医保”的建议，其实给出了一个解决这一矛盾的很好的思路，即“选择扁鹊大哥”——以预防为主，来降低社保的成本支出。长期以来，职能部门的惯用思维是履行医保费用的管理和监督责任，医保基金只能是针对已发生疾病在治疗环节的支出，是在参保人生病或住院时使用。体检费用不能纳入医保，也是这种僵化思想的直接反映，即“重治疗、轻预防”。

实际上，除了一些意外和遗传性疾病，很多重大疾病都是日积月累而成。如果不以预防为主，定期体检，则很难觉察早期病变，一旦疾病严重再去治疗，往往效果不好，不仅增大患者痛苦与经济负担，让一些家庭“因病返贫”，也同样增加了医保支付总额。时至今日，国内仅有零星地区将体检费用纳入医保报销范畴，绝大多数地方，都有“体检费用不能由医保报销”的严格限定。体检费用多由参保人自掏腰包，从很大程度上抑制了参保人员主动体检的意愿，自行体检的频率很低。可见，体检费用未纳入医保，是节约了小钱，但总的来说，却花了大钱，对于个人和国家都不划算。

这则小故事，可以理解为是对扁鹊三兄弟个人价值的衡量标准和评价方法不同。谁的医德高尚、医术高超、更有价值不言自明。同理，在市场经济条件下，企业以客户需求为导向，通过向客户出售商品或服务获取利益，成本是商品价值的组成部分。我们从这个角度延伸思考下去，会产生一系列的疑问，成本到底是什么，成本的本质是什么，成本到底是怎么发生的，降低成本的途径究竟有哪些……这就好比扁鹊大哥在病情发作之前给病人医治铲除病根，医疗成本最低、病人付出的代价最小，供求的双方平衡点不是取决于价格或成本，而是取决于对技术的认可度和方法的信任度，实质上是比较优势。管理会计的技术和方法在某种程度上同样是企业的比较优势。然而很多企业更容易感知到的是实际生产活动中的显性成本，例如扁鹊在治疗过程中所使用的器械、药物、治疗动作等所耗费的具体劳动成本，病人更愿意为这一系列显性的投入要素付账“埋单”。不能不说人是物质的、是现实的，至少在现阶段，很多人对物质交换容易接受，而为知识付费则尚难认可或心存疑虑。

2.2.1 企业成本观测

企业需要进行相应的生产经营活动，就必须耗费一定的资源（人力、物力、财力和信息等），其所费资源的货币表现及其对象化称之为成本。

中国成本协会（CCA）① 发布的 CCA2101:2005《成本管理体系 · 术语》标准中第 2.1.2 条中对成本术语的定义是：为过程增值和结果有效已付出或应付出的资源代价。

美国会计学会（AAA）所属的“成本与标准委员会”对成本的定义是：为了达到特定目的而发生或未发生的价值牺牲，它可用货币单位加以衡量。

这里所指的成本，是广义成本概念。

广义成本涉及企业的全部活动，多指完全成本，以成本最小化为目标。广义成本包括正确选择经营方案并制定决策的过程，涵盖成本预测和决策分析，通常称为成本经营。此外还涉足统筹安排成本、数量和收入的相互关系，以求收入的增长超过成本的增长，实现成本的相对节约，实施相对成本控制。

与广义成本相对，狭义成本是企业为生产产品或提供劳务而发生的各种耗

① 中国成本协会 CHINA COST ASSOCIATION 缩写 CCA，是经中华人民共和国香港特别行政区登记注册并核准成立的社会团体法人组织，是中国第一个在成本和成本管理方面的协会。

费，多指生产成本。对狭义成本的控制仅限于成本限额的项目，以完成规定的成本限额为目标，在执行决策过程中努力实现成本限额，完成降低成本支出的绝对额，实施绝对成本控制。

财务会计与管理会计的成本观是不同的，这取决于成本内涵的确定是出于会计目的还是决策目的。从决策的需要出发，就必须考虑机会成本、相关成本、增量成本等。因此，财务会计与管理会计在观察、计量和思考企业成本的认知角度和判定方法上存在根本性的差异，其中最重要的不同之处在于，前者所记录的会计成本是指反映在会计账簿上的费用支出，也称为历史成本，是在静态地记录价值，而后者是在评估有限的资源用于某种经济活动时所付出的代价，是在动态地量度价值，这一动一静之间所发生的变化，即是各自看待成本的基本观点。

财务会计看待成本，专注于狭义成本，是会计准则上规定的成本，企业使用会计账户记录企业在过去一段时期内生产和经营过程中的实际支出，这些会计账户被称作成本科目，支出被称为会计成本。会计成本主要是用来对已发生的经济行为进行审查和评价，并最终影响企业在一定会计期间内会计利润总额的大小。

管理会计看待成本更倾向于广义成本，计算的是企业的经济成本，是企业为过程增值和结果有效已付出或应付出的资源代价，这其中也包括了为保证企业再生产而应从销售收入中得到补偿的价值，也可以理解为成本是为实现一种目的而放弃另一种目的所牺牲的经济价值。经济成本影响企业持续经营期间经济利润率的高低和升降等变动趋势，对企业战略目标实现可能产生直接或间接影响。

2.2.2　会计成本的视角

我们可以从成本性态来进一步理解成本。成本性态是指成本总额与业务总量之间的依存关系，也被称为成本习性。按成本性态分类可以将成本分为固定成本、变动成本和混合成本三大类。

固定成本　是指在一定的范围内不随产品产量或销售量变动而变动的那部分成本，即在相关范围内，固定成本的总额不受产量增减变动的影响，用老百姓的话说就是日常经营的“挑费”。比如，企业经营场地的租金、办公费、管理人员和销售人员的基本工资佣金、固定资产折旧费、保险费、劳动保护费等。通常按其是否受企业管理当局短期决策行为的干预影响程度，又可以进一步划分为约束性固定成本和酌量性固定成本。

约束性固定成本（Committed Fixed Cost）又称拘束性固定成本，是指不受企业管理当局短期决策行为影响的那部分固定成本。如厂房及机器设备按直线法计提的折旧费、房屋及设备租金、不动产税、财产保险费、照明费、行政管理人员的薪金等，均属于约束性固定成本。

有些管理会计专著认为，除非要改变企业的经营方向，否则，不能试图在实务中采取降低这部分成本总额的措施，只能从合理充分地利用其创造的生产经营能力的角度着手，提高产品的产量，相对降低其单位成本。这种表述容易造成理解上的偏差。管理会计从不会拘泥于某种格式或规定性的东西。以房租为例，房租毫无疑问是约束性固定成本。现有某汽车保险代办，租了一间 $20m^2$ 的门面房。但实际上其日常营业不需要这么大面积，于是引入了一个小房产中介，两家共同分摊场地租金。对于这个车辆保险代办来说，如果头脑中先假定了“不改变经营方向约束性固定成本不可降低”，则其要负担全部房租。其实从上面的表述中可以看出，很多管理会计专著和文章主要都在以制造业为例，所以经常可以看到产品、产量等表达。但是管理会计并不局限于制造业。2016 年我国第三产业增加值达到了 51.6%，可是长期以来，管理会计所用的技术与工具，如本量利分析等，都是以制造业为例进行演算和推导，而较少关注第三产业，尤其是现代服务业。

酌量性固定成本 是指管理者的决策可以改变其支出数额的固定成本，如新产品开发费、广告费、职工培训费等。由于这类成本的预算数只在预算期内有效，企业决策者可以根据具体情况的变化，确定不同预算期的预算数，所以，也称为自定性固定成本。这类成本的数额不具有约束性，可以斟酌不同的情况加以确定。

变动成本 是指在一定条件下，成本总额随着业务量的变动而呈正比例变动的成本。变动成本的总额随着业务量的增减成正比例增减，但是从产品的单位成本看，它却不受产量变动的影响。比如，计件工资制企业的生产工人工资、按产量法计提的折旧费、原材料费用、电费、汽油费、车辆租赁费等。变动成本根据其发生的原因可进一步划分为技术性变动成本和酌量性变动成本。

技术性变动成本　也称约束性变动成本，是指在其单位成本受客观因素决定，消耗量由技术因素决定那部分变动成本。是企业管理当局的决策无法改变其支出数额的，并与业务量有明确的技术或实务关系的变动成本。如生产成本中主要受到设计方案影响的、单耗相对稳定的外购零部件成本，在工资水平不变的前提下，流水线作业生产岗位上的工人其工资和福利费等都属于这类成本。

酌量性变动成本　是指单位产品受企业管理当局决策影响那部变动成本。如某种原材料，在规格、质量、单耗一定的前提下，由于采购地、供货单位不同而出现不同的采购价格，则该种原材料的消耗即为酌量性变动成本。

混合成本　是介于固定成本和变动成本之间，成本总额虽然受业务量变动的影响，但其变动幅度并不同业务量的变动保持严格比例的成本。比如共享单车的车辆修理费与业务量有一定的相关性，但业务量的增减与修理费用的增减不成比例，该费用即为混合成本。

理解成本性态的关键是区分变动成本和固定成本，而判定一种成本是变动成本还是固定成本，要看在企业活动场景中开展具体经济事项（即成本动因）时，因企业生产商品或提供劳务的价值带来的影响，是否对所耗费的资金支出产生了某种变化，而不应简单从会计科目进行对应。如电解铝企业的电费是变动成本，而一家互联网企业服务器机房的电费则为固定成本。

成本是利润的决定因素之一，是综合反映企业各项工作质量的重要指标。行业越成熟，市场发育程度越高，竞争越激烈，成本因素的影响越大，对成本的预测、决策、分析和控制，甚至直接决定着一个企业经济效益的好坏。企业区分成本的不同性态，将所有成本分解为固定成本和变动成本两部分，可满足经营管理上多方面的需要。特别是对于控制成本和寻求降低成本的途径来说，具有重要作用。但应注意的是，按成本性态划分的成本，若超出了一定条件和相关范围就有可能发生变化，使得成本性态分析只能用于短期分析，而不能用于企业的长期分析。

2.2.3　经济成本的视角

在经济学中，经济成本是企业使用的所有资源总的机会成本。还有专家提出，经济成本是显性成本与隐性成本二者之和。我们认为，经济成本既包括企业生产管理中的狭义成本，也涵盖企业经济活动中的广义成本。

管理会计在尊重和沿袭成本性态分类的标准与规则的基础上，按会计成本分类定义划分成本性态，利用本量利分析和边际分析等管理会计工具预判短期会计利润的趋势波动，按经济成本划分成本性态以评估中长期决策的经济性和经济利润的变动规律，分析企业资源配置的效果及效率优化的可行性，在对成本的使用上，重在衡量稀缺资源在不同用途上的配置及其在未来代价。

经济成本主要是从企业长期持续经营的角度去考虑企业前景和战略的安全性和经济性的，经济成本中涵盖的隐性成本、安全隐患成本、环境保护成本、机会成本、沉没成本、新增成本、差别成本、边际成本、杠杆风险成本、资金占用成本、人力资源成本、信息分享成本、法律诉讼风险成本等皆可视为广义成本。下面简单介绍几个常见的广义成本及其基本形态和表现形式，便于大家认识与理解。

隐性成本　是指隐藏于企业总成本之中，游离于财务审计监督之外的成本。包括决策失误引发成本增加，信息失真，效率低下等，其形态具有一定隐蔽性，是由于经济主体的行为有意或无意造成的未来成本和转嫁成本。

会议成本就是一种隐性成本。会议是企业解决问题和发布指令的集体活动，也是一个高成本的经营活动。一般组织会议所发生的成本，包括场地租用费、购置笔本和会议用水、制作会标及会议资料印刷费等服务费用，这些是能直接看到的且开具发票向会计报销的成本，是从狭义成本角度看待的会议成本。从广义成本角度看，会议成本还包括组织会议的效率和会议消耗的时间。会议活动往往是众多决策者参与的集体活动，其时间成本极高。而很多企业的管理人员并未掌握会议的技巧，普遍存在“会前无准备，会中无主题，会后无执行，与会无必要，时间无控制，发言无边际”的六无现象。

这些低效状态和时间浪费，对企业经营者来说，无异于给参会人员集体安排了一次“带薪休假”，企业何谈提质增效呢？像这样的隐性成本存在于企业内部各个角落，多如牛毛，诸如沟通成本、加班成本、人才流动成本、岗位错位成本、流程成本、企业文化成本、信用成本等。

再如环境保护成本，是指以企业可持续发展为目标，在企业连续经营周期内发生的与节能减排、环境污染与损害赔偿、环境保护与治理等有关的所有经济利益的总流出。环境保护成本的概念，其内容随着环境问题受重视程度的提高而日渐完善，已上升到国家治理监管的高度。环境保护成本中也存在着隐性成本。

某企业因监督责任不落实疏于管理，造成辖区内多处出现工业污水外渗污染环境的情况，被国家环保总局卫星航拍发现，中央环保督察组责成地方政府立即组织调查和现场采样，并要求限期治理与问责。该责任企业用时半个多月完成了环境治理与恢复，发生环境治理与恢复成本近800万元，同时接受了中央环保督察组对完成情况的验收检查并承担罚款支出200万元，这上千万元的成本即为企业支付的环境保护成本。

机会成本　是指为了某种使用所牺牲掉的其他使用能够带来的益处。这一概念拓宽和深化了对消耗在一定生产活动中的经济资源的成本的理解。通过对相同经济资源在不同生产用途中所得到的不同收益的比较，可以使经济资源从所得收入相对较低的生产用途转移到所得收入相对较高的生产用途上，否则就是一种浪费。简单讲，就是在面临多方案进行唯一性决策时，被舍弃的选项中的最高价值方案的价值是本次决策的机会成本。

比如，小强可以选择股票和储蓄存款两种投资方式。他于2006年1月1日用1万元购进某种股票，经过一年的操作，到2007年1月1日，投资股票的净收益为500元。如果当时他将这1万元存入银行，一年期定期储蓄存款的年利率为2.52%，扣除利息税，则有201.6元的实际利息净收益。

可以看出，这201.6元就是小强投资股票而放弃储蓄存款的机会成本。若考虑机会成本，小强的实际收益应为298.4元，而不是500元。如果到2007年1月1日，小强投资股票获得的净收益为120元，若考虑机会成本，他的实际收益则是亏损81.6元。

再如小刘购买了一个临街的商用楼，并开设了一家烟酒批发店，小刘认为房产是自己的，不需要向外人支付房租，因而烟酒店必然是挣钱的。这种认识就是忽视了机会成本的意义。小刘若选择将门店出租也能获得可观的收益，因此，小刘在计算其烟酒店的利润时，仍需减掉房租，才是其烟酒店真实的利润——当然，我们这里说的利润指的是相对客观的盈利能力，而不是指经过会计调账等技术处理后的那个“利润”。

一些常见的广义成本还包括：

安全成本是指企业在保证安全生产，降低事故发生率，防止或减轻职业危害而进行的各项安全管理的资金投入，即包括预防保障费用和事故损失成本。

沉没成本是指业已发生或承诺，无法回收的成本支出。

新增成本是指项目实施后需要发生的，而不是在项目实施前已经发生或承诺的成本支出。

差别成本是指两个方案的预计成本差异。在进行成本决策时，由于各个方案预计发生的成本不同，就产生了成本差异。

杠杆风险成本是企业在运用经营杠杆、财务杠杆以及组合杠杆时可能引发的经营风险、财务风险和企业总风险等通过对预期收益的影响。对风险系数的权衡，可以预判这些风险对企业未来产生的经济利益的总流出。

资金占用成本是指企业因占用资金而向资金供应者支付的各种资金占用费。

人力资源成本是一个组织为实现自己的组织目标，创造最佳经济和社会效益，而获得、开发、使用、保障必要的人力资源及人力资源离职所支出的各项费用的总和。

边际成本是每增加一单位产量而产生的成本增量。

信息分享成本是指企业为了优化资源配置和节约社会成本，提高信息资源交换与共享的利用率，而将信息资源与第三方共同分享，企业为此提供的技术支持平台和数据传输技术所关联的净利益流入，以及信息需求企业所支付的获取成本。如快递企业向电商平台开放网关接口，允许电商平台获取其运单信息，其间所产生的成本即为信息分享成本。

在观测经济成本活动中，在看待机会成本、新增成本、差别成本等时，应更加关注企业的业务模式和收入规模大小；在看待隐性成本、安全成本、环境保护成本、沉没（浪费）成本等时，应更加关注企业的作业方式和管理能力强弱；在对边际成本、市场拓展成本、杠杆风险成本、资金占用成本、人力资源成本、信息分享成本等组合分析时，应更加关注企业的投入绩效和盈利水平高低；在对机会成本、市场拓展成本、环境保护成本、杠杆风险成本、人力资源成本、信息分享成本等组合分析时，应更加关注企业的资本价值和发展步伐快慢。

2.3　正合管理会计极限

金庸的小说《射雕英雄传》第十八章“三道试题”中，黄药师与欧阳锋用玉箫与铁筝比试武功的描写：他（郭靖）呆呆的想了良久，只听得箫声越拔越高，只须再高得少些，欧阳锋便非败不可，但至此为极，说甚么也高不上去了，终于大悟，不禁哑然失笑：“我真是蠢得到了家！人力有时而穷，心中所想的事，十有八九不能做到。我知道一拳打出，如有万斤之力，敌人必然粉身碎骨，可是我拳上又如何能有万斤的力道？七师父常说：‘看人挑担不吃力，自己挑担压断脊。’挑担尚且如此，何况是这般高深的武功。”

企业投入正常运营后开展的相关经营管理活动均会存在一个付出与回报的理论极限值，我们称之为正合极限。

正合极限是指在当前的资产规模、技术水平、人力资源等组合下，企业在某时间段内为某种业务模式所能投入的最小（或最大）消耗和所能获得的最大（或最小）收益。这里说的是能够投入的，而非已经投入的。正合极限只是一个理论值，事实上正合极限几乎从未达到或实现过。

正合极限按目的和结果不同，一般包涵着业务极限、经济极限、管理极限和发展极限。正合极限所表达的是企业理性的、符合逻辑的思维目标，考验的是企业自身生存的决断力和操控战略方向的定力。

对企业来说，正合极限不是一个一成不变的常量。企业生命周期理论通过一条曲线完整描述了企业发展的各个过程，如图 2－9 所示。通过对企业的分

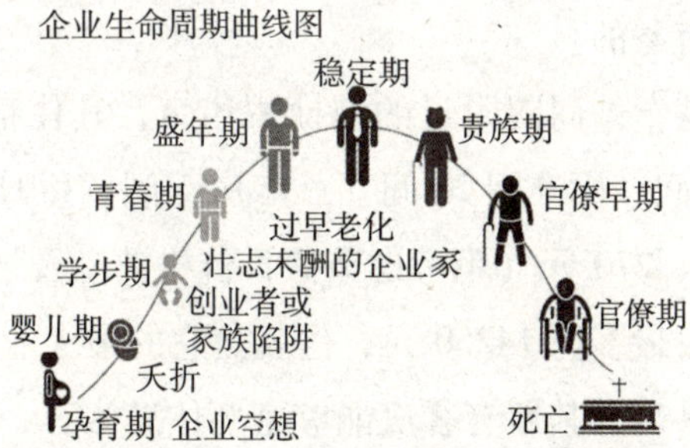

图 2－9　企业的生命周期曲线

类和企业经营的认识，结合企业生命周期理论，企业在不同成长时期皆存在着正合极限，其具体数值在全生命周期中的不同阶段是不同的。

2.3.1 业务极限

业务极限是指在现有生产规模、人员构成、资本投入和技术水平条件下，企业生产产品或提供服务所能获取的收入极限值。业务极限分为最大业务极限和最小业务极限，分别对应着收入最大值和收入最小值。资金垄断模式企业经常以产量或业务量来描述业务极限，有时也被理解为生产能力。而在充分竞争市场中的企业，一般以货币化的形式表现业务极限。

资本为获利而来，资本追逐更高的回报符合市场经济规律。企业的业务模式、盈利模式和管理模式得到资本认可和注入时，资本为控制并降低风险，争取更多更持久的收益增长，会格外关注企业短期和中长期盈利能力和增利水平。

企业作为独立的市场主体，存在的前提是能够为客户创造价值。在业务模式、市场规模、作业方式、客户衍生再造能力、与现实拥有的市场竞争优势和业务饱和条件的共同作用下，企业必然存在业务极限，不会因企业的主观意愿而无限放大。当企业各种客观条件发生变化时，迫使企业自主改变或重构其业务模式，从而又会生成一个新的业务极限，但并非是原有业务极限的外延或简单增加。

创业团队与资本方沟通时，有些创业团队在谈最大业务极限，希望以此获得资本方的青睐。而资本方关注的是最小业务极限，希望以此来规避风险。明确提出业务极限的概念，理性计算最大业务极限和最小业务极限，无论对企业还是对资本方都是有益的。

例如，某市高铁车站商圈附近的快捷酒店 A，其住宿房间 50 间，其中套房 5 间，大床房 20 间，标准间 20 间，三床房 5 间，每日房价依次分别为 500 元、300 元、220 元、270 元（不考虑节假日价格波动及协议房等情况），该酒店客满时一天的营收最多为 14250 元，这就是它的最大业务极限。最为理想的和企业期盼的状态是每天其所有客房能够全部住满旅客，而最悲观的是一个旅客都没有——当然最悲观的情况实际上几乎不可能发生，这其中有一个关键指标，就是入住率指标。

再如某网站有注册会员10万人，如果其业务模式为对VIP会员收费5元/月，当然最乐观的是所有的注册会员都付费成为VIP会员，该网站的最大业务极限为50万/月。我们当然知道这是不可能的。这其中也存在一个关键指标，即转化率指标。

了解管理的读者马上就能反应出，这不就是*KPI*吗？是的，这就是*KPI*，即关键绩效指标。所以，我们可以得出*KPI*的值域表达式：

$$KPI \leq \frac{\text{业务极限}}{\text{资源总量}}$$

上式并不是一个真正能够计算的公式，而仅仅是一个表达式，这个表达式在说明：

1. 关键绩效指标与业务密切相关，企业不能按照管理需求制定*KPI*，而应该按照业务需求制定*KPI*。比如出勤率就不应该是一个*KPI*，因为它跟业务量没有必然的直接联系。

2. *KPI*的取值是计算得出的，是与企业的规模相匹配的。

3. *KPI*应该是一个比值，即一个量跟随另一个量的变化程度，而不能仅仅是一个累积的结果。比如转化率可以是*KPI*，每月转化量也可以是一个*KPI*，但是转化总量就不是*KPI*。

2.3.2　经济极限

经济极限是指在现有生产规模、人员构成、资本投入和技术水平条件下，企业生产一定量的产品或提供一定量的服务所需各种成本的总和。

经济极限同样分为最大经济极限和最小经济极限，二者的作用不同。最大经济极限是“最多会花多少钱”，与最小业务极限配合可以推算出最小利润，而最小经济极限是“至少要花多少钱”，其作用并不在于计算最大利润，这只是经营者的臆想，除了忽悠投资者外实际上毫无意义。最小经济极限的作用在于品质控制，客户维护和市场保持。

某合资品牌汽车一直在部分网友中号称“神车”，而该品牌旗下的某款车型“断轴门”事件为全行业敲响了警钟。一些行业内部人士指出，过低的采购价格是造成“断轴门”的主要原因。一些企业罔顾事实，一厢情愿地喊出“没有不能降的成本”时，最小经济极限正在冷眼旁观，静待悲剧。

对于企业自身来说，一定要清醒地认识到经济极限的存在，并理性计算自身的经济极限。在同业竞争激烈的环境中，业务规模、管理效率已处于最大能力程度时，继续生存和发展，需要降低经济极限，而不是单纯地降低成本。或者这么说，降低极限是在提升能力，降低成本是在透支未来，而这无异于饮鸩止渴。

经济极限与两个基准密切相关，即成本基准和质量基准。在进行经济极限的优化和改善时，必须要将质量基准锁定为常量，如果修正经济极限的同时变更了质量基准，则必须同时变更业务极限，否则计算的经济极限是错误的。

降低成本的一个简单思路可能是降低工资，延长劳动时间，但这是非常危险的。而降低经济极限的思路是通过提高工作效率，即降低作业的平均时间来获得成本绝对值的下降。

2.3.3 管理极限

无论最大业务极限还是最小业务极限，都是理论计算的结果，这个结果并不能反映出业务极限达成的原因以及企业的实际控制能力，因此还需要引入业务控制极限，我们把这个控制极限称为管理极限。

介绍管理极限前，我们首先从一个热力学的概念谈起——熵（shāng）。简单说，熵就是无序度，或者说，是一个封闭系统的混乱程度。根据热力学第二定律，一个封闭系统的熵只能增大，不可能减小。从这个定义进行引申，有人提出了企业也有熵。虽然企业的熵的概念在理论与实务上影响不大，但是企业的“熵”其实是存在的。如果没有一定的管理投入，企业的混乱程度必将增大，企业的“混乱”会造成成本的上升，浪费的增大，给企业带来损失。

为了尽可能减小这种损失，企业要进行各种管理投入，而这些管理投入是有成本的，我们的各种管理、制度等都是在消耗成本，以降低企业“熵”值。

如果为了防止混乱而进行的管理投入比混乱所带来的损失还要大时，这种管理投入是不值得的。为了防止混乱我们进行了管理投入 M_1，我们得到了混乱所带来的损失 Q，如果想要使得 Q 减小，我们需要增加 M_1 到 M_2，这时我们说 M_2 的精度高于 M_1。换句话说，要想降低企业熵，则需要增加管理投入，或提高管理精度。当管理投入与企业的熵所带来的损失相等时，管理投入所对应的管理精度为管理极限。

比如，员工迟到早退现象严重，这是企业的一种无序度，毫无疑问这种无序度会为企业带来损失。企业为了降低这种损失，建立了考勤制度，规定了迟到早退的定义标准，并指定专人对迟到早退进行测量（划考勤）。企业为划考勤的人在划考勤时间段内支付的工资，后期汇总、统计以及为了这一管理活动所消耗的相关成本，事实上都是管理投入。

当然，我们可以提高管理精度，而管理精度的提高并不必然造成管理投入的增加。技术的进步有可能会带来精度提高，同时管理投入下降。比如，我们可以使用带指纹识别、人脸识别等功能的电子考勤机来代替人工考勤，使得考勤的测量行为所带来的管理投入低到几乎可以忽略不计的程度。

某石油开采企业在实施 ERP 中，要求将材料费明确到每一个生产作业单元（采油井和注水井）中。在具体实施时，作业人员需要对每一件材料的消耗确定最终归属（用于哪口采油井或注水井中）。而石油开采企业的特点是消耗的材料品类繁多，存在大量工业用料和定制产品，且现场工况恶劣，难以使用流通业中常用的商品条形码进行出入库记录。工人领用的棉纱手套，从会计分录上也属于材料费，可是工业用手套不是医用手套那样要求一次一换，工人根本无法区分出消耗的材料用于哪个作业单元中，进行出入库记录录入时，那就随缘吧。人工录入的信息准确性差，效率低下，企业员工怨声载道，其 ERP 的实施前景极其悲观。

而当管理者用这些毫无准确性可言的信息进行分析时，就充分体现了郭东临小品中的一句台词："你用谎言去验证谎言，得到的必然是谎言。"当对该企业的成本构成进行分析发现，该企业的材料费仅占其成本的 2% 略多。在这个管理活动中真正降低的材料消耗、减少的浪费与出于此目的而进行的管理投入（包括但是不限于出入库管理系统的研发、管理台账、报表等）以及为此管理而损失的机会成本相比微不足道。这就是企业的管理行为超出管理极限的一个真实的例子。

企业在正常市场运营过程中，需要投入相应的劳动力、劳动资料和劳动对象，它们之间的优化组合体现出了管理的价值，是采取挤压式管理或自动自发式管理，很多企业都进行过探索与实践，有成功的经验，也有失败的教训，但无一例外地这些管理都存在一个管理极限，即不论怎样改变或穷极智慧，其结果都无法令人满意，最终选中的答案是管理靠的是人的自觉自愿来配合达到预期目标——这就将管理直接变为玄学了。

在管理中经常可以听到精细化管理和精益化管理。但是企业做到什么程度就算是精细化了呢？连定义本身都不能做到精细化，就只能沦为一句口号。精细化管理没有问题，但是不能超过管理极限。认识到管理极限的存在，知道企业自身的管理极限在哪里，并且能够进行量化，可以测量，企业才能减少过度管理造成的浪费。企业管理逼近管理极限往往意味着管理成本的增加。通过技术的进步提升管理精度，进而提高管理极限，企业管理水平与管理极限重新达到平衡，管理水平提升的部分才会转化为企业的利润。

2.3.4 发展极限

发展极限分为企业发展极限和行业发展极限。

企业业务量上升，必然会选择加速扩张和规模发展，规模的扩张使资本回报的绝对值增加。资本为了追求更大的回报，将其中一部分转化为产能的扩大。这种资本回报的增加，起到了正反馈调节的作用。但是，所有的正反馈调节都是不可持续的，企业的竞争者开始进入。随着竞争者的涌入，企业外部竞争加剧，竞争主体的多元化、竞争价格的冲击、资本回报下滑等一系列后果，导致企业现有资源不足以满足和支撑其盈利的需求，企业将面临重大抉择——继续扩大产能，通过规模效应保持其市场地位，还是谋求转型升级。

企业确保市场占有份额保持相对稳定，预判和确定发展拐点的区域，这就存在一个发展极限。另一方面，因为可预期的技术进步，而导致原有的业务模式失效，也是发展极限存在的一个原因。发展极限对企业中长期战略愿景将给出预警提示。

需要注意的是，发展极限是针对业务的，而不是针对企业的。企业有多少种业务，则对应着有多少个发展极限。

如前例，A 快捷酒店距离火车站 3 公里，处于车站商圈的边缘，平均日入住率仅维持在 50%～55%，该市近年来加大旅游生态资源和商务圈等开发项目，火车站客流量由日 1.5 万人增长至日 3.5 万人，随着客流的增加，在火车站 1 公里附近陆续有多家旅馆相继开业，对 A 快捷酒店的业务冲击较大。为应对市场竞争压力，A 快捷酒店在火车站出口 1 公里范围内新开张一个 B 快捷酒店，两家酒店形成连锁化经营，通过租用房产方式，B 酒店基本规模在 100

间，每日房价维持A酒店水平，预计日入住率达到85%以上。可以看到，在面临发展极限时，A选择了规模扩张增加产能，以应对市场的变化。同时距离车站相对较远的A酒店改为主题酒店，谋求转型升级。

行业发展极限一般伴随着技术的进步。技术的进步致使生产力提高，原有生产关系不能适应生产力，该生产关系重构或解体，同时释放其所占用的社会资源。如我们知道的无线寻呼机行业和“小灵通”行业，因为移动通讯的普及，全行业迅速达到发展极限，而全行业解体，如今称霸非洲手机市场的传音手机总裁竺兆江当年就是销售传呼机的业务员。再如代驾行业，也必然存在发展极限。当自动驾驶汽车普及后，代驾自然失去了生存的基础，其业务模式不存在了，全行业随即解体。而当5G时代来临时，下载这个词也将逐渐淡出历史舞台，移动硬盘的行业发展极限也指日可待。

[案例分析]

琳家小铺

琳琳是一个五线小城镇的会计，最近刚刚失业，想开一个餐饮类小店。经过比较，她选择了一家做卷饼的连锁加盟项目。她得到的数据如下：

品牌加盟费3万元（含前期设备投入）

店面租金2.6万元

店面装修4.3万元

流动资金1万元

产品原材料成本占比50%

对于一个普通家庭来说，10万元的投入几乎押上了全部家产。但是让琳琳苦恼的是家人的反对，一个重要理由是“担心赔钱”。

虽然经营企业有时也需要冒险，但毕竟不是赌博，琳琳也不可能在充满不确定性的投资中押上全部身家性命。我们怎么能在琳琳决定投资之前就预测出是否会赔钱呢?

业务极限位于收入端。对于一个餐饮类快销品来说，小店早、中、晚全天营业，其选址周边没有同质化竞品，但有同类竞品，因选址位于一较大居民小区的入口，其产品可以认为是“刚需”，因此对这样的小店来说，我们可以简单地认为：

最大业务极限 = 产能

经过测试，琳琳算是一个生手，大约需要 1 分半的时间可以制作完成一份卷饼，而一个经过 300 ~ 500 次训练的熟练工大约需要 50 秒可以完成。考虑到用餐高峰时段的时长，除以每份产品的制作时间，可以估算出产能，在此基础上乘以客单平均单价，可得最大业务极限。

那么最小业务极限要怎么估算呢？我们先从经济极限的估算入手。

经济极限可以看成是理论上的最大支出。那么支出项都有哪些呢？

场地租金是年付的，平均每个月为 2166.7 元，平均每天为 72.23 元；

税费经咨询当地工商主管部门得知，小微企业和个体工商户月营业额不足 3 万元免税；

店面装修费用一般餐饮企业 4 年左右就要重新装修。考虑到所加盟的品牌形象也有可能进行 VI（视觉识别）系统的更改，故将店面的装修期确定为 4 年。这里就存在问题了，按照财务会计的做法，应将此 4.3 万元的店面装修费按 4 年摊销，4 年后再次装修，则再次摊销。但是琳琳第一次站在“老板”的角度来考虑这个问题，发现这种摊销并没能解决她的问题。4 年后第二次装修时，琳琳需要拿哪一部分钱再次装修呢？最理想的情况当然是提前“挣”出来这部分装修费，然后预留起来。至于预留的这部分资金是当成银行存款还是去做某种保本理财那是另外一回事了。

品牌加盟费该连锁品牌的加盟政策为每次加盟有效期 2 年，到期后续费 9000 元/2 年，则分摊到每年为 4500 元，每天为 12.32 元。与店面装修费用类似，琳琳仍需提前“挣”出下一周期的品牌加盟费。

人员工资一般的个体工商户很少为自己核定工资，按照大家的理解，反正“肉烂在锅里”。但是这样对于企业来说，很难精确核定出成本，一旦市场出现变化，这种粗放式的成本管理将会反过来给企业以致命一击。琳琳根据当地平均工资为自己制定的工资标准是 4850 元/月。

保险除了要考虑工资以外，琳琳还要考虑到社会保险的问题。失业后，作为城镇职工，按照现有政策，琳琳可以自付“两险”，即养老保险和医疗保险，当地的标准是 1.2 万元/年，平均每个月 1000 元。

电费制作卷饼的扒炉和制作馅料的炸锅升温比较慢，当客流低谷时如果停炉，则两次启动达到相应温度需要较长时间。在客流低谷时零散顾客的等候时间较长，因此琳琳决定营业时扒炉与炸锅一直处于工作状态，而其他的冷柜等都是24小时运转的设备，这样电费就变成固定成本了——电费的多少与业务量没有关系。经过对所有电器设备的功率估算，每天耗电约50±2kWh，用这个电量乘以商用电的电价1.2元/kWh，可得每天的电费为60元。

原材料成本根据加盟连锁企业提供的数据，产品原材料成本约占零售价的40%~50%，所以该项目的毛利率为50%~60%。

损耗及其他成本费用这一部分没有可以参考的数据，暂时估算为600元/月，平均每天20元。

琳琳要想不“赔钱”，需要收支相抵大于0，即

$$\text{营业收入}-\text{总成本}\geqslant 0$$

此时的营业收入即为保本点，也就是本节中所说的最小业务极限，而这个总成本需要包含店面装修费、品牌加盟费的摊销和下一周期的“预提”，如果更细致些，还可以加上这部分投入在资金占用期间的利息损失，即至少流水要跑到这个程度才能保证不“赔钱”。

但是如何估算原材料成本呢？原材料成本是变动成本，与产量成正比，而我们就是要估算出产量，这变成了循环引用了，是无法计算的。我们还有一个数据没有用到，就是综合毛利率。综合毛利率表面上看是原材料成本在总收入中的占比，但换一个视角看，也是在说除掉原材料成本后，其他成本和利润的总合在总收入中的占比。当我们假定利润为0时，综合毛利率也可以反映其他成本在总收入中的占比。因此我们可以得到下式：

$$\text{最小业务极限}=\frac{\text{估算的最大管理成本(不含原材料成本)}}{\text{综合毛利率}}$$

从上面的分析可以看出，影响收入的主要因素有单品制作时间，这是一个关键绩效指数（KPI），用餐高峰时长是基本固定的，制作得越快，收入越多。另一个是客单均价，也可以提升业务极限，如在销售卷饼的同时销售提前制作的饮品等。

琳琳的管理极限在哪里呢？一是综合毛利率。从品牌加盟商处可以了解到，如果质量控制得好，综合毛利率可达60%甚至更高。另一个是控制损耗。如果想再进一步提升业务极限，就可以考虑管理创新了，比如通过“互联网+”餐饮，通过微信、支付宝等移动支付提升收银效率，通过美团外卖、

饿了么提升非用餐高峰时段的营业收入等。

我们忽略掉那些冗余的计算，直接说结果吧。综合分析选址所在商圈的人口和客流，经过计算，琳琳的这家小快餐店大约不到一年即可收回全部投资——琳琳不但不会赔钱，这间小店反而会支撑起一家的生活保障。

对于这样一个主营“刚需”的餐饮类快销品企业来说，其选址只要符合商业逻辑，基本上不需要考虑发展极限的问题。真正需要警惕的是最小经济极限，即不可以为了追求最大利润而牺牲品质，保证食品安全，提高服务品质。这样的餐饮类小微企业，有相对饱满的利润率，即方便了群众，又成就了自己，同时还在传承着中华文化，他们是社会的稳定剂，也是有中国特色社会主义经济的重要组成部分。而这样的小店，在我们共和国广袤的土地上随处可见，生生不息。

2.4 事业环境因素

有些职业经理人CEO供职于家族企业，董事长是家里的长子，CFO是长媳，COO是堂弟，HR是妻弟，时常感觉管理上人际关系复杂，行动受到掣肘。有的国有企业的负责人面对企业的经营困境，希望进行改革，但是又受限于体制和机制的阻碍而举步维艰。那么，这种种复杂的局面、体制与机制的阻碍是什么呢？我们称之为事业环境因素。

简单说，事业环境因素是指管理会计活动中所不能控制的，将对管理会计活动产生影响、限制或指令作用的各种条件。

事业环境因素是管理会计四要素中应用环境的具体客观表现条件，主要包括两部分，一是组织外部因素，二是组织内部因素。具体来说，事业环境因素包括但是不限于：

1）组织文化、结构和流程；

2）企业必须（或需要）执行的政府或行业标准（如监管机构条例、行为准则、产品标准、质量标准和工艺标准）；

3）基础设施（如现有的设施和固定资产）；

4）现有人力资源状况（如人员在设计、营运、生产、工艺、财务、行政等方面的技能、素养与知识）；

5）人事管理制度（如人员招聘和留用指南、员工绩效评价与培训记录、人力资源政策等）;

6）组织的工作授权系统；

7）市场条件（包括国家宏观经济政策调整对市场的影响等）;

8）干系人风险承受力；

9）地缘环境氛围（包括地缘政治、经济、税收、法律等）;

10）组织已有的沟通渠道；

11）商业数据库（如标准化的成本估算数据、行业风险研究资料和风险数据库）;

12）管理信息系统（如自动化工具，包括进度计划软件、配置管理系统、信息收集与发布系统或进入其他在线自动系统的网络界面）。

事业环境因素是管理会计在规划、决策、控制、评价活动范围中考虑和衡量企业战略目标实现所需要涵盖的宏观与微观的可量化因素。事业环境因素是大多数规划过程的输入，可能提高或限制管理的灵活性，并可能对结果产生积极或消极的影响。

事业环境因素在某种程度上也可理解为体制。应该引起管理会计注意的是，体制并不都是有害的，恰恰相反，大部分体制对企业来说是有着积极作用的。在识别事业环境因素的基础上，要对事业环境因素进行分析，提高和扩大其积极的影响，降低和减少其消极的影响，而不能将一切阻碍都推卸到体制上，逢体制必反。

事业环境因素是进行管理会计活动的前置条件。管理会计活动一般不更新事业环境因素，但是在因事业环境因素导致的管理行为与价值观相违背、组织外部环境发生变化或组织内部进行结构性改革时例外。

环境的变革会引起事业环境因素的改变。因此管理会计要从企业实际出发，紧紧跟上时代变革的步伐，主动迎接和拥抱供给侧结构性改革和“三去一降一补”政策，借助“一带一路”倡议以及云计算、大数据、物联网、商业智能和移动布局带来的技术革命，因势利导，积极推动企业战略的转型升级，而不应固守事业环境因素的习惯认知，形成或妥协或对抗的心理偏执。

管理会计首先要承认事业环境因素的客观存在，进而识别出事业环境因素，与事业环境因素形成有效对接和充分关联。

事业环境因素的识别是一个持续的过程，始终伴随着管理会计的各种活动。这是由以下三个方面的原因造成的。其一，因为管理会计自身能力、精力、时间进度等约束而对事业环境因素的识别不全面；第二，事业环境因素有时并不能明显地呈现，这也造成了事业环境因素识别的困难；第三，事业环境因素无论是外部因素还是内部因素，其自身也会发生改变，而往往这种改变是渐进的，甚至难以为人察觉。因此，管理会计应该持续不断地进行事业环境因素的识别。

事业环境因素是多种因素和条件共同构成的网状结构，各因素和条件往往互为依赖与支撑，孤立更新事业环境因素将造成不可预见的后果。孤立更新事业环境因素是什么意思呢？简单来说，现有的体制和机制束缚了企业的发展，管理会计碰到这个障碍时，只改这一个障碍是不行的，它会引起一系列的连锁反应。现在互联网上有一句经常使用的话叫做："不作死就不会死"。很多企业和企业家出于本能嗅到了风险，希望变革以摆脱困境，但是由于没有认识到事业环境因素的关联特性，所以在行为上变成了"头疼医头、脚疼医脚"，某一单点的变革反而破坏了原有的平衡，而新的平衡机制却没有建立起来，反而造成管理混乱，使企业经营雪上加霜，甚至遭受灭顶之灾，事后企业家反思时却过于情绪化地得出"不如不改"的结论。因此必须清醒地认识到事业环境因素是一个网状结构，在进行管理会计活动时，要对事业环境因素进行通盘考虑。

2.5 组织过程资产

2015年5月的一天下午，某市值上百亿的知名在线票务网站突然出现网站无法访问和APP无法使用的情况，因其巨大的用户基数和天文数字一样的在线交易金额，瞬间引爆了各大网络社区成为热点新闻。很快，某网络问答社区在事发前很短的时间内的一个问题引起了巨大关注，这个问题问的是：

公司新人不小心把公司数据删除了会怎么样？

网友们立刻联想到了刚刚瘫痪的该知名票务网站，纷纷做出各种猜想，甚至恶作剧地回复提问者"听哥一句劝，现在跑还来得及……"。虽然事后该网站很快恢复正常，并没有造成重大损失，提问者也与该事件无关，但是相关从业人员在该问题下讲述的自身惨痛经历绝对会让管理者毛骨悚然。

职场新人经常犯各种各样的错误，甚至有些错误犯得令在企业中工作多年的人叹为观止。职场老手对新人的轻视已经变成了一种现象级的存在。然而我们很少看到对职场新人有意义的指导，大多数情况都是任其自生自灭。新人们经常处于犯错——惩罚——再犯错的状态，抱着“千年的媳妇熬成婆”的心态等着下一代新人的到来，下一代新人来了以后重复以上过程。然而企业呢？企业将为此付出高昂的成本。这固然是由多种原因造成的，诸如学校教学与企业实践脱节、重知识学习轻技能训练、员工个人能力低下、企业入职培训流于形式、企业文化中缺少团队建设与关爱等等，但是，企业自身没有重视组织过程资产也是其中很重要的一个原因。

组织过程资产代表了组织从历史的管理实践中所学到经验教训和知识，例如完成进度、风险数据以及实际价值数据。

组织过程资产包括任何或全部与管理过程相关的资产，可来自任一或所有参与企业经营的组织，甚至可能来自于企业外部。这些过程资产包括正式和非正式的计划、政策、程序和指南。过程资产还包括组织的知识库，如经验教训和历史信息。组织过程资产可能包括完整的进度计划、风险数据和挣值数据。作业或项目团队成员通常有责任在其活动的全过程中对组织过程资产进行必要的更新和补充。

组织过程资产的作用如下：

1）提高工作效率，降低企业成本；

2）规范管理，降低企业风险；

3）帮助企业展开项目及运营以达成目标。

组织过程资产可分成为以下两大类。

1．流程与程序

流程与程序即组织的工作流程与工作/作业程序，包括（但不限于）：

1）组织的标准流程，例如，标准、政策（如安全与健康政策、伦理政策和项目管理政策）、标准的产品与项目生命周期，以及质量政策与程序（如过程审计、改进目标、核对表和组织所使用的标准化的流程定义）；

2）标准化的指南、工作指示、建议书评价准则和绩效测量准则；

3）模板（如风险模板、工作分解结构模板、作业或项目的进度网络图模板以及合同模板)；

4）根据作业或项目的具体需要，“剪裁”组织标准流程的指南与准则；

5）组织对沟通的规定（如具体可用的沟通技术、许可的沟通媒介、记录保存政策以及安全要求)；

6）作业或项目的收尾指南或要求（如终期审计、作业或项目评价、产品确认以及验收标准)；

7）财务控制程序（如定期报告、费用与支付审查、会计编码以及标准合同条款)；

8）问题与缺陷管理程序，包括对问题与缺陷的控制、识别与处理，以及对相关行动的跟踪；

9）变更控制程序，包括修改公司标准、政策、计划和程序（或任何项目文件）所需遵循的步骤，以及如何批准和确认变更；

10）风险控制程序，包括风险的类别、概率的定义和风险的后果，以及概率影响矩阵；

11）排序、批准与签发工作授权的程序。

2. 共享知识库

共享知识库是组织用来存取信息的共享知识库，共享知识库不一定是数据库。共享知识库包括（但不限于)：

1. 过程测量数据库，用来收集与提供过程和产品的测量数据；

2. 作业或项目档案（如范围、成本、进度与质量基准，绩效测量基准，作业或项目的进度网络图，风险登记册，风险应对计划和风险影响评价)；

3. 历史信息与经验教训知识库（如项目记录与文件、完整的作业或项目的收尾信息与文件、关于以往作业或项目选择决策与绩效的信息，以及关于风险管理工作的信息)；

4. 问题与缺陷管理数据库，包括问题与缺陷的状态、控制情况、解决方案，以及相关行动的结果；

5. 配置管理知识库，包括公司标准、政策、程序和项目文件的各种版本与基准；

6. 财务数据库，包括工时、实际成本、预算和任何成本超支等信息。

组织过程资产就是企业经营管理中的那些计划、流程、政策、程序、数据，还有过程中的经验教训和历史信息。笼统地说，组织过程资产，包括业务数据，流程和程序，还有共享数据库，它本身就是企业的一项资产。

企业每天都在形成大量的数据与信息，包括各种生产数据、考勤记录、报告、演示幻灯片（PPT）、各种 Word 文档等。这些数据与信息有的被组织起来了，如各种信息管理系统中的数据，而有些则没有被组织。比如某员工所做的一个 PPT 只会保留在其个人电脑中（无论该电脑的财产权是企业还是个人）。虽然有的企业严格禁止员工将企业的各种电子信息保存在其私有电脑上，但将文件保存在企业的电脑或服务器中并不意味着信息被组织起来了。未被组织起来的数据与信息，虽然是组织过程资产，但是未能发挥其应有的作用，这是因为这些组织过程资产属于个体知识，而不是公共知识。

从认知心理学上，我们可以将知识分为个体知识、共有知识与公共知识。简单说，个体知识是只有个体才知道的事，共有知识是大家都知道的事，而公共知识是大家都知道某件事，并且大家都知道其他人知道这件事。举例来说，太阳是圆的，这是一项知识，大家都知道太阳是圆的，然而彼此之间从未讨论过此事，那么这是一项共有知识。忽然有一天，有位科学家通过广播宣布“太阳是圆的”，这就变成了公共知识。

公共知识是一个很难接受的概念，其原因是人们先入为主地认为共有知识就是公共知识，共有知识包含了一条必要的信息，即这项知识本身，而公共知识包含了多条必要的信息——首先是这项知识本身，其次是每个人都知道所有人掌握了该知识。

组织过程资产应该降低企业的管理成本，而不是相反。如果组织过程资产增加了管理成本，即意味着组织过程资产没有形成公共知识，说明管理环节缺失。组织过程资产是大部分规划过程中的输入（如预算、项目等的规划过程），在作业或项目全过程中，作业或项目团队成员可以对组织过程资产进行必要的更新和增补。

企业的历史数据都是有价值的，但企业大量信息数据却沉睡在各个职能部门的专业信息系统之中，且碎片化极为严重，而没有引起人们的高度重视。一方面，职能型企业存在的部门墙是造成这种现状的一个原因，企业信息化进程中针对某项作业或管理需求而研发的信息系统也起到了推波助澜的作用；另一方面，企业员工所处的领域及认知局限也是这个局面形成的原因。而企业的决策者如果仍然抱着“帝王术”“愚民”心态，则会将此现状推至极致。因此，管理会计应该清醒地认识到组织过程资产的价值，勇敢跨界，推动组织过程资产的建设和管理不断深入。

这些我们称为“组织过程资产”的数据和信息，是能够给企业带来实际的经济利益注入的，它就是企业一项资产。组织过程资产的形成路径如图 2－10 所示。因为没有被更好的利用，这实际就是一种资源浪费，然而很多企业，尤其是一些国有企业没有意识到它是资产，企业的会计管理也没有将其纳入无形资产管理系统中，从某种意义上说，这也是一种国有资产流失。如何对组织过程资产进行有效管理也是管理会计面临的重要课题。

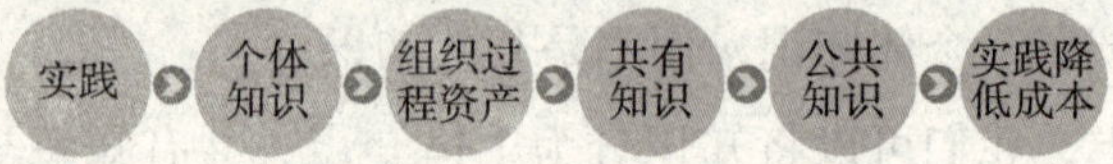

图 2－10　组织过程资产的形成路径

组织过程资产具有高频次、高密度重复利用的经济价值，它能够给予企业的是人与人对话的机会。比如第 4 章讨论的面向业务的预算，预算的编制过程中管理会计与组织过程资产形成互动，与职能单元形成对话，使组织过程资产参与企业预算的规划、决策、控制和评价活动的整个过程之中。由于有组织过程资产的参与，预算不再是会计的独奏，更不是冷冰冰的货币金额，而是由更多人共同参与的企业经营活动，在参与过程中最终达到尊重个人价值与企业价值的实现目标高度一致，包括个人自我实现。这种自我实现实际上就是个人的成就感和企业的成就感的集合，也就是我们常说的获得感。对于这个获得感，简单总结就是：人人参与，人人尽力，人人分享。

第3章　正合管理会计方法论

我们在提出正合管理会计价值观之后，还要解决方法论的问题。什么是方法论呢？提出问题，分析问题，解决问题，这就是一个简单的方法论。

方法论是一个学科领域知识结构的重要内容和组成部分，也是一个学科领域成熟的重要标志。各个学科领域一般都会有自己相对成熟的方法论。我们从很多书籍教材中都可以看到有关方法论的介绍：

方法论（methodology）是关于认识世界和改造世界的方法和理论①，是有关方法的特征、性能、评价、应用、结构体系以及规律性的知识体系。方法论在层次上有哲学方法论、一般科学方法论、具体科学方法论之分。哲学方法论是关于认识世界、改造世界、探索实现主观世界与客观世界相一致的最一般的方法理论；一般科学方法论是研究各门具体学科，从各门学科中抽取出来的科学方法，带有一定普遍意义，适用于各个科学门类的方法理论，主要包括观察实验法、数学方法、历史研究法、类比法、归纳法、演绎法、系统方法、比较法等；具体科学方法论是指研究某一具体学科，设计某一具体领域的方法理论，三者之间是相互依存、相互影响、相互补充的关系。②

没有科学的方法论指导，人当然也能活下去，事实上我们身边的大多数人应该都是这么活着的，有的甚至还能活得很好。只不过，依赖于自己的“悟性”“聪明”和过往的经验，在一定局限内可能是有效的，但随着人实践领域的不断扩大，在时空上不断扩张，这种依赖就会愈加的不可靠。与之相对的，科学方法论训练下人可以形成科学的、系统的思维方式，掌握强大的分析工具，推理预测大概率正确，这就是方法论的价值。③

---

① 《中国大百科全书·哲学卷》，1987。

② 《情报学基础教程》（第二版），叶鹰、武夷山主编，科学出版社，32页。

③ 愚者：《谈方法论》（一，认识与方法的基本问题）。

方法论的提出，是一个学科走向成熟的标志。

现代企业管理学一般认为管理包含计划、组织、控制、激励和领导这五项基本活动。在具体实践中，企业在组织活动中被切割为若干职能部门或项目组织。我们通常所说的条块管理即是这种管理逻辑的体现，行政按职能进行管理，即“条条”，又按属地进行管理，即“块块”。在企业中这种情况也经常存在，按照职能管理的“条条”与按照属地管理或项目管理的“块块”并存。我们要讨论的不是这种“条块管理”模式的优劣，事实上没有哪种管理模式是只有优点没有缺点的。我们要讨论的是管理会计在这种条块管理中的尴尬。

在条块管理模式中，组织按照职能或属地或项目进行了切割，即我们通常所说的“铁路警察，各管一段”。销售部门对采购部门没有管辖权，华东分公司不能向华北地区串货，A 项目组也不能调度 B 项目组的资源。即便是上升到企业的高层，企业的各个副总、副经理也是各管一路或几路工作，对所有工作全部拥有管辖权的只有最高决策人。这种类似于“皇权”的管理决策系统对于一个中小企业来说也许可以获得最高的效率，但是企业越庞大，这种“皇权”式管理的风险越大。而这种管理模式最终将成为企业发展的天花板。

还有一个部门其实对所有的条条块块都拥有管辖权，就是财务部门。这也是通常我们感觉财务部门拥有非常大的权力的原因之一。但现实是大量企业的财务部门事实上在行使会计部的职能，其工作重点在会计核算上，对企业内部的业务和管理相对弱化。而管理会计从其职能与定位上，均应承担这一责任。

但是我们仍然没能解决问题。管理会计即便应当承担这一责任，也并不意味着其必然能够承担。任何一个“条条”的背后，均有其自身的知识领域，无论是生产运行、市场营销、仓储物流、人力资源，均有一整套学科领域做支撑，哪怕是仅仅学习一些皮毛也需要大量的培训时间。管理会计无论是一个人，还是一个组织，均不可能将企业中的所有领域全部搞清楚。而任何一个“块块”的背后，也均有各自的利益需求。

解决的办法有两个，其一是使相关专业领域的人员成为管理会计，其二是通过一种有效的方法论去解决管理会计应该解决的问题，而不是要解决具体专业领域中的问题。

在管理会计的具体实践中，经常看到相关人员设计各种表格，填报数据，并称之为分析。我们认为这不是分析，这仅仅是统计。这些统计、汇总工作占用了我们大量的时间。往往一个部门需要有专人甚至多人从事这种统计工作。管理会计面对的是企业中的所有部门，这项工作是不可能实现的，最终势必沦为敷衍了事。即便我们得到了表格，得到了数据又能怎么样呢？没有对数据的操作，这些表格就仅以快照的形式存在，并不能对企业内部管理产生收益。

管理是一个过程，管理会计也应注重过程。但是管理会计要涉足企业中的所有领域，面向过程的管理最容易使管理者陷入事务性的行政泥潭，而缺少对企业宏观性、整体性和全局性的把握和变革能力。要避免陷入事务性工作，就要避免基于单纯的面向过程的管理思维，面向对象是一个可能的方式。

面向对象是软件开发的一种方法，除了面向对象的编程方法外，还有面向过程的编程，在数据库领域还有面向集合的概念。

为了使计算机能够解决越来越复杂的问题，人们提出了面向对象的思想。面向对象的方法，更利于用人能够理解的方式对复杂系统进行分析，同时能有效提高效率。我们引入面向对象的思想，并以此思想确定正合管理会计方法论，也是为了解决管理会计在具体实践上的矛盾。

对象是人们要进行研究的任何事物，它不仅能表示具体的事物，还能表示抽象的规则、计划或事件。管理会计应用与实践的具体内容都可以抽象为对象。对象具有状态，一个对象可以用数据值来描述它的状态，我们通常所说的“量化”即是这层意思。对象还有操作，用于改变对象的状态，对象及其操作就是对象的行为。对象实现了数据和操作的结合，使数据和操作封装于对象的统一体中。

我们所说“面向”，就是字面的意思，即你的正面朝着哪一个方向，意即你关注的方向是什么，而你所关注的事情，反过来也会影响你。正如尼采说的：“你凝视着深渊时，深渊也在凝视着你”①。

在软件工程领域，面向对象和面向过程是两个完全不同的编程思想，但在管理会计活动中，面向对象和面向过程并不是对立的。建立面向对象的思维模式，更容易使管理会计人员在进行管理会计活动中抓住问题的本质，有的放矢地开展管理会计活动，而面向过程的思维模式更容易实现控制。举例来说第4

---

① 这句话出自尼采《善恶的彼岸》146小节，原文是：Wer mit Ungeheuern kämpft, mag zusehn, dass er nicht dabei zum Ungeheuer wird. Und wenn du lange in einen Abgrund blickst, blickt der Abgrund auch in dich hinein.

章中的量子化管理是面向对象的，而项目化运营则是面向过程的。当然也有面向集合（数据）的时候，我们经常做的大量汇总、统计工作就可以认为是面向集合的。但是面向集合（数据）只是管理会计思维和活动的一个模式，管理会计还应该建立面向对象和面向过程的思维和活动模式。

建立了思维和活动模式后，我们可以开始正合管理会计方法论的建设了。正合管理会计方法论，即从企业实际出发，依循价值观和正合极限与矩阵思维的引导，尊重客观规律、实事求是，在具体管理会计实践活动中面向对象地去解决问题的规则方法和思考路径。

正合管理会计方法论由正合管理会计矩阵、步骤和模式组成，简称 M. I. E. 模型。

管理矩阵（Matrix）：管理领域（Management Domain）、管理过程组（Management Group）、管理过程（Management Process）、管理行为（Management Conduct）四个维度组成了正合管理会计矩阵的，分别用字母 D、G、P、C 代替。

操作步骤（ITTO）：输入、选择工具技术、输出构成了正合管理会计方法论的三个操作步骤。

执行模式（EMPIRE）：正合管理会计的具体执行有两种模式，分别是一事一例一模型、一题一析一报告。

因为有四个维度、三个步骤和两种模式，我们通常在讲述中简化为正合“432”模型。其基本路径可表述为：

1. 确定对象（需要研究和解决的问题）的范畴属性，包括管理过程组、管理领域、管理过程、管理行为；

2. 将问题进行简要描述输入方法模型，选取利用相关性强的工具、技术对输入进行处理；

3. 输出结果。

在管理维度中，管理领域和管理过程组确定了对象的属性，管理过程确定对象的方法，管理行为确定对象的事件。面向对象有三个基本特征，封装、继承和多态。EMPIRE 模式的一事一例一模型是说要将管理会计的对象抽象为模型，即进行封装，然后用这个模型针对具体案例开展管理会计活动，即具体的活动要能够从抽象模型中继承模型的属性、方法、事件。ITTO 给出了封装的一般性方法路径。执行模型中的一题一析一报告表现了面向对象的基本特征中的多态。管理会计所面对的具体对象千差万别，这些区别和差异在信息与报告中得以体现。

3.1　正合魔方（Exact Cube）

在开始方法论之前，让我们先来梳理一下思维逻辑。假想你的车在半路上抛锚了，你向4S店求助，机械师会问你一系列的问题：打开钥匙后仪表盘指示灯亮吗→发动机故障灯亮吗？→油量指针指在什么位置？→水温显示多少度？→启动车辆能听到启动声吗？→发动机舱内有异响吗……，等等。然后机械师会给你一系列的指示，或者让你放弃，等待救援。当机械师出现场救援时，你会看到机械师围着你的车子在忙碌，过一会，车子就启动了，你觉得非常神奇。

同样的情况还出现在电脑维修技师身上。有时我们已经绝望了，认为电脑已经彻底死掉了甚至在考虑要花多少预算买台新电脑。而当电脑维修技师出现时，故障就神奇的好了，好像问题从来没有发生过一样。

这并不神奇。无论是汽车机师还是电脑维修技师，他们所要做的就是两件事，迅速找出故障和排除故障。在一个复杂系统中迅速找出故障，最快的办法就是把一个复杂系统分解成若干子系统，并逐一排查，当然有经验的工程师会依据自己的经验从故障率高的子系统开始排查。比如车辆故障，有经验的工程师会告诉你，无非两种可能，电路和油路。解决这两个问题，车至少能开回维修站。电脑的问题可能要略微复杂一些，比如电脑不启动，CPU、主板、内存、硬盘、电源等任何一个部件有问题都有可能造成电脑不启动。逐一排查当然能查出问题，但是将非常耗时。有经验的工程师会告诉你：从最便宜的部件开始排查。如何排查呢？替换法——用一个确认是正常的部件替换掉待排查的部件，如果故障消失，即可确认故障点。如果把所有部件都替换后故障依旧，则反向替换，将故障系统中的部件逐一换到正常的系统中，如果换到哪一个部件，原正常系统出现故障，则该部件有问题。

到这里我们得到了三个有用的信息：

1. 把大系统拆解成小系统；

2. 从最便宜的部件开始排查；

3. 替换法或反向替换法。

让我们回到企业。

企业也是一个复杂系统。要想让这个复杂系统良好地运行下去，我们需要对这个系统进行管理与控制。为了更好地管理与控制，把这个系统拆解成相对简单的子系统是一个常用且有效的方法。而当这个系统运行时或出现故障时，我们按照什么样的逻辑排查故障以及如何排查故障呢？

为此，我们设计了正合魔方。

我们把企业系统分为 9 个要素（Factor），分别是资本、目标、业务、投入、整合、绩效、风险、资源、作业，并把这 9 个要素绘制成 9 个方块（Cube），构成一个 3×3 的方阵，形成一个类似九宫格的结构，如图 3－1 所示。

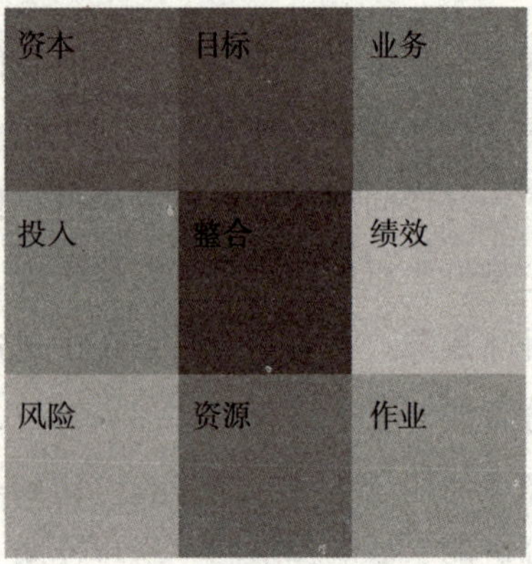

图 3－1 正合魔方

要素的划分是基于管理会计对企业价值构成的思维逻辑，而不是依照组织的行政单元来确定的，因为没有哪两个企业的行政单元是完全一样的，也与会计核算没有关系，甚至与通常意义上的管理也关系不大。这种思维逻辑用于深刻理解企业，使企业的决策者和管理者能够更加清晰地认识企业，能够站在全局的高度，系统性地剖析企业，并形成企业战略。

组建企业需要资本，当然这个资本不仅仅是钱，也包括场地、机器设备等，这些场地、机器设备被马克思统称为生产资料。但是光有资本是形成不了企业的，还需要有商业模式，即正合魔方中的业务。仅有业务而没有资本也是不行的，有了资本和业务，企业还需要相应的资源，才能开始运作。企业运作，需要具体到作业中，要想让作业有序、受控运行，需要制定目标，而企业运行则伴随着风险。

同时拥有资本、业务和资源也并不必然形成企业。这不难理解，真正的创业者和企业家都是行动派。投资方首先要解决的就是从“PPT大师”中识别出哪些是行动派。要行动，需要有目标，要有非常具体的动作，并且要控制风险，而一个PPT大师和键盘侠是不会有风险的，因为没有行动。

传统相声《假行家》即用相声的手法讲述了这一过程。作为股东的“满不懂”有资金，想开个药材铺，这个药材铺是商业模式，即正合魔方中的业务。为了实现这一商业模式，他找到了资源，一是收购了一家药材铺，二是获得了人力资源，即掌柜的“假行家”和伙计“窝囊废”，并通过几个来购买药材的顾客讲述了几件具体的作业。这个例子中，资本方和业务方是同一个人，即“满不懂”，他使用自有资金来实现这一商业模式。而现在很多掌控商业模式的往往是创业者，与资本方是两个不同的利益单元。

正合魔方是企业战略工具。在正合魔方中，资本、业务、资源三个要素构成了企业战略的前置条件；同时，企业战略会形成三个要素依赖：目标、风险、作业。体现在正合魔方中，构成了一倒一正两个三角形，如图3－2所示。

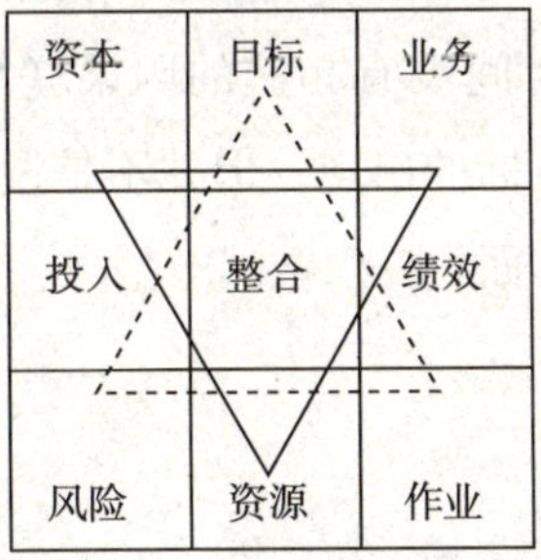

图3－2 正合魔方的战略三角形

战略的前置条件和战略的要素依赖组成了企业的战略6要素。

“战略”一词自古有之。“战”是指战斗和战争，“略”是指筹略、策略、计谋。在西方，战略一词来源于希腊文Strat egos，其意是将军指挥军队的艺术和科学。将战略引入企业管理中，目前尚无统一的定义，不同的学者与经理人员给战略赋予了不同的含义。

哈佛大学安德鲁斯（K. Andrews）认为，战略是目标、意图、目的，以及为达到这些目的而制定的主要方针和计划的一种模式，界定着正在或应该从事的经营领域和经营类型。美国的霍弗（Hofer）和申德尔（Shanghai Bender）认为，战略是组织目前的或计划的资源配置与环境相互作用的基本模式，表明企业如何实现自己的目标。美国的明茨伯格（Mintzberg）认为，不同场合赋予战略不同内涵，即5P：Plan，活动前制定的战略是一种计划；Ploy，作为威胁和战胜对手的手段，战略是一种计谋；Pattern，战略是一种模式，体现为一系列的行为；Position，战略是一种定位，确定有别于又优于对手的竞争地位；Perspective，战略是一种观念，体现战略家对客观世界固有的认识方式。

一些学者认为，战略是指贯穿于一个系统在一定历史时期内决策或活动中的指导思想，以及在这种指导思想下做出的关系到系统全局发展的重大谋划。这种谋划的重点就是创造一种独特的“定位”，在竞争中做出明确的“取舍”，加强各项活动之间的配称性。

正合管理会计理论认为，战略来源于需求，而需求来源于三个方面：

- 资本的需求
- 资源的需求
- 业务的需求

企业战略即是企业在识别需求的基础上，资本、目标与业务的集中体现。

战略与实现战略所需时间没有必然的因果联系，虽然所需时间较长的规划、计划常常伴随着战略目标的出现，但并不是说战略一定会持续较长时间周期。战略体现在以下三个方面：

- 全局性
- 重要性
- 影响的持久性

战略可以理解为企业调度内外部各种资源统筹做出对未来相对较长周期内具有全局性、重要性和持久性的预期收益最优的策略。围绕企业战略和经营理念，管理会计的服务定位在于目标量化、效率观测、业态重构和价值挖掘。

有的学者认为，战略尤其是企业战略必须清晰地反映四个方面的要素，并归纳为：战略范围、资源配置、竞争优势、协同作用。

从战略的6要素我们可以推导出战略的路线图，如图3-3所示。

路径1：资本和业务共同作用，会形成企业的目标；

路径2：目标会占用企业资源；

路径3：资本会导致风险；

路径4：业务会生成作业；

路径5：资源会输出作业，同时产生风险；

路径6：业务与作业共同输出产品或服务。

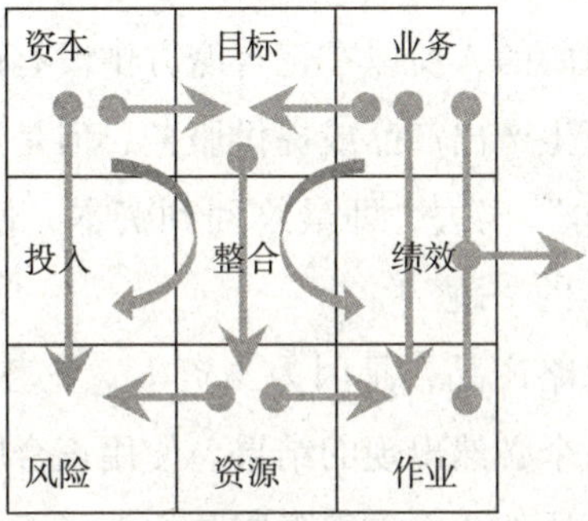

图3-3　正合魔方的企业战略路线图

从战略的6要素和路线图可以看出，企业的战略不是企业的使命，不是企业的愿景，更不是几句口号。战略更接近于中国传统文化中的“势”。“势”很难描述，但真实存在，在军事上也确有“态势”的表述。前任美联储主席格林斯潘出来讲话时，大家都在猜这老头儿到底在说什么，其实我们党和政府与经济相关的文件出来后，大家同样有各种解读。在一个封闭的系统中，对一个静止的小球施加一个额外的力，小球必然会运动，施加外力与小球的运动呈现因果关系；而对一个企业注入一笔资金或者调整一种策略企业并不必然向我们预期的方向发展，其原因就是我们处于一个混沌系统中。

确定了战略后，我们需要对战略进行管理，才能使战略得以实现。企业战略管理最初是由美国的安索夫（Ansoff）提出的。他认为，企业的战略管理是指将企业的日常业务决策同长期决策相结合而形成的一系列经营管理业务。斯塔纳（Steiner）则认为，企业战略管理是确定企业使命，根据企业外部环境和内部的经营要素，确定企业目标，保证目标的正确落实，并使企业使命最终得以实现的一个动态过程。可见，战略管理的关键词并不在战略本身，而是一种动态的管理。

正合管理会计对战略管理的定义是：企业以为客户、员工、管理者和所有者等主要的利益相关者创造价值为宗旨，在分析外部环境、自身优劣和未来高不确定性的变化趋势的基础上，确立企业的使命和愿景，达成战略共识，制定策略，设置高效目标，并根据实施过程中的效率测量与目标结果反馈，评价、修正与调整，直至制定新战略，以使企业能够持续经营的动态过程管理。战略管理既要把握方向感，也要注重平衡感。

在正合魔方中为什么没有产品呢？因为企业不是以生产产品或提供服务为目的的，而是以营利为目的的，所以在正合魔方中没有产品的位置。在业务与作业的共同作用下，企业生产出产品或提供服务，但是这些生产出的产品或提供服务的能力必须要“卖”出去，即最终回到资本，使资本保值增值，也就是实现马克思说的“惊险的一跳”①。

在正合魔方中刻意忽略产品，是因为当资本、业务、资源和目标、作业、风险都具备时，产品是一个必然出现的结果。使用正合魔方工具时，不要以产品为中心，更不要陷入具体作业中进行限制与约束，而应该以企业整体为中心开展管理会计活动。

正合魔方并不存在一个潜在的入口或出口。不能简单理解企业要从资本开始，并通过作业输出产品或服务。在正合魔方中资本并不具有特别的优势。可以先有产品或服务，也可以先有一种商业模式，但单独拥有任何一项并不能形成企业。

正合魔方是正合管理会计中的重要工具，使用正合魔方可以方便快捷地形成规划、决策、控制、评价模型。

综上，正合魔方是企业战略的可视化表现，是企业进行战略管理的一种工具。正合魔方有助于我们建立系统性思维，能够从宏观性和全局性的高度引领企业前进。

正合魔方中的9个方块分为3行（row），从上到下我们分别命名为规划层、观测层和执行层。

---

① 马克思《资本论》第一卷124页，第一篇《商品和货币》，第三章货币或商品流通，原文为：“W－G。商品的第一形态变化或卖。商品价值从商品体跳到金体上，像我在别处说过的，是商品的惊险的跳跃。这个跳跃如果不成功，摔坏的不是商品，但一定是商品所有者。”

3.1.1　规划层

资本、目标和业务三个要素组成正合魔方的规划层。规划层位于正合魔方的顶层，我们将顶层设计确定为规划层，就是将资本、目标和业务提升到战略的高度来认识。更多地是为了解决企业决策的问题。

资本、商业模式和目标构成了企业的顶层设计。“顶层设计”在中共中央关于“十二五”规划的建议中首次出现，现在已经成为中国新的政治名词。顶层设计是运用系统论的方法，从全局的高度，对某项任务或者某个项目的各方面、各层次、各要素统筹规划，以集中有限资源，高效快捷地实现目标。我们将资本、目标和业务确定为规划层，并作为顶层设计提出，也是基于这一目的。经过精巧的顶层设计的企业和凭借一个新产品、一个创意点子甚至一时冲动创建的企业，其结果是绝对不同的。对于企业来说，顶层设计越早开始越好，并且，顶层设计是一个持续的过程。

3.1.1.1　资本［Capital］

资本一般是指经营企业的本钱。资本是企业开展一切经济活动的前提条件，是企业初建、成长和发展不可或缺的基本要素。从管理会计视角来看，资本是所有者投入生产经营，并可能产生预期效益的资金。因此，依循价值规律，资本总是会选择流向高利润行业领域的，且这种流向体现着连续性和运动性。热钱虽然也有流动性，但是其与资本的目的不同，因此热钱不能视为资本。资本流动提高了经济效率，经济增长依托资本流动而增加，经济活动的参与者借用外界资本使其获益能力大幅提高，加速资本的积累和财富的增长。

资本要素包括企业股权设计、资本结构、融资节奏、投资回报等内容。经过精巧设计的资本可以助力企业更快发展，其自身也能获得稳定和丰厚的回报。反之，未经设计的资本投入反而会成为企业发展的掣肘，甚至大量资本对于企业来说反而是一个烫手的山芋。

在我们的文化中，资本是带有原罪的。如同一个小品的一句台词：“长的就违章了。”然而事实上，出问题的不是资本，而是掌控资本的人，否则资本就变成有意识的了，这与唯物主义世界观是相违背的。从管理会计的立场来说，企业对于资本应时刻保持警惕，虽不至于做到将资本关进笼子里这么夸张，但是资本不可乖张任性，企业不可唯命适从。在创业潮下，很多有潜力的企业因为资本的任性，创业者在资本方或威逼、或利诱、或欺骗下与资本方签订对赌协议，最终超过企业的资源负载而夭折。有的企业和创业者不了解也不关心资本市场的游戏规则，沉浸于企业的作业和产品中，相信大力出奇迹，最终被资本方清洗出局，黯然离场。

即便是自有资金形成的资本，创业者和企业的所有者也应保持警惕，避免资本胡来。我们身边的一些小吃店，刚开业时品质服务俱佳，但过不了多久就出现品质下降的现象，顾客流失。这固然有成本的压力、管理的失控，但其本质仍然是资本的过渡逐利而使企业迷失方向。

资本的宗旨是获利，而企业的宗旨是为客户创造价值。资本与企业的契合点是业务，也就是企业的商业模式，这个契合点通过目标来进行量化。

3.1.1.2 目标［Target］

目标又分为战略目标和管理目标。战略目标决定了企业的高度，管理目标决定了企业的宽度。

大部分人认为企业的管理者都需要考虑战略问题，但战略不是片面的，是全局性和持续性的，战略目标是一种对企业战略经营活动预期取得的主要成果的期望值。战略目标的设定，也是企业使命与愿景的展开和具体化，是企业宗旨中确认的企业经营目的、社会使命的进一步阐明和界定，也是企业在既定的战略经营领域展开经营活动所要达到的水平的具体规定。

由此看出，战略目标不只是制定一个持续几年的计划用来达到一种结果，而是涉及全局性，同时会对未来持续地产生影响。企业所制定的战略目标会对企业发展产生持续性的影响，而不一定是需要较长的时间才能实现的目标。

战略目标必须是经过定义且可测量的，否则将沦为一个空泛的口号。没有一个标准，战略目标的可测量将缺乏相应控制与评价的依据。如某企业提出成为全国最大的互联网企业这一所谓的战略目标，“全国最大”即未定义，是营业额最多，还是市场占有率最高，还是雇佣人数最多，没有给出一个明确的定义；其次，“全国最大”也是一个不可测量的目标。

网络上曾经流传着这样的说法，马云在阿里新人见面会上曾经说“进入公司前三年，不要给我讲战略、定位、思考、改革，别爬得那么高。”而新创的企业，目标制定不宜过于细致，否则将与渐进明细和持续改进的成熟度模型相违背，反而会增加管理成本，降低效率，最终害了企业。企业制定的目标应与其不同发展阶段相适应，在完成目标的过程中再进行不断的修正和完善。

为什么要区分战略目标和管理目标呢？战略目标是资本与业务的可量化表现，管理目标是战略实现的保障。区分战略目标与管理目标，可以让决策者和管理者分出主次，更容易识别出目标之间的矛盾，避免眉毛胡子一把抓。

从某种角度说，目标管理是以结果为导向，其背后充满了功利主义色彩。然而在具体实践上，目标管理存在很大的应用障碍，以至于出现了放弃目标管理的呼声，如曹政先生的文章《万恶的KPI》、虎嗅网的《该死的KPI》。

有这么一个小故事。巴菲特的私人飞行员Mike Flint和巴菲特探讨职业生涯目标。巴菲特让Mike写下他职业生涯最重要的25个目标。写完后，巴菲特让Mike审视一下这个清单，然后圈出他认为最重要的5个。现在Mike有了两个清单，一个是他认为自己职业生涯最重要的5个目标，另一个是另外20个他也觉得比较重要的事。巴菲特问Mike，你现在知道该怎么做了吗？

Mike回答说，知道了，我现在会马上开始着手于实现这5个目标。至于另外20个，并没有那么紧急，所以可以放在闲暇的时间去做，然后慢慢把它们实现。

巴菲特听完后说道：不，Mike，你搞错了。那些你并没有圈出来的目标，不是你应该在闲暇时间慢慢完成的事，它是你前进道路上的陷阱，是你应该尽全力避免去做的事，你应该像躲避瘟疫一样躲避它们，不花任何的时间和注意力在它们上面。

目标管理对企业来说是重要的。但是目标管理的本质是通过目标对企业进行有效管理，而不是仅仅对目标本身进行管理，更不是只对目标结果进行测量和考核。对目标进行管理必将陷入结果主义，形成财务与业务的冲突与对抗。避免这种情况的发生，不是要放弃目标管理。目标管理是一种手段、方法与技术，其关键在于目标的选取，应当按照业务路径逐步推导，目标与业务应具有因果关系，而不是仅仅具有相关性。在具体实践中尤其不能依赖于习惯和经验来主观地确定目标，建立相应的考核制度对此进行指标固化，相当多的实例说明指标僵化导致企业内部陷入推诿扯皮甚至互相掣肘，足以证明所谓的指标并非是企业目标和个人目标同向同行同步的最适搭配，极可能形成了资本错配乃至目标误导，偏离了企业的战略方向。

3.1.1.3 业务［Business］

通常企业内部所指“业务”这个词语，一般会理解为企业生产（服务）内容、某个职能组织机构、某专业或行业系统的职能、某岗位职责等，有时甚至特指销售作业或销售人员。

在正合管理会计体系中，“业务”是一个关键词，其内涵与我们通常意义上的业务是不同的。正合管理会计认为，上述“业务”代名词所涵盖的内容，一并可以统称为“作业”。

正合魔方所指的“业务”是业务模式（Business Model），主要包含三方面的意思。

一是企业的商业模式。商业模式反映出企业在市场中与客户之间、与渠道供应商之间、与企业内部运行单元之间、与其他合作伙伴之间存在的各种交易关系或链接方式，尤其是在相互间对于物流、信息流和资金流上共同利用与资源分享。

二是企业提供何种产品或服务。业务是企业所采取的独特的、行之有效的产品或者服务的提供方式，这种方式有效满足了特定顾客的需求，从而形成稳定的盈利模式，并构成市场竞争优势和核心竞争力。

三是企业具备何种应对能力。当市场和客户需求发生改变（无论这种变化多么缓慢和不易察觉）时，企业能否感知和准确把握业务模式转变的趋势，并及时制定应对策略与重组再设计，创新产品或服务，持续满足客户的需求，通过管理提升和跨越发展，重构业务模式的创新，在市场供求变化中抢占先机。

在正合管理会计理论中，业务有一个非常重要的特性，就是继承。继承是指业务可以由作业来继承。如果某项活动不能由作业来继承，那么其不可成为业务。我们用更通俗的话来解释，就是业务必须要“落地”，真金白银地为企业创效。不能“落地”的业务都不是业务。

业务要素包括商业模式、效益优化、结构调整、成本改善等内容。我们常说的产业结构调整，企业转型等，都是业务要素的问题。企业中经常进行的提质增效经常沦为一种形式，更多的是因为其落脚点放在了作业要素，而不是业务要素上。在作业要素上只能实现成本抑减，而成本改善在业务要素上实现。

3.1.2　执行层

资源、作业与风险构成了企业的执行层。

创业者面对投资人时经常会被问及到的一句话是：用户的痛点是什么？但是，创业者要明白，投资人关心的不是痛点，投资人关心的是用户！“用户的痛点”背后的意思，不仅仅是“谁是你的用户”，更关注这样的用户群总量有多大。说到底是某种商业模式下资本获利能力和被放大的可能性。至于用户的痛点，那是创业者需要关心的事情，企业家才讲情怀，而资本不必讲情怀。创业者应清楚知道向创业者进行风险投资只是一次交易或一个生意，投资人投入的资本其实是在购买创业者的资源，包括：

1）创业者的团队与组织形态；

2）组织的资产与核心技术；

3）客户与市场；

4）供应商与人脉。

当企业拥有了资源后，企业将如何进行具体作业，其中的风险有哪些，都是具体的事项，这些内容在执行层得以体现。

3.1.2.1　风险［Risk］

正合魔方中的风险要素包括风险识别、风险分析、应对策略和风险管理等内容，这些内容的日的是提高企业经营中积极事件的概率和影响，降低消极事件的概率和影响，使资源得以有效利用，作业可以顺利进行，可靠地保证资本的回报与增值。

企业组织开展各项经济活动的过程中，随时会出现某些不可预料的情况，风险要素就是这些不确定性的量化反映。这些不确定性会带来目标的偏差，而目标偏差的结果可能为企业带来损失或意外获利。风险是对目标偏差可能产生的后果的识别与控制，对于风险的理解不能仅限于可能造成的损失，还应认识到风险也可能带来意外收益，只不过我们经常把这种可能带来意外收益的目标偏差称为机会。

风险会出现在规划、决策、控制、评价各个活动范围中，风险管理在本书第4章将做进一步的介绍。

3.1.2.2　资源［Resource］

企业的资源指的是人力资源、资产、客户、市场以及企业的供应商等人脉资源。

投资界经常会听到一句话，风险投资投的是人，而不是项目。如果把风险投资看成是一个交易的话，投资者无疑是在购买创业者及其团队，然后在后续的某轮融资中卖掉获利，这与通常的商业行为并无本质的不同，无论其伪装得多么巧妙。对于资本来说，创业者及其团队是可以获利的，或者说得高尚一些，在企业中，这些可以创造价值的人、物、知识和关系等我们称之为资源。

正合魔方所指的资源包括两个方向，四个方面，8 项内容，如图 3－4 所示：

图 3－4　正合魔方中资源的内容

必须清醒地认识到，需求来源于资源，而不来源于作业，投入是为了满足资源的需求，而不是为了满足作业本身。业务模式也来源于资源，切不可抛开资源谈业务模式，这会产生伪需求。

3.1.2.3　作业［Work］

作业是指按照业务模式落实企业目标，这是完成生产产品或提供服务等的既定任务而进行的具体活动，其中包括管理行为施加于具体活动内容上的动作。

资本是作业的必要条件，资源是作业的充分条件。作业占用了资源，消耗资本，发生投入，然后产生产品或服务，再将产生的产品服务交付（售卖）给客户以实现资本回报，产生产品和服务是作业的过程，交付是作业的结果。

在正合魔方中，人在企业中的所有动作都属于作业，无论是获得收益的销售动作，还是创造产品或服务的生产动作，亦或各项管理动作，比如会计的记账、制作凭证等并不产生收益的动作，都属于作业。作业的投入与绩效是可以进行单独观察和测量的。

作业包括量质协调、流程优化、节奏调整、成本抑减等内容。有些企业提出的“提质增效”，其实包括两部分内容，提质和增效。如果说“提质”在作业要素中尚有可为，对于“增效”作业要素实在是无能为力，一些企业所谓的增效事实上是在做成本抑减的动作，而这种成本抑减动作所带来的风险有可能是企业所不能承受的，这种伴随着风险的增效并不是企业实际的收益。

相关联的作业可以作为一个作业包存在。如企业中定期发生的修理费，财务会计在核销各项修理费计入账簿时，不会刻意区分是哪项维修内容所发生的具体费用金额，一般直接计入成本科目中修理费，以便进行费用归集和利润计算。在正合魔方中，修理费对应着维修作业。但管理会计对修理费和维修作业的认识更加深入，需要区分是何种具体内容构成修理费总和的，这些具体内容可能包括车辆维修、设备维修、电力线路维修等等，其背后关联着各自不同的其他生产作业的进行以及与资产相关的作业的进行，如资产的购入、调配、报废等。维修作业即可视为一个作业包，对应车辆、机泵等维修是该作业包中的作业。

3.1.3　观测层

观测层包括投入与绩效两个管理要素。

观测层不仅是对结果的观测，也包含对过程的观测。资本与业务共同形成企业战略，并通过目标得以量化，目标在观测层进一步投影为投入与绩效，目标、投入和绩效三个要素构成了企业运营的三基准。见图3-5。

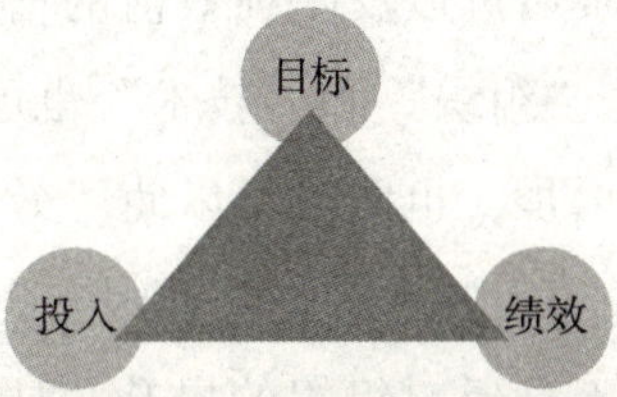

图3-5　管理运营的三基准

3.1.3.1 投入［Inputs］

投入指企业生产商品或提供服务的过程中所使用或消耗的物品或劳务，企业利用现有技术将投入转换为产出。投入包括资本的投入和资源的投入。企业的投入是为了获得绩效。

管理会计在观测和度量绩效时，使用的适应性工具与技术也会有所侧重，以观察、预测或分析投资和成本投入后资金价值的获利能力和增值水平。这里的投资单纯指资本性支出，即引起资源的增加，并且需要经过较长时间才能收回这部分投入。有的企业投资于股市、基金、证券、债券市场，甚至以风险投资的形式投向创业者，这虽然也是通常据说的投资，但这不是投入要素的投资，正合管理会计理论体系是以供给侧为坐标原点展开的，在这个原则下，上面所说的投资是正合魔方中的业务。比如李开复先生的创新工场，其赢利模式就是将资金投给有潜力的创新型企业，并通过资本的运作获得收益，这是一种业务模式，这种投资没有增加创造工场的资源，所以不是以供给侧为参照系的投资。

投入要素要观察的是这些投入流向了哪里，因为这个投入在绩效上获得了多少，即投入更关心“我不想知道我是怎么来的，我就是想知道我是怎么没的。”

3.1.3.2 绩效［Performance］

绩效从字面意思简单理解就是成绩、业绩和效率、效果、成效以及效益。

绩效是作业的直接结果，是业务的间接结果，是企业为实现其目标而展现在不同层面上的有效输出。绩效包括人工效率、组织效率、资产运行、技术回报、营销收入、产业链获益等内容。可以看出，正合魔方中的绩效与资源是呼应的，是企业控制的资源带来的收益，而并不等同于收入。

企业的生产能力由资源要素中面向供给侧的两个方面产生。人力资源和资产数量的增加经过作业要素后可以反映绩效值的增加，但这只是“绩”的增加，而不是“效”的增加。“组织”和“技术”也可以造成产能的提升，这个让提升不但可以使“绩”增加，也同时可以使“效”增加。中央提出的“三去一降一补”中的“去产能”，其本意是降低因人力资源和资产数量的增加而引起的“绩”的增加，而不是反对组织的提升和技术的进步导致的产能的增加，或者说，中央不是要“去绩”，而是要“增效”。

一旦启用正合魔方进行管理解构、分析、梳理，必须将魔方中的所有要素全部操作一遍。而过程中如果有某项原始输入发生变化，也要将魔方的所有要素全部重新操作一遍，否则将导致偏差甚至结论错误。

在使用正合魔方时，任何一个要素的量化结果不能损害其他的要素，即任何一个要素的快乐不能建立在其他要素的痛苦之上，这其实就是帕累托最优原则。

3.1.3.3 整合［Integration］

整合要素属于正合魔方，而不属于任何一层。

整合是正合魔方中最重要的内容。整合上接规划层的企业战略，下连执行层的作业与风险，平衡相互竞争的目标和方案，包括合理调度分配资源以及管理正合魔方各要素之间的依赖关系。

整合要素包含股权、资本、投融资的整合；业务整合；资源的整合；投资成本一体化整合；作业的整合；风险的整合；绩效的整合等内容。良好的整合可以将资本、企业的资源、业务模式和作业发挥出最大的效应，同时有效地控制风险，达到集中力量办大事的效果，比如“两弹一星”，而不良的整合也会变成集中力量办坏事，比如人民公社。整合不是一种控制，而是一种协同。

一个好的厨子并不必然能够开好一家饭店，一个好的士兵也不一定能指挥好一场战役。厨子的专业领域在厨艺，而开一家饭店要依赖于管理科学，厨艺与管理即不是同一个领域，也不是同一种专业，这两件事只是恰好在同一行业——餐饮中罢了。现代社会经济生活毕竟不是古代不计人命代价的战争，好厨子和好士兵都在思考自己如何把一件具体事做好并力求达到极致，个人的主观意愿加上努力程度，在一定时间和空间条件下这是可以实现的。而开饭店或指挥战役，不能仅凭个人意愿和努力程度，更多权衡的是宏观和整体。对管理会计来说，既须具备理性的、逻辑的思维方式，又要拥有整体性、结构性、层次性、开放性和创新性等系统性思维，这些都体现在正合魔方的整合中。

[案例分析]

正合魔方的应用

微信公众号光谷客在2016年发表过一篇题为《160天，一对普通创业者在孵化器里经历了高大上和遍体鳞伤》的文章，今日头条也进行过转载。我们以这个悲伤的故事为例，用点评的方式深入解读一下正合魔方的应用。出于点评的需要，选入本书时有改动。

160天，一对普通创业者在孵化器里

经历了高大上和遍体鳞伤

从搬进创业咖啡到搬出，袁忠何、姚柳青夫妇的首次创业失败，用了160天。他们或许是中国创业浪潮中人数最多、最普通的那一类草根创业者：拥有技术和热情，缺少团队和资本，全部投入都来自自己，融资途径只有海投BP[①]和参加路演，不擅长讲故事，讲述的创业故事无法写成媒体报道的典型……

正合魔方点评：

技术仅是正合魔方中资源的一项内容。在正合魔方中，资本、业务和资源是企业战略的前置条件，只拥有资源要素中的技术一项是不能形成企业的。没有资本可以去谈融资，没有团队可以去找志同道合的同志，但是连业务模式也没有，这就很惊悚了。讲故事是将业务模式生动地表达出来，前提是必须要有业务模式，根本没有业务模式，口吐莲花也不能打动投资者。

袁忠何是一个普通的大专学校毕业，毕业后成了一名流水线工人，每个月工资1200元，因为对技术执迷，靠看书、翻墙到国外的技术网站、亲自动手，成了一名收入丰厚的嵌入式软件工程师。

创业之前，他们是这座互联网和智能硬件发展都相对滞后的城市里最最普通的白领，服务的公司名头也不响亮，无法让人记住。他们在各自公司已经做了七八年的IT工程师，一个做硬件，一个做软件，加班虽多，工作稳定，正常晋级，月收入也稳步增加；两年前按部就班地买了一套79平方米的房子，还贷时间是30年。

除了上班，袁忠何的全部精力都用来在家鼓捣各种小玩意儿。比如夫妻俩

---

① BP，这里是Business Plan商业计划书的缩写。

出门吃饭，姚柳青看到别人炸鸡排，用非接触的温度计测油温，俩人就想可以做个挂在钥匙扣上的测温硬件啊，通过手机显示和记录测量数据。后来他们把这个产品做成了快速测量和记录儿童体温的智能温度计。

袁忠何和姚柳青都对商业不感兴趣，从来没想过创业。辞职之前，这对纯技术出身的夫妻，交际圈仅限于袁忠何在滑板圈子内认识的爱好者（多是大学生）。2015 年 5 月袁忠何在新闻里看到一个郑州的创客典型，这名创客用自己动手做出的新产品解决了一个农业问题，他觉得新鲜，“这不就是我平时做的事嘛！”这件事对袁忠何的启发是，他也是一名创客，他也可以出来单干。2015 年年初，李克强总理考察了一系列创客空间，让创客这个词语火遍了大江南北。袁忠何决定出来单干的时候，创客的风口正在吹向光谷。

正合魔方点评：

袁忠何搞错了，新闻里的那名创业者干的并不是他平时做的事。创业者干的是创业，发现用户痛点、市场调查、设计产品直至通过新闻宣传自己和产品，这些都是创业的内容，而袁忠何眼中只有设计产品，但这不是创业，这只是创新。

克强总理提出的“大众创业、万众创新”是让每个人都去创新，而不是让每个人都去创业。“大众创业”中的“大众”是相对精英而言的，大众创业是说不仅仅是精英阶层可以创业，普通人也可以创业，政府将会为普通人创业提供机会，大众创业并不是说人人都要去创业。万众创新才是说人人，人人是数量上的虚指，毛泽东主席的“一万年太久”的中“万”，小平同志的“一百年不动摇”中的“百”都是数量上的虚指，万众创新也一样，应理解为人人创新。“大众创业、万众创新”前者是可以，可以表示“许可”的意思，意味着授权，可以为，也同时允许可以不为，这要由被授权者根据不同的情况而定；后者是应当，应当是一种原则性的规定，或者说是一般性的要求，并且允许在执行中有一定的灵活性，允许例外和特殊情况存在，是一种弱义务。这才是“大众创业、万众创新”的本意。

辞职后，在各种各样的创客活动现场，袁忠何夫妻上台演讲、接受采访，认识业界大牛，也认识各种各样好奇的围观者。

创业之初，他们受到无数“诚挚而善意”的鼓励，欣喜、感动、憧憬，赌上身家跳入创业的汹涌浪潮。袁忠何先后设计了几款产品，在寻找创客组织的过程中，被推荐参加了一系列活动，这些活动，有的是以创客的名义而设，有的是传统大型展会专门为创客开辟的新版块。

他发现，那段时间的所有活动，“只要我们愿意去，就可以去，就有位置都是免费的。”活动上，总有人愿意帮他们分析产品、市场、融资，充满了诚挚和善意的鼓励。

正合魔方点评：

这些不是资源。资源必须是企业能够控制的，换名话说，必须是你的，才能称为资源，而这些，都不是袁忠何的。作为企业者，他需要将这些转换成资源，而袁中何只有体验，没有转换。创客空间只是提供了平台，但是创客空间不负责转换——创客空间不可能干“拉郎配”的事。

他和姚柳青的夫妻身份也常常引来关注，最常见评价是“夫妻都辞职了啊？真有激情、有勇气啊，好好干，好好干。”连双方的父母，四个普通工人出身的老人看到电视里总理的号召，对夫妻俩双双选择创业也毫无异议。

这种鼓励甚至让袁忠何开始做那种最普通的创业梦：“就是觉得自己是乔布斯，全世界都会爱上你的产品那种。”

袁忠何带来的测温宝贝（可以实时快速测量温度包括与体温），精确到米级别的天气预报工具，与智能手机结合的验房工具等产品都是货真价实的“科技产品”，可以被主办方描述为互联网+、智能硬件等潮流性趋势。而为了参加这些展会，袁忠何甚至常常通宵加班，以改造出更符合展览需求的产品。

正合魔方点评：

在正合魔方中没有展览，资源中没有，业务中也没有，没有任何一个要素中包含展览，倒是在资源要素中有客户和市场。但是我没有看到市场调查、访谈、原型，我们什么管理会计工具都没看到，只看到这对创业者在为展会做产品。

姚柳青是在2015年10月初辞职的，当时，资本寒冬已经在逼近上半年一直热钱翻滚的创业领域。夫妻俩都辞职后，两人将办公室设在了79平方米的家中，和家里的7只兔子一起工作，没有一分钱进账，需要源源不断地投入资金购买各种工具、材料、书籍甚至路由器……

但他们为了参加创客展会而整宿不睡觉赶制出来的产品却并没有找到市场。

正合魔方点评：

为产品找到市场和为客户解决痛点去设计产品是完全不同的两件事。但更惊悚的是，这个产品是他们为了参加创客展会赶制出来的，而不是为解决客户痛点。可以看出，他们已经完全偏离了目标——这么说不准确，因为从一开始他们就没有一个明确的目标，应该说他们已经完全迷失了方向。

他们在展会上遇到过形形色色的人，谈理想，聊技术……直到谈到报酬，戛然而止。还有人愿意合作，合作方式是出前期材料费，在后期扣除前期投入材料费后，与长耳工作室利润分成，这种方式让袁忠何发现，原来善意背后都另有小九九。

夫妻俩开始严肃地决定寻找投资，给所有有名的投资机构都投去了 BP，从无下文。遇到的第一个疑似投资人来自光博会现场，是一位中年男子，自称投资人，向他们询问产品思路、核心技术、销售方案，甚至报价。回到家后，姚柳青才意识到“可能遇到套方案的骗子了”。

正合魔方点评：

这不是什么小九九，这是**资本**的任务。资本的宗旨就是获利，企业的宗旨才是为客户创造价值。袁忠何夫妇既没有站在客户的立场上思考为客户创造价值的模式（如商业模式、业务模式），又对资本获利的行为方式心存鄙视，其背后的映射出的价值观则只有令人叹息。

随后他们开始寻找孵化器。一家沌口工业园的孵化器愿意免费为他们提供工位，但是太远了，孵化器的员工建议他们选择光谷更有名气的创业咖啡，那里会有更多的活动和资源，那名员工也是一名创业失败者。他们找的是位于光谷金融港的一家创业咖啡，房租每个月 50 元/平方米，办公室不足 10 平方米，安排了 4 个人的工位后几乎毫无余裕，加上公摊面积却共达 26 平方米。

姚柳青觉得房租太贵，但是想到里面丰富的创业资源，还是咬咬牙租下了。在这个高大上的创业咖啡里，姚柳青围观或参加了多次活动，见了投资人，喝了鸡汤，结识了业界“大牛”，被不断鼓励坚持，不断投入白花花的资金，直到体验到近乎恐慌的压力。

2016 年年初，夫妻俩已经暂时终止了测温宝贝、验房 APP 等产品的开发，开始专攻长耳智能腰带，可以用皮带实现计步，手机防盗，久坐久站提醒，坐姿检测等功能，春节期间，他们也在为这款产品做商业计划书，希望拿到一笔投资缓解压力。

正合魔方点评：

关注点仍然是产品。在正合魔方中没有产品的位置。创业者应该关注的是市场与客户。不是我做出了产品，市场和客户就必须认可，投资者就理应投资。投资者投资给某个创业团队，这是一个交易，投资者不是要买创业者的产品，投资者明显不是产品的目标客户，投资者要买的是创业者的资源，包括创业团队，市场与客户，资产与技术。

过年后的2至3月，他们开始密集地走访武汉本地一些创投基金。其中一家名头响亮的基金投资经理在他们走访后的第三天向他们打来电话，但不是有意投资，而是表示，他们组织的创业活动有参与者临时退出，希望长耳工作室能临时救场。袁忠何想都没想就拒绝了，“难道我们是表演工具吗?”

压垮姚柳青意志的则是4月份的一场高逼格路演，他们被安排在了一个近似暖场的环节，叫挑战120秒，即10名创业者各2分钟，演说完毕后，集体背过身去，等待嘉宾“翻牌”。这场活动光彩排就做了两次。

在现场，渐渐所有人都被点到了，只有姚柳青一个人还没法转身。最后，终于有一个嘉宾点了她，姚柳青怀疑他“是不想让场面太尴尬。”她几乎要对他心怀感恩。

但嘉宾紧接着问了一个蠢问题，“他问我们的保健功能怎么保证效果。”实际上，长耳智能腰带根本不涉及保健功能。姚柳青瞬间崩溃了。这是她经历过的最惨烈的路演。那场路演过后，袁忠何夫妇不再参加任何类似活动。

正合魔方点评：

创业者完全误解了嘉宾，当然也包括本文的作者，这不是一个蠢问题。创业者一定是以为嘉宾没有认真听他们的演说，而正合魔方完全不相信这一点。

嘉宾并没有嘲讽这些功能设计有多蠢，也没有居高临下地告诉创业者一个可行的模式，而是问保健功能怎么保证效果。首先假定了这个产品有保健功能——而事实上它没有。这位嘉宾委婉地点出了产品缺少业务模式，那些什么用皮带实现计步、手机防盗、久坐久站提醒、坐姿检测等功能都是伪需求，市场不会认可，并且嘉宾告诉了创业者，保健功能也许是一个模式，哪怕它只是一个噱头，至少先获得部分市场，获得投资者的青睐，然后再继续进行产品的进一步研发和市场的细化与深耕。

这位热心的嘉宾非常想帮助姚柳青，但又小心翼翼，生怕伤害创业者的那颗“玻璃心”，而在现场那么短的时间内想出这样一个婉转的说法，这位嘉宾的水平可见一斑。但以这位嘉宾如此高的情商，面对姚柳青的“不解风情”也只能无可奈何了。医不叩门，面对一个只想着产品的创业者，没有一个可以帮助创业者的管理分析工具，任何人都只能望洋兴叹。

但当创业本身成为一个“新兴经济产业”，激起的巨浪从他们身上卷拍而过，留下的，不仅是落空的梦想，还有一堆伤痛。从热潮中清醒过来，他们开始反思，最终决定，回到起点，转变方向，重新出发。

劳动节的第一个休息日，袁忠何和姚柳青夫妇乘公交来到，最后一次加班。他们是去搬家的，他们的公司在金融港一家创业咖啡3楼开始不足10平方米的办公室里，除了孵化器提供的桌椅和家具，他们要打包搬走的东西包括：电脑（里面保存了修改过无数次的数十份路演PPT、资料、商业计划书）；一块白板（他们曾在上面写下无数项目计划、进度、目标和其他注意事项）；一堆技术书籍、一堆开发板之类的元器件、一堆焊台之类的工具，几个没有进行最终包装的半成品形态的智能产品。还有贴门口的用A4纸彩印的“长耳工作室”标牌。最后，姚柳青也把它从门边揭了下来，小心地收进了包里。这是他们砸进10多万，整个团队通过各种尝试、努力、争吵和高频率的加班、甚至通宵熬夜换来的所有创业成果。两天后，用一辆SUV家用轿车就全部拉走了。

正合魔方点评：

站在袁忠何的角度来说，毫无疑问是净损失。投入是可以明确的，而绩效几乎为0，除了学到的创业经验以外。但是在他创业的过程中，孵化器、展会、采购的原材料、办公用品和设备的厂商和销售商都获得了收益，甚至本文的微信公众号和各转载的网站和手机APP，也都在消费着袁忠何，并获得了收益——比如流量。从经济学的角度来说，这只是一个零和博弈，因为并没有冲突和斗争，价值只是从袁忠何的手中转移到了其所处的供应链中，所有人都获得了收益——除了袁忠何自己。当然如果考虑到本书2.2所述的机会成本的话，那这确实是一个负和博弈，因为在袁忠何创业的时间阶段内，其没有创造出价值（只是价值转移了），社会总体上因为其没有创造价值而产生了净损失，当然这个净损失对全社会来说微乎其微。

5月5号，就在他们从创业咖啡搬出来的第三天，袁忠何回到创业咖啡办退孵手续，他对孵化器的负责人说自己不再创业了。

在姚柳青看来，这个说法某种程度上是实情。他们已经放弃了做产品找融资的想法，而是在藏龙岛的创研中心租用了一间更大更便宜的办公室，找了几位同样爱好滑板的大学生。

他们给自己的新项目取名叫造造屋，希望打造一个智能硬件爱好者的交流和体验平台，先实现小本盈利。他们最近刚买了一台3D打印机，准备打印他们自己设计的12星座小配饰，定价在5元到30元之间。

正合魔方点评：

文中没有说新办公地点有多大和有多便宜，我们按前面的标准估算一下，全年的房租按1.5万计算，小配饰的平均客单价按15元计算，他们一年要卖出1000个小配饰，平均每个月要卖掉84个，每天要卖掉3个才刚能把房租挣回来，还不算3D打印的耗材，他们用3D打印机给其他创业者打印原型也比这挣得多——这又回到了商业模式的问题了，用3D打印机打印小配饰，我不知道他们的成本怎么能低过义乌小商品城，没有成本优势没有专利保护（外观专利），我也不知道他们怎么跟仿制斗争。

袁忠何有时候安慰自己，总归要出来单干的，早出来早填坑，姚柳青苦笑："填得遍体鳞伤啊。"她开始觉得，"创业"这个动辄于要改变世界的领域实在太宏大了，试过一遍后，她宁愿选择成为一个自由职业者，钻研技术，自给自足，那样也许离她的生活理想更近一些。

但她现在还得再回到办公室，因为得有人养活工作室。

正合魔方点评：

经历了损失之后这对夫妇终于意识到首先要活下去。结合正合经济极限，其实很容易计算出其初期的投入可以维持的时长，可是他们没有计算过。他们也没有做过风险管理，资金链断裂风险本应被识别出来，并进行风险分析，制定风险应对策略，但是这些都被产品的光芒掩盖了。

袁忠何则依然忙碌，他开始组织活动，和那些真正热爱技术的人而非创业者交流，比如到华科校园里教大学生们亲自上手做出一些智能硬件产品，为造造屋积累产品和人气。在接下来一年，他希望养活自己，把技术爱好变成一种生活方式。

对他来说，即便时间再倒退一年，他依然会选择辞职，拥抱自由。但他不会选择去经历创业咖啡里的那160天。

正合魔方当然不仅用于创业也可用于问题分析。正合魔方将企业的管理者、管理会计团队以及财务团队要做的事情进行整合，用结构化和图形化的方式描述复杂的企业经营管理的运行，它实际上是一个方法论的高度抽象，是一个分析企业现状及规划企业未来的工具。

3.2　M. I. E. 模型

管理会计在应用环境（企业）中的具体实践面临两个问题。

第一，怎么办的问题。

在《管理会计基本指引》中明确了管理会计活动是管理会计四要素之一，并将管理会计工具与技术也作为四要素。可如何进行管理会计活动呢？这如同在告诉你要干活，然后给了你一些扳手、改锥，但是并没有明确地告诉你如何去作——你知道扳手、改锥、套筒该如何使用，但是仍然不会修车。

第二，碎片化问题。

自媒体时代我们经常见到各种管理类文章。这些管理类文章通过或真或假、或成功或失败的案例，总结出若干管理经验，分条目与阅读者分享。但是请我们回想一下，这些文章总结出的管理经验，我们又能记住多少呢？造成读者难以记忆的原因除了快餐文化、自媒体阅读习惯之外，知识的碎片化也是重要的原因。难以记忆就会造成记忆偏差，而用有偏差的记忆去进行实践时，面临失败将是一个大概率事件。

《管理会计基本指引》中确定的规划、决策、控制、评价只是管理会计活动范围，而不是活动种类，不是说管理会计只有这四项活动。管理会计活动涉及企业管理的各方面，其活动过程与结果应该形成企业的组织过程资产——比如企业的案例库。这将迅速导致管理会计活动和具体实践的碎片化。没有案例和有四十万个案例的结果是一样的——难以指导管理会计活动。

我们需要有一种方法，把管理会计的知识、活动与案例有序地组织起来。

为了解决这两个问题，我们首先需要把架构搭出来，而要搭出架构来，需要确立时间和空间。有了基本的时空的概念，再加上结构，我们的基本架构就搭出来了。为此，我们提出了正合矩阵（Exact Matrix）的概念，通过管理领域（Management Domain）、管理过程组（Management Processes Group）、管理过程（Management Processes）、管理行为（Management Conduct）四个维度确立管理会计的空间与时间，我们将这个时空称为正合矩阵。

3.2.1 正合矩阵（EMA Matrix）

正合矩阵由管理领域、管理过程组、管理过程和管理行为四个维度构成。

在正合魔方中，我们将企业划分为了资本、目标、业务、投入、绩效、风险、资源、作业、整合共 9 个要素。我们将这 9 个要素确定为管理领域，可将正合管理会计的管理领域分为整合管理、资本管理、目标管理、业务管理、资源管理、绩效管理、投入管理、作业管理和风险管理共 9 大管理领域。

管理领域给出了管理会计活动的空间。

人们一般习惯使用“事前”“事中”和“事后”来划分时间维度。这是以时间阶段来进行划分的，但其划分的颗粒度较为粗糙。我们将 PMP 项目管理体系中的管理过程组的概念引入正合矩阵中，同样包括启动、规划、执行、监控和收尾五大管理过程组。管理过程组与管理会计活动共同作用于项目或运营中，并贯穿项目与运营的完整生命周期，如图 3－6 所示。

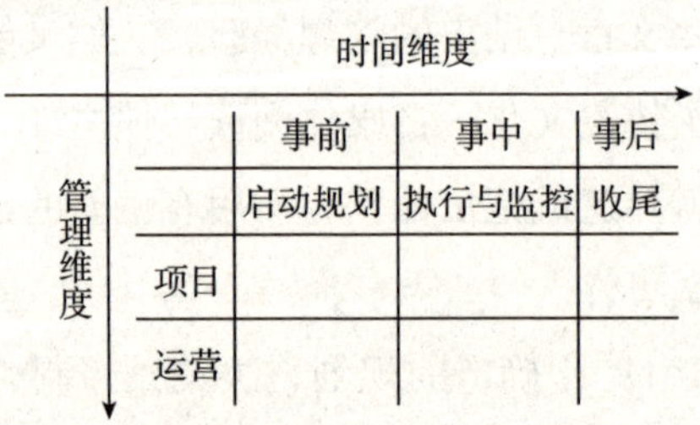

图 3－6　管理维度与时间维度下的企业活动

管理过程组给出了管理会计活动的时间。

我们把在管理领域建立的空间和管理过程组建立的时间中开展的管理会计活动确定为管理过程。在 ISO9000: 2000 中，将过程定义为：“一组将输入转化为输出的相互关联或相互作用的活动。”而管理过程就是使用一组实践方法、技术和工具来策划、控制和改进过程的效果、效率和适应性，包括过程策划、过程实施、过程监测（检查）和过程改进（处置）四个部分，即PDCA循环四阶段。过程的任务在于将输入转化为输出，转化的条件是资源，通常包括人、机、料、法、环及检测。增值是对过程的期望，为了获得稳定和最大化的增值，组织应当对过程进行策划，建立过程绩效测量指标和过程控制方法，并持续改进和创新。

管理行为包括观察、测量、评估、甄别、控制、优化、改善等具体动作，这些具体的行为与动作关联工具与技术，使管理过程得以实现。

正合矩阵是为管理会计活动服务的。正合矩阵将应用环境划分管理领域，并在时间上展开，进一步划分管理过程组，通过渐近明细、持续改进的成熟度模型逐步识别出管理过程，进一步明确管理过程可采用的具体管理行为和工具与技术，并通过组织过程资产进行固化，以此形成管理会计活动的一般结构。

如果以管理过程作为对象，管理领域和管理过程组可以看作是管理过程的属性，管理行为可以看作是管理过程的事件，而具体的管理会计活动是管理过程的实例化。

我们将9大管理领域依次纵向排列，将管理过程组横向排列，可以形成一个二维的表格，将管理过程填入这个二维表中，即建立了管理领域、管理过程组和管理过程的关系，如表3-1所示。

表3-1中仅展示了我们在研究过程中确定的48个典型管理过程。管理过程的识别与确定应与企业的应用环境相关，这48个管理过程仅供读者参考，并不具有约束性。作为一个开放的体系框架，正合矩阵允许使用者自行定义符合自身应用环境的管理过程，并确定其相应的管理领域和管理过程组，以满足其开展管理会计的需要。

表3-1　管理领域、管理过程组与管理过程关系

管理领域	管理过程组				
	启动	规划	执行	监控	收尾
整合管理	制定组织战略 管理会计活动立案	制定财务管理计划 制定年度预算	指导与管理财务工作	监控业务与作业运行	结束预算或阶段
资本管理	融资设计	规划融资管理	管理融资	控制融资	

续表

管理领域	管理过程组				
	启动	规划	执行	监控	收尾
业务管理		规划业务管理 业务收集 定义业务业务 逻辑分解		确认业务 控制业务	
目标管理		规划目标管理 定义目标		确认目标 控制目标	目标审计
投入管理		规划成本管理 估算成本 编制成本预算		控制成本 控制投资	
绩效管理		规划绩效管理 估算绩效	实施绩效保证	控制绩效 绩效过程评估	
资源管理	识别资源	规划资源管理	管理资源	资源评估	
作业管理		规划作业管理 识别作业 作业聚合	实施作业	监控作业	结束作业
风险管理		规划风险管理 识别风险 实施定向风险分析 实施定量风险分析 规划风险应对		控制风险	

3.2.2 三步法（ITTO）

如何开展管理会计活动呢？我们可以简单归纳为三步法，即输入具体问题、选取工具与技术开展经济分析、输出解决方案，缩写为ITTO。

ITTO，其中“I”和“O”分别指输入（Input）和输出（Output），两个“T”指的是工具（Tools）与技术（Technology）。ITTO源于PMI的项目管理体系，我们将这一方法引入管理会计中，用以解决管理会计的实务活动。

ITTO是管理会计人员开展活动的基本流程，其含义为从企业经营管理的实际出发，发现问题，识别问题涉及的对象，遍历对象的属性、方法、事件（如作业数据、事业环境因素、组织过程资产等），利用成熟且有针对性的经济分析技术和工具，对分析数据进行处理并生成可行性解决方案，如图 3－7 所示。

ITTO 不仅是一个解决问题的路径，也是一个分析的过程。其中的输入端经常包含事业环境因素和组织过程资产，即管理会计的应用环境通常作为输入；而输出端通常为策略、方案、报告等，即管理会计四要素中的信息与报告。信息与报告也可用于输入，但常表现为组织过程资产。

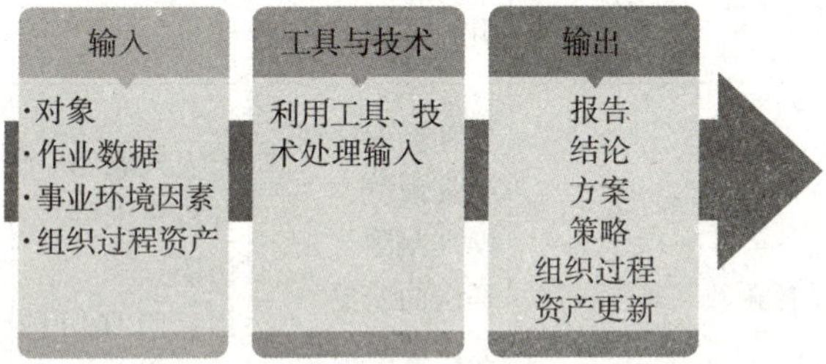

图 3－7　ITTO 的基本逻辑图

我们将三步法代入到正合矩阵中的管理过程中，可以得到管理过程的 ITTO 表，以整合管理领域为例，其 ITTO 表如表 3－2 所示。

表 3－2　管理会计的整合管理领域 ITTO 示例

管理领域	管理过程组	预算管理过程	输入	工具与技术	输出
整合管理	启动	制定组织战略	商业计划书 事业环境因素 组织过程资产	专家判断 引导技术	预算基础库
	规划	制定财务管理计划	预算基础库 其他过程的输出 事业环境因素 组织过程资产	专家判断 引导技术	预算管理计划
		制定年度预算	预算基础库 事业环境因素 组织过程资产 预算管理计划	专家判断 分析技术 访谈 预算管理信息系统 会议	年度预算 管理目标

续表

管理领域	管理过程组	预算管理过程	输入	工具与技术	输出
整合管理	执行	指导和管理财务工作	预算基础库 预算管理计划 年度预算 事业环境因素 组织过程资产		工作绩效数据 变更请求 预算管理计划更新 预算文件更新
	监控	监控预算工作	预算管理计划 绩效预测 投入预测 确认的变更 工作绩效信息 事业环境因素 组织过程资产	专家判断 分析技术 访谈 预算管理信息系统 会议	变更请求 工作绩效数据 预算管理计划更新
	收尾	结束预算或阶段	预算管理计划 年度预算	专家判断 分析技术 会议	预算审计报告 变更日志 组织过程资产更新

这里我们仅以示例的形式向读者展示了一个管理领域的ITTO，读者可以试着自行总结出适应自己应用环境的管理过程的ITTO表。ITTO源于项目管理，但管理会计所面临的局面比项目经理更复杂，作为一个开放的体系框架，我们也不想将ITTO固化下来，形成如PMI项目管理的固化的和可以背诵的ITTO表，而是给读者和使用者以更大的个性化空间，以使体系框架更加灵活多样。

3.2.3 二模式（EMPIRE Mode）

即一模型一报告，又称“一事一例一模型”和“一题一析一报告”其包含以下6个元素：①Example：示例；②Model：模型；③Problem：课题；④Illustration：分析；⑤Report：报告；⑥Event：事件。其含义为Example、Model、Problem、Illustration、Report form Event，缩写为EMPIRE。

在企业日常经济活动中，管理的参与者在其工作职权范围内施加的每一次管理动作都是在做出一次决策，一系列决策、决策的结果与后果以及相关的反馈逐渐积累，形成了不同层面的管理经验。这些公共知识本身是企业的宝贵资产和物质财富。

但这些经验往往变成了个体知识的储备，而形成不了大多数人可以分享利用的公共知识。一批批技术专家、管理专家、高级技师等因年龄原因纷纷从国有企业离职和退休，但企业并没有清醒地认识到这一点，造成公共知识没有沉淀在企业中继续发挥价值，而是随着这些人离开时变为个人独享财富带走了。90、00后的年轻人进入企业时，他们的工作经验往往从零起步开始积累，企业须排出培训计划和投入时间与资金，对员工组织技术与能力培养训练（也许参加仅仅是为取证或走形式），有灵性和钻劲的员工对感兴趣的工作还会慢慢摸索、一点点积累变成自己的本领，这对于企业和员工来说，学习时间成本付出的代价都太大了。如果将上面谈到的企业技术专家、管理专家、高级技师们长期积累的知识和经验汇集在一起，形成企业组织过程资产，并按照"一事一例一模型"和"一题一析一报告"的方法，形成可供阅读、参考并随客观变化能自由改进的模型组与案例库，可以大大缩减90、00后年轻人的学习时间和学习成本，通过持续的知识补给和能力储蓄，使他们可用较短时间在本专业或行业内成为同时拥有管理会计能力的专业能手和技术尖兵，再因地制宜、活学活用，直接解决生产领域和管理环节涉及效率提升与效益改善等具体问题，工作效率自然会提高，企业的目标就是靠员工勤奋工作、效率提升和技术进步三个维度叠加效应得以实现的。这就是"一事一例一模型"和"一题一析一报告"的根本要义。

一事一例一模型，是企业内部的效益测定方法；一题一析一报告，是企业内部的效益优化方法。

3.2.3.1 一事一例一模型

"一事一例一模型"体现了面向对象思想的三大特征之一——封装。

企业经营管理者在实际经济活动中，时常会要求对生产管理过程中的一系列生产动作、管理行为等做出经济判断与评估反应（就是怎么干更合适），就需要建立有针对性的效益测定方法。但实际上，大多数人基本凭直觉和经验做判断抉择，有时明显背离经济常识和市场规律的决策，仍会一意孤行干下去、好坏对错也要等结果出来再说，若"好、对"了，自然强化性记忆下次还这么干，所谓“差、错”了，也不动声色地悄悄选择性失忆或找理由辩解不了了之，这本质上是个人与企业间在资源消耗（甚至过度浪费）不公平的对赌。此类现象在企业中是司空见惯的，已成为一种常态。

管理会计在吗？做什么了？效果怎么样？一系列提问会接踵而来，这时管理会计恐怕只能缄口不语。因为，这样的问题，在日常管理会计实践活动中并未观测到或有效解决，其实就是对生产活动、管理行为的存在状态缺乏敏感和敏锐的观察，甚或视而不见。怎么办？从实际出发，具体问题具体分析，做有针对性地研究并制作相应的经济模型，就从“一事一例一模型”下手。

“一事一例一模型”，是从认识、分析、解决独立课题和个别问题入手的，因为这样有利于管理会计更容易、更清晰、更准确地看待所要研究的具体问题。首先，需要确立分析对象，从中区分界定其共性与个性特征。然后，通过对特征描述进一步梳理拆分对象内涵的各种要素，这些要素就是分析对象的具体属性，当对象属性积累到一定程度的时候再生成类。最终，对类实例化的问题形成通用解决方案或模型固化方法。

“一事一例一模型”不是一个固定不变的经济方法，强调的是“事不同、建案例、定方法”。企业的某个方案就是一个模型，它本身会有一个自我学习和自由成长的过程，管理会计应具备足够的研究耐心和思考深度。

3.2.3.2　一题一析一报告

一题一析一报告体现了面向对象的三大特征中的多态。

一题一析一报告，是企业内部的效益优化方法。企业内部经营管理决策方案或管理建议的形成，关键在实施行动，一旦行动，在过程中的执行轨迹、执行效果、执行目标等，就成为验证效益成果的核心。过去，我们更多的是等待结果的最终到来，恰恰忽略了过程中偏离的风险与放弃了过程中纠偏的机会。例如，企业内部经营管理工作包含着一系列生产活动、管理行为，每天都在发生或重复发生，一个工作安排了有人去执行，一级传达一级，还没来得及观测、洞察、甄别、评价其效果与风险，下一个工作安排就又开始了，而且一天当中不可能只安排一两件事情，这样日复一日、年复一年，重复地周而复始安排与执行，分级越多忘记越快，只有执行链的最末端不会忘，工作最终应该会完成，但如果没有人过问结果、也没有人验证结果，那也就是干完即可，交差了事。这时管理会计要做的，就是持续跟踪、持续分析、持续优化、持续改善，咬定目标不放松！怎么做？就是“一题一析一报告”。

分析学家在分析共性和个性时，需要将已知信息做成信息管理系统，遵循实际生产的原则进行录入。管理会计对信息进行收集、整理、比较，通过对数据源的抓取，继而生成相应的比较方案。系统使用者对风险趋势做出判断并提出相应的建议报告。技术人员需要搭建一个管理会计的信息平台时，将软件系统进行连接并抽取相关数据，采用相应的技术和工具形成相应的报告并支持决策，能够提出对现状进行改善和实施的可行性方案。

3.3　成熟度模型

分析管理会计与财务会计的区别，我们可以看出，在方法与程序上，管理会计适用的方法灵活多样。这固然可以灵活地解决企业面临的各种问题，但同时也带来了工作程序性较差的弊端。从体系程度上看，管理会计活动以及信息与报告缺乏规范性和统一性，体系沿袭不健全。这些都是管理会计在实体经济中落地存在的障碍。为了解决管理会计在实践应用中存在的这一类矛盾，我们引入了成熟度的概念，为管理会计水平的提高提供了一个评估与改进的框架。

成熟度模型有很多种，据不完全统计，目前成熟度模型的总数超过了30种。比较著名的有美国卡内基·梅隆大学软件研究院（SEI）提出的CMM模型、美国项目管理学会PMI（Project Management Institute）从组织级项目管理层面提出的OPM3（Organization Project Management Maturity Model）模型、著名项目管理专家Harold Kerzner博士提出的项目管理成熟度模型K－PMMM和FM solution提出的项目管理成熟度模型FMS－PMMM等，本书中我们以OPM3为原型来介绍成熟度模型。

正合管理会计成熟度表达的是管理会计在其所处的应用环境中，具有的按照预定目标和条件成功地、可靠地实施管理会计活动的能力。严格地讲，正合管理会计成熟度应该指的是包括管理会计应用环境、管理会计活动、工具与技术、信息与报告的整体成熟度。

按照OPM3原型，我们将正合管理会计成熟度分为标准化、可测量、可控制和持续改进四个阶段和7个进阶。在标准化阶段，管理会计需要明确通用术语与通用过程；在可测量阶段，需要确定一致的方法；在可控制阶段，需要进行目标监控和基准比较；在持续改进阶段，需要做到渐近明细，持续改进，如图3－8所示。

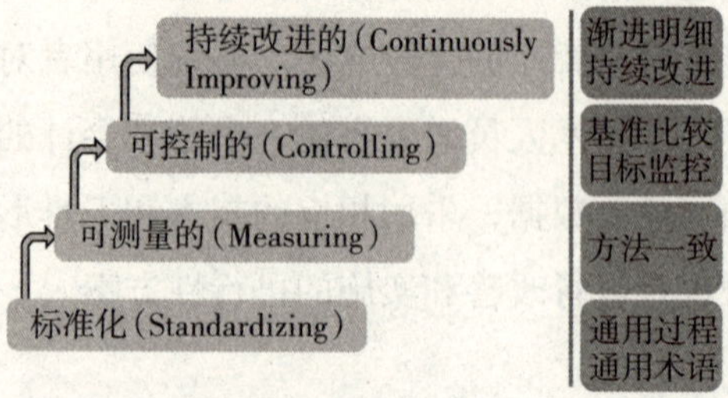

图3－8　OPM3成熟度模型

正合管理会计成熟度模型的基本构成有以下6个要素：

1）范畴：包括管理会计过程和改进的步骤和梯级；

2）能力：能力是管理会计活动的前提条件，具备了某些能力组成就预示着对应的管理会计活动可以实现。这些能力可能包括规划的能力，工具与技术的使用能力，辅助决策的能力，报告的能力等；

3）案例：管理会计案例是指经实践的管理会计活动。案例包括成功案例与失败案例。成功案例是通过实践证明和得到广泛认同的比较成熟的做法，而失败案例则用于管理会计活动中预防风险。

4）路径：识别能力整合成“最佳实践”的路径，包括一个“最佳实践”内部的和不同“最佳实践”之间的各种能力的相互关系。

5）结果：这些结果和组织的种种能力之间有确定的关系，可见的结果意味着组织存在或者达到了某种特定的能力。

6）指标（Key Performance Indicators）：能测定每个结果的一个或多个主要绩效指标。

3.3.1　成熟度模型的特点

参考OPM3成熟度模型的特点，我们认为正合管理会计成熟度模型也应具有以下的特点：

1. 现实可信的：管理会计模型应该是根据广泛、深入和有效的试运行的结果而开发建立的。这些试运行又是在多个有代表性的组织中实施的；

2. 实用的：模型应该给出了提升能力和实现结果的路线图，并且提供了进行投资必须建立的项目管理基础设施和能力培育的方法；

3. 容易使用：具有高中学历的人经过学习就可以理解并使用它；用户不需要特殊的技能就可以进行自我评估，自动得出评估结果；

4. 稳固有效的：对从一个评估到下一个评估能提供稳固有效的指引，也可以对一个组织的次级组织进行评估和比较；

5. 准确的：模型应该使用稳固的、可重复的方法查找证据、评估组织能力和结果，确定组织在成熟度模型中的位置；

6. 着重于基准测定和绩效提高：绩效改进和提高依赖于模型中的每种能力；

7. 表明了“原因和结果”：该模型定义了能力、管理会计活动的成果和绩效指标之间的相互依赖和因果关系。

3.3.2　成熟度模型的步骤

对那些想在管理会计成熟度方面有所改进的组织来说，正合管理会计成熟度模型在避免组织资源浪费的同时提供了合理改进过程的指导方针。运用正合管理会计成熟度模型的步骤如下：

1. 研究标准

第一步是组织必须尽可能透彻地了解该模型所依托的种种概念。这包括研究比较标尺的内容，熟悉组织中管理会计活动的内容、组成和操作程序。

2. 评估组织现状

这一步是评估组织的组织成熟度，即应用环境的成熟度。为此，组织必须把自己当前的成熟度状态的特征来和管理会计成熟度模型所描述的具有代表性的特征进行对比。通过对比，识别自己当前状态，包括自己的强势和弱势，以及在成熟度中的位置处于哪个梯级。从而可以决定是否需要制订和实施改进计划。

3. 决定改进重点

管理会计成熟度模型的自我评估帮助组织识别了自己的状态，了解了自己目前在组织管理方面已经具备和还缺乏哪些基本的特征。这样使用者就可以把重点放在与“最佳实践”相关的、需要改进的那些特征上来，并制订适当的改进规划。一旦使用者知道哪些“最佳实践”是需要测定和致力于改进的，这种“最佳实践”以及对它们的描述，都可以在管理会计成熟度模型给出的目录中查找出来。

4. 决定改进的路径

一旦使用者从目录中查看到希望完成的“最佳实践”所需要的一系列能力，他们也就找到了改进的路径，知道了如何才能达到需要的“最佳实践”，以便将当前的成熟度梯级提高一步。

5. 评价当前能力

在这一步，组织将需要确定自己具备了哪些在步骤4中提到的首先必备的能力。这包括仔细研究每种能力，并确定可以证明该能力的结果是否存在，或者是否可以观察到。该评价步骤将帮助组织决定要达到预期的成熟度需要培育哪些特定能力。

6. 编制改进计划

以上步骤的完成将构成组织改进计划的基础。组织可以根据那些未被观察到结果（这表明组织的某些能力还没有获得）的记录文档，就这些结果所反映出的组织所需能力的优先程度进行排序。这些信息，同实现资源最佳配置的“最佳实践”的选取结合起来，就可以编制出管理改进计划。

7. 执行改进计划

这一步是组织真正实施变革的步骤。一旦计划被制定，组织必须一步一步地将其贯彻下去，也就是必须实施改进活动来获得必需的能力，并沿着组织管理成熟度发展的道路不断推进。

8. 重复过程

完成了计划中的一些改进活动后，组织将重新评估当前的组织管理成熟度状态，即回到第2步；或开始进行其他的在先前的评估中确定下来但还没来得及实施的“最佳实践”，即回到第5步，重新评估当前能力，从而更新改进计划。

3.3.3 成熟度模型的用途

我们提出管理会计成熟度的目标是提供一种开发组织管理能力的基本方法，并使他们的项目和/或运营与它们的组织战略紧密地联系起来。管理会计成熟度模型为使用者提供了丰富的知识来了解组织自身，以及组织中管理会计活动、工具与方法、信息与报告，并给出了对照标准作为自我评估的工具，来确定组织当前状况，以及制定改进计划。管理会计成熟度模型可以有以下的用途：

1. 通过内部的纵向比较、评价，找出组织改进的方向；

管理会计成熟度模型的成熟度标尺为组织提供了在关键时机进行评价的方法，这种即时“抓拍”的结果可以和以前的评价做比较，来确定已实行的变革带来的效果，以便指导今后的改进；

2. 通过外部的横向比较，提升组织在市场中的竞争力；

3. 管理会计实施企业通过评价、改进和宣传，提升企业形象；

4. 要求开展管理会计活动的组织或人员，按照管理会计成熟度模型的标尺达到某级成熟度后，进行采购时（包括材料和劳务等各项采购）可以选择更有能力的投标人，并作为一种作业或项目的控制手段。

管理会计的成熟度是一个较新的概念，从本质上说，成熟度模型是为了提高工作效率，增强工作的可靠性，降低管理会计在规划、决策、控制、评价活动中出现偏差的概率。正合管理会计成熟度模型我们大量参考了 OPM3 成熟度模型，在管理会计研究与实践的持续深入中，此成熟度模型仍需深入研究，不断完善。

[案例分析]

某采油厂抽油机拆装费用预算控制分析案例

抽油机是石油开采过程中的一种机器设备，俗称“磕头机”，安装在采油井井口，配合井下的抽油泵通过加压的办法将石油提升到井口并进入集输管网，是石油开采的关键设备。除自喷井外，一般每口采油井均需配备一台抽油机。但是实际运行时，业务部门会将一些长期停用的油井的抽油机拆卸下来，安装在需要恢复生产的井口处，以此降低设备采购成本，提高设备的利用率。

上面讲的有什么问题吗？有。

该项经济业务①发生后，财务会计对其进行会计处理时，所有原始凭证

① 本案例中，依据采油厂的习惯将抽油机拆装称为“业务”，但读者应当注意到，这里说的业务实际是正合魔方中的“作业”，下同。——作者注

（发票、施工签认单、各级主管签字等）一应俱全，直接计入成本费用科目——修井作业费核销处理，然后办理付款手续。这没有问题。但年底核算该项作业发生的总费用，并进行内部考核时才发现，抽油机拆装费用没有一个部门承担超支责任，俗称预算“跑单了”。这项业务一年中经常出现，有人安排、有人组织、有人实施，有人签单，但这项费用发生后无人负责，相关部门都在安排具体作业，在过程中对该项费用发生不统计，都不认为是自己部门应该承担的费用，无奈只能动用采油厂的应急储备来应对该项费用超支的风险。当对此风险进行分析时，有的人认为这是因为责任部门没落实造成的，需要落实责任部门。但这只是表面现象，其本质是预算的成熟度梯级不够，对于抽油机拆装费用没有给出术语和过程的定义，这意味着还有可能存在并且未来仍可能出现类似的情况。对抽油机拆装费用明确责任部门仅仅是“排除了故障”，而并没有“修复漏洞”，而修复漏洞需要利用成熟度模型定义通用过程和通用术语。

转年核定部门切块资金预算，将抽油机拆装费作为预算项目下达给修井管理部门控制，因其工作量变数大且无法准确核定，暂且按照上年的核算资金确定其预算金额，这项费用就这样被固化了，变成了“存在即合理”了！但是问题真的解决了吗？并没有，年终决算时核定的抽油机拆装费还是超支了。为什么？财务会计不知道具体的拆装作业的相关费用是如何产生的。

那么，管理会计是如何对抽油机拆装费用进行预算管理的？

首先，管理会计对该项作业进行甄别，新井安装抽油机费用应予资本化，计入新井资产总额，老井抽油机拆装费用应予费用化，计入当期成本费用，对财务会计费用核销的技术处理进行规范。

第二，对历史数据进行观察得知，采油厂每年抽油机拆装的总量大致在200－260口井，占正常开井数的35%，管理会计将抽油机拆装工作量作为概率型参量（概率型参量的含义，详见第4章），其初始值设置为去年同期水平，即35%，抽油机安装单价为5500元，拆装单价为15000元，计算可知每年抽油机拆装费用约200余万元。这时，管理会计可以进行控制的一个参量就进入了管理视线：拆装量与正常开井数的占比——这个35%合理吗？

第三，管理会计使用访谈技术与业务部门的技术人员进行有效沟通，使用德尔菲技术（详见第4章）进行测评，种种反馈信息均得出一致性的结论——抽油机拆装的频率太高了。

第四，对具体抽油机拆装活动进行观测，使用检查表工具将抽油机拆装签认明细分类为新井、老井，再区分安装、拆除，将工作量对应到具体井号、时间。检查表工具迅速发现了问题，其中有将近1/3的井号在一周内连续拆装，直白地说就是刚拆除没几天就又安装回去了。这是为什么？

管理会计使用流程图工具绘制抽油机拆装工作流程，使用因果图工具（鱼骨图）查找原因，访谈、焦点小组、引导式研讨会、头脑风暴、德尔菲技术、思维导图、问卷调查、观察法、系统交互图等一系列管理会计工具使用下来，各相关部门的立场、诉求、利益、工作流程很快被一一识别出来。

在这个过程中，管理会计是面向对象的。管理会计是将抽油机拆装费用视为对象，为此对象确定其属性、方法、事件。当然，如果企业建立了预算的成熟度模型，定义预算项目的通用过程和通用术语，预算项目的责任部门将会被作为属性定义，并通过继承传递给全部（包括未来可能新增的）预算项目，并为预算项目的责任部门属性赋值，这一漏洞将被真正修复。

在本案中管理会计针对作业制定了相应的预算管理策略，主要有以下四项内容：

一是要迅速有效地遏制住抽油机组装的管理无序。管理会计采用阈值控制手段，将抽油机拆装费用预算整体核减30%压缩近80万元，即“减档降速”；

二是进行组织过程资产维护。在预算管理中将“抽油机拆装”识别为预算动因，在项目管理中将抽油机拆装识别为作业，对该作业进行统一编码，登记至作业登记表中。费用预算由地质部门、工艺部门、修井管理部门共同负责，并形成组织过程资产，杜绝源头只负责安排不控制费用的情况；

三是生产部门依据地质提供的井号具体下达施工指令，费用报销时由生产部门和修井管理部门共同签字确认；

四是管理会计在一定时间节点要对拆装工作量与费用控制进行过程跟踪分析和提出改进建议。

通过以上四项组合拳，最大程度上避免国有企业管理中“一抓就死、一放就乱”的情况出现，使抽油机拆装预算动因顺利实现“软着陆”。

作业登记册

V1503

更新日期：20XX 年 XX 月 XX 日

更新理由：添加作业

1. 作业名称：抽油机拆装。

2. 作业编码：S－0496－V1503

3. 作业说明：采油厂存在油井生产前需安装抽油机或油井关停后拆卸抽油机的活动，一般通俗说法安装叫组抽，拆卸叫拆除，笼统称为抽油机拆装。

4. 活动范围：

新井投产前安装新抽油机或调度利用旧的（利旧）抽油机活动；某老井停产后将抽油机拆除（一般关闭井口生产闸门）补充到已完成作业并恢复生产的长停井（井口无抽油机）进行安装活动；油井上大修措施时会采取抽油机拆装活动。

5. 责任部门：生产运行部

6. 活动组织：

一般会涉及 7 个部门和单位，采油厂产能建设部门、地质部门、工艺部门、物资装备部门、生产部门、修井管理部门，专业服务公司。

7. 活动内容：

①产能建设部门对新投产油井提出安装抽油机需求；

②地质部门负责提出具体老井抽油机拆装对应的井号；

③工艺部门负责油井上修设计方案的编写（注明抽油机是否拆装）；

④物资装备部门负责采购新抽油机、内部调剂旧抽油机；

⑤生产部门负责下达抽油机拆装工作指令和协调安排大型车辆装卸拉运；

⑥修井管理部门负责联系专业服务公司施工并做好现场组织监督；

⑦专业服务公司负责具体实施井口抽油机的拆装工作。

（作业登记册内容受保密限制仅做部分展示。）

本例完整展示了一个管理会计的案例，最后的作业登记册这是正合管理会计成熟度在管理会计信息与报告中的具体体现。对于管理会计四要素中的信息与报告，在《管理会计基本指引》中有原则性的规定，如：

第二十六条 管理会计报告是管理会计活动成果的重要表现形式，旨在为报告使用者提供满足管理需要的信息。管理会计报告按期间可以分为定期报告和不定期报告，按内容可以分为综合性报告和专项报告等类别。

我们认为，对于管理会计的报告，应理解为管理会计活动的输出，其形式多种多样，而不应局限于反映工作中的基本情况、工作中取得的经验教训、存在的问题以及今后工作设想等，以取得上级领导部门的指导的公文格式文种。

在这个案例中，体现出了管理会计的自我成长和成熟度模型的结构，主要有以下四个方面：

第一，在标准化阶段，管理会计需要确立通用过程和术语。本例中管理会计以作业为对象确立作业活动的通用术语和通用过程，建立标准化的作业登记册，将对象属性（如活动名称、活动范围、活动组织、活动内容）、方法、事件进行明确，并通过组织过程资产固定。

项目运行过程中需要使用通用过程和通用术语。比如，修井人员为了在作业中区别检泵环节的工艺流程和操作方式，将检泵分成了下大泵和普通泵，但实际作业当中并不存在这种概念，修井人员没有规范使用通用术语造成了数据不相符合，企业作业中诸如此类的问题还存在很多。

第二，在可测量阶段，在通用过程和通用术语达到（或建立）相应的标准化的基础上，围绕对象开展管理会计活动，通过工具与技术建立相应方法，并且方法要保持一致性，测量的方法应基于定量化原则，确实无法定量或定量确有困难的情况，在进行定性描述时要给出分级规则，可以对方法进行封装和继承，并通过组织过程资产固定。

第三，在可控制阶段，通过对目标的监控，要具有控制性；“可控制”则分为基准的比较和目标的监控，目标监控的目的，是为了得到相应的数据，例如化验工作就是为了达到目标监管的目的，监控得到反馈数据后便进行第四阶段的“持续改进”。

第四，在持续改进阶段，持续监控作业本身及其可能的变化。持续改进又分为渐进明细和持续改进两个阶段，企业在做计划时不一定达到尽善尽美，要使对象有一定的发展空间，秉承着渐进明细和持续改进的态度不断完善，持续渐进的阶段还需要前三阶段的积累和相应的体制进行保障，使企业持续不断的经营。

第4章　正合管理会计实务

《管理会计基本指引》中确定了管理会计的活动，并且管理会计活动必然在应用环境中开展。但是应用环境包括内部环境和外部环境，管理会计是面向企业内部的，在进行管理会计活动时，要考虑外部应用环境，但是管理会计却无法在外部应用环境中活动，这与管理会计活动时所处的物理位置无关。即便你身处客户的公司或政府行政大厅，你也无法为外部环境进行规划、决策、控制和评价——外部环境识别出来后，只能作为管理过程的输入，而不能成为管理过程的作用客体。

在前面章节中，我们简单介绍了企业和站在管理会计视角对企业的认识，但是在现实中，企业是以一种“叠加”的状态呈现的，这需要按多种维度对企业进行梳理。常见的是通过部门职能进行梳理，在这种维度下，企业被“切割”成了一个一个的或具体或抽象的作业部门，每个作业部门每天周而复始完成相同工作或频繁更迭累加新的任务。评价这些工作任务产生的经济利益和创造的价值时所采用的计量方法，还不能解决“叠加”效益的精准测量的问题。我们引入了“傅里叶变换”① 思想来解决“叠加”问题。当然，对于数学没有兴趣的读者完全可以跳过这一部分，直接阅读4.1面向业务的预算。

那么，什么是傅里叶变换呢？

傅里叶变换表示能将满足一定条件的某个函数表示成三角函数（正弦或余弦函数）或者它们的积分的线性组合。对于非数学专业的人来说，这句话

---

① 让·巴普蒂斯·约瑟夫·傅里叶（Baron Jean Baptiste Joseph Fourier，1768～1830），男爵，法国数学家、物理学家，1768年3月21日生于欧塞尔，1830年5月16日卒于巴黎。1817年当选为科学院院士，1822年任该院终身秘书，后任法兰西学院终身秘书和理工科大学校务委员会主席。主要贡献是在研究《热的传播》和《热的分析理论》时创立了一套数学理论，对19世纪的数学和物理学的发展都产生了深远影响。此处所说的“傅里叶变换”就是让·傅里叶首先提出的。

完全无法理解。傅里叶到底在说什么呢？韩昊先生在知乎专栏《与时间无关的故事》中用了一个浅显的例子和生动的语言对傅里叶变换进行了解释，让我们来看看韩昊先生是怎么解释傅里叶变换的。

我们都知道，世界是运动的，这是基本的马克思主义哲学思想。比如我们观察企业，可以看到工人们在操作着机器设备，营销人员在打电话，采购人员在下订单，行政管理人员在进行着统计、汇总，决策者在进行着会议等，企业中的人在忙碌，设备在运转，所以，我们说企业是“运动”着的。但是，如果有人跟你说，这个世界是静止的，你会不会觉得他疯了呢？其实不是疯了，而是观察角度不同而已。

让我们来看另一种运动——声音。初中物理知识告诉我们，声音是物体振动的结果，当声音以一定的频率和节奏出现时，我们就听到了音乐。

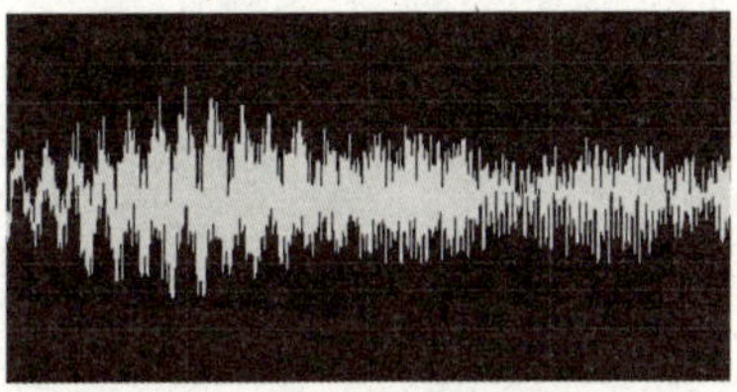

图4－1　声音的波形

图4－2　乐谱示例《春节序曲》片段

这是乐曲《春节序曲》中柔情的那一段的波形图像。这段乐曲是多种乐器演奏时乐器同时发声“叠加”的结果。这是我们对音乐最普遍的理解——一个随时间而变化的振动。但是，对乐器的演奏者来说，音乐更直观的理解是如图4－2所示的一个乐谱。

图4－1是音乐在时域的样子，而图4－2则是音乐在频域的样子。所以频域这一概念对大家从不陌生，只是从来没意识到而已。现在我们可以回过头来重新看看一开始那句痴人说梦般的话：

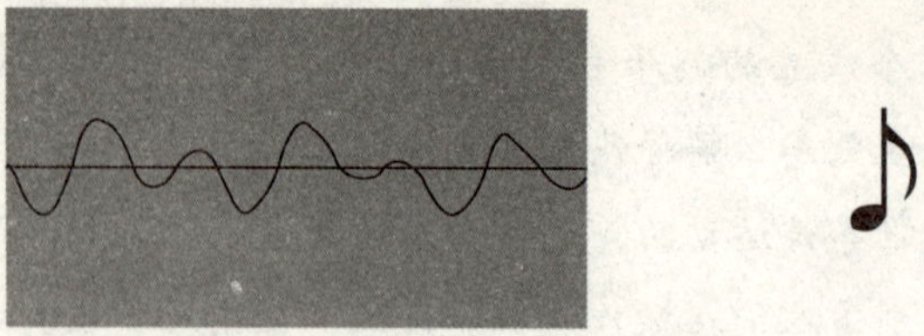

时域上的声音波形　　频域上的音符记录

图 4-3　声音在时域与频域的比较

世界是永恒的。

将以上两图进行对比，如图 4-3 所示。在时域，我们观察到乐器的琴弦在上下振动，就如同一支股票的走势；而在频域，只有那一个永恒的音符。所以，你眼中看似落叶纷飞变化无常的世界，实际只是躺在上帝怀中一份早已谱好的乐章。

抱歉，这不是一句鸡汤文，而是黑板上确凿的公式：傅里叶告诉我们，任何周期函数，都可以看作是不同振幅，不同相位正弦波的叠加。在第一个例子里我们可以理解为，利用对不同琴键不同力度，不同时间点的敲击，可以组合出任何一首乐曲。

而贯穿时域与频域的方法之一，就是传中说的傅里叶分析。傅里叶分析可分为傅里叶级数（Fourier Serie）和傅里叶变换（Fourier Transformation）。

好了，韩昊的解释我们可以理解了，可是这与管理会计有什么关系呢？管理会计在研究企业，而企业是在不断运动着的。我们说企业是在不断运动着，就是站在时域的维度来看的。无论是企业的生产、经营、采购、营销、行政，都是在围绕着企业的业务进行的作业，而这些作业分为两类，与成本相关的作业和与收入相关的作业，分别对应着“经”与“营”。企业的成本是“经”作业叠加的结果，企业的收入是“营”作业叠加的结果。

我们抽取任意一个作业来进行观察，可以发现这些作业总是以计划、执行、检查、纠正这 4 个阶段循环滚动运行的，从一个微小的活动包，到一个作业，到一种业务，直到整个企业的运行，都可以按这 4 个阶段进行划分，管理学上将这 4 个阶段的循环称为 PDCA 循环，又被称为质量环。这个模型最早是由美国工程师休哈特（Walter A. Shewhart）于 1930 年提出的，后来被美国质量管理专家戴明博士在 1950 年再度挖掘出来，并加以广泛宣传和运用于持续改善产品质量的过程，现在这种模型一般被称为戴明环，如图4-4所示。

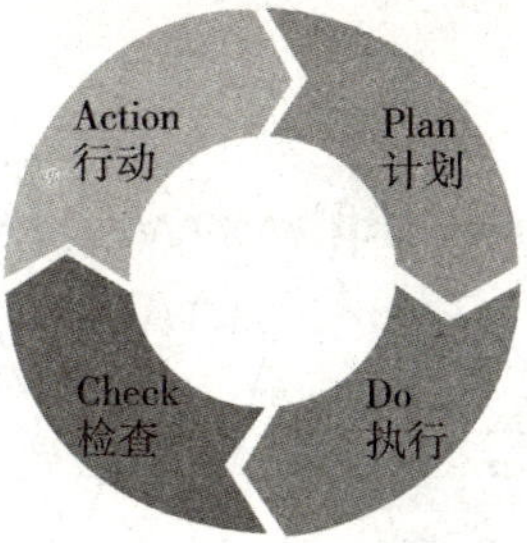

图4-4　戴明环

我们可以将戴明环看成一个小球在围绕着一个圆心——目标——做圆周运动。现在让我们回到初中的数学课上，看看在数学语言中是如何描述戴明环的，如图4-5所示。

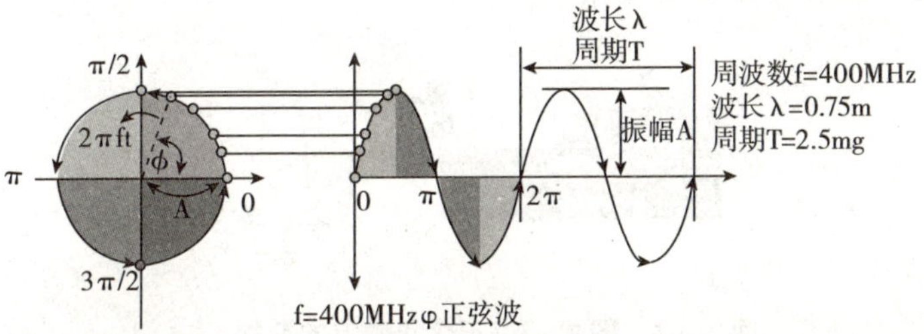

图4-5　圆周运动与正弦波

把圆周运动在时间线上展开，我们得到了一个正弦波的波形图。如果把企业中的作业抽象为活动的话，戴明环即是告诉我们活动在围绕着目标做周而复始的圆周运动，因而我们可以把作业看成一个时间轴上的正弦波。

当多个活动在一个作业中叠加，或者多个作业叠加时，我们能得到一个复杂的波形。让我们来看一个生活中的例子，假想水面上漂浮着一艘小船，小船的甲板上有一个跷跷板，一个人坐在跷跷板上，手里拿着一个挂着小球的弹簧。小船在上下起伏，船上的跷跷板也在上下波动，坐在跷跷板上的人手中的小球也在跟随弹簧上下跳动。我们用石油开采企业常见的组抽作业与这个生活中的例子进行类比，租用的吊车吊装抽油机，建安团队安装抽油机，采油作业区员工将抽油机与井口进行连接，这三个不同的作业共同完成了组抽作业。

小船、跷跷板和弹簧都在波动，而单独看每一个波动，其各自的图像如图4－6所示。

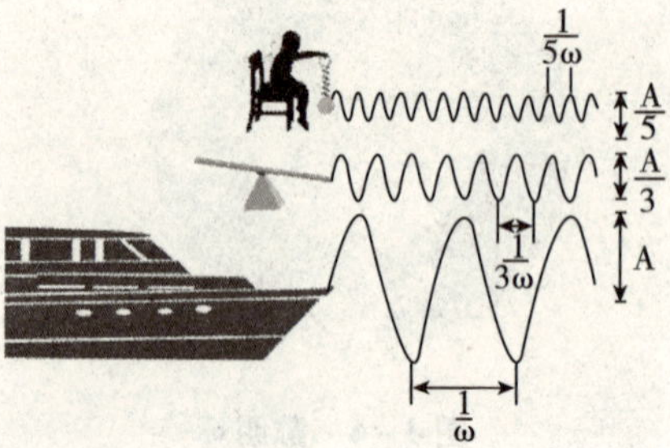

图4－6　三个独立的正弦波

然而以小球为对象，站在陆地上的观察者看到的是三个独立的正弦波的叠加效果，如图4－7所示。同样，在石油开采企业中的管理层观察到的组抽作业也是三个作业叠加后的结果。

图4－7　三个正弦波的叠加

随着叠加的递增，所有正弦波中上升的部分逐渐让原本缓慢增加的曲线不断变陡，而所有正弦波中下降的部分又抵消了上升到最高处时继续上升的部分使其变为水平线。一个矩形就这么叠加而成了。随着叠加的正弦波越来越多，合成后的波形越接近于矩形，最终成为信号学意义上的方波。

在信号学上，一个方波是一个信号。如果把每一个方波视为一个以资金发生为标志的作业动作，则该作业动作通过资金发生这个“方波”向财务会计传递了一个信号。财务会计得到这个信号后，进行相应的账务处理，其结果就是每一个“方波”都会在会计账簿上形成一笔凭证。而这个信号（方波）其实是若干作业叠加的结果，因此，财务会计处理凭证，并以此进行账务处理时，实际上处理的都是作业叠加后的结果。

财务凭证表现的是在时间轴上离散的一个一个的信号（方波），然而作业在时域上却是连续的。而在频域上，作业则表现为完全不同的另一个模样了，如图4-8所示。

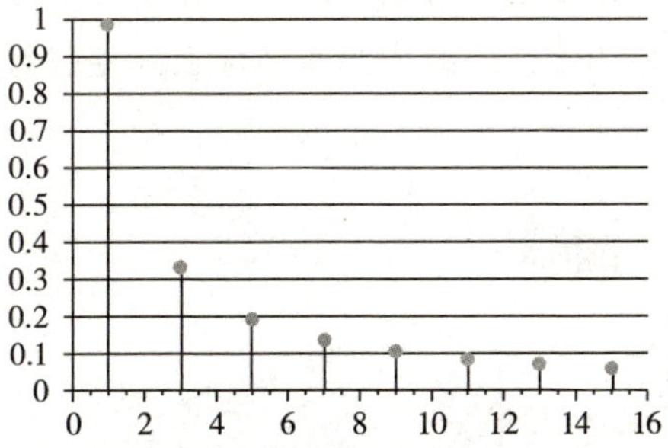

图4-8　作业在频域上的图像

这是正弦波在频域上的图像，同时也是若干正弦波叠加后形成的方波在频域上的图像。同样，这是作业在频域上的表现，也是会计凭证在频域上的表现。可这个奇怪的东西到底是什么呢？

这就是预算。预算就是作业在频域上的图像，这需要我们换一个角度来看，如图4-9所示。

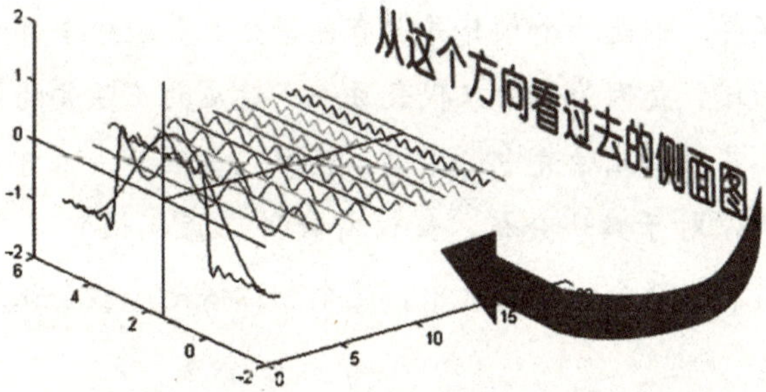

图4-9　从预算方向看作业（从频域方向看不同频率的波的叠加）

在时域上表现得无比复杂的作业，在频域上则简单得很，无非就是几条竖线而已。很多在时域上看似不可能做到的操作，在频域上却很容易，这个转换思想就是傅里叶变换。我们把复杂的作业分解为相对独立的作业时，这些相对独立的作业在频域上则表现为成本动因。

当我们要从某条曲线中去除一些特定的频率成分时，只有在频域上才能轻松做到，这在工程上称为滤波。而当我们要分析一项业务或作业的成本和盈利能力时，也只有通过频域——预算——才能做到，这在成本管理中称为作业成本法。

图4-10表述了时域图像与频域图像在各自方向上的投影。作业在时域上叠加后的投影形成了会计凭证，而作业在频域上的投影形成了预算。

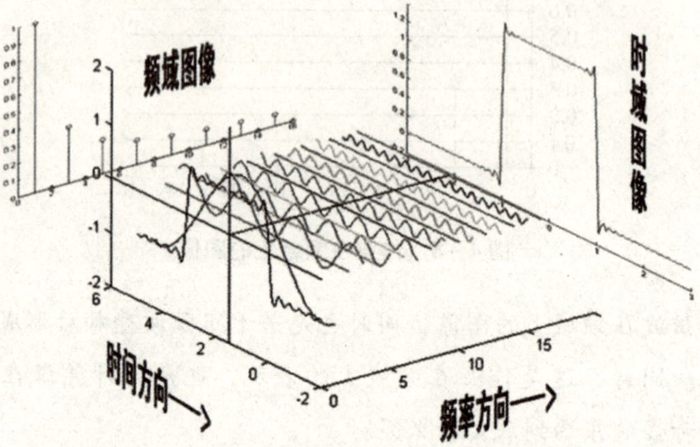

图4-10　时域图像与频域图像及各自方向上的投影

通过时域与频域的变换，我们得到了一个从侧面看的频谱，或者说我们通过作业得到了预算。但是这个预算并没有包含企业管理中全部的信息。如果用数学语言表述的话，是因为频谱只代表每一个对应的正弦波的振幅是多少，而没有提到相位。基础的正弦波中，振幅，频率，相位缺一不可，不同相位决定了波的位置，所以对于频域分析，仅仅有频谱（振幅谱）是不够的，我们还需要一个相位谱。在正合管理会计中，这个相位谱是一些企业经营中的最小效益单元。

增加了相位谱后，我们得到了一个三维的立体结构。在时域上，作业在持续进行，财务会计在忠实记账。我们通过项目化运营在时域上控制项目与运营，所以项目化运营是面向过程的。同样在时域上，内控和审计在控制着财务会计活动。而在频域上，项目与作业形成了预算，我们通过面向业务的预算来对作业在频域上的投影进行规划、决策、控制、评价。在相位上，我们通过量子化管理来实现对企业微观世界的观察、测量、评估、甄别、控制、优化、改善，如图4-11所示。

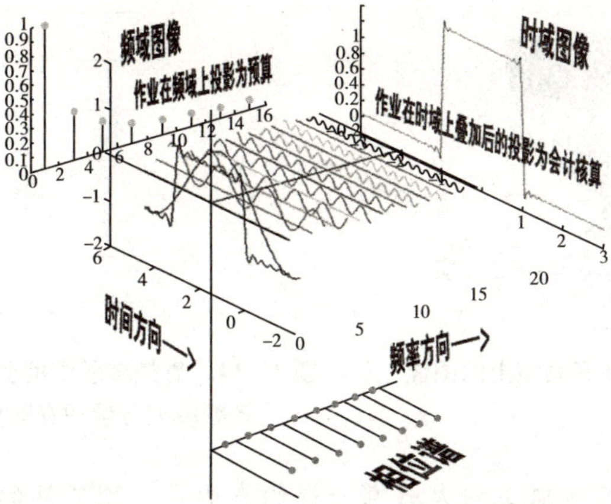

图4－11　时域图像、频域图像与相位谱的关系

从图4－10可以看出，在一个企业中，我们可以把业务拆解成一个一个互相独立的作业（图中的那些小波浪线），这些作业在时域上是连续的，而在频域上是互相独立的，或者说是离散的，我们称为离散谱。那么会不会有连续谱呢？有的。越大的企业业务越复杂，分解的作业越多。像中国石油这样横跨勘探、开发、炼化、管输、销售的企业集团，其分解的作业将会密集到连续的状态，直到变得像波涛起伏的大海，如图4－12所示。

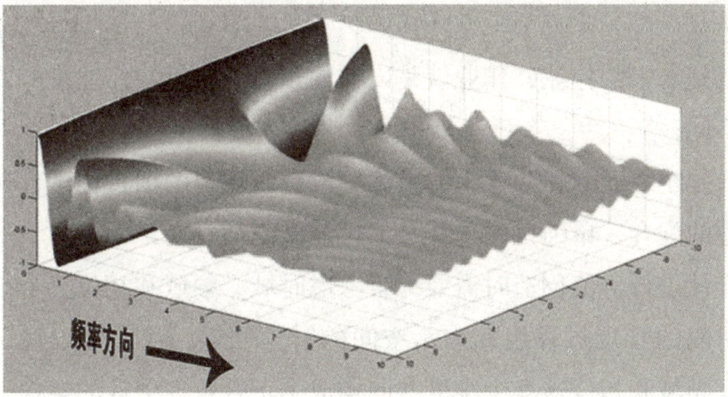

图4－12　离散谱的叠加变成连续谱的累积

如果再涵盖海外业务和国有企业的责任，这个波涛起伏的大海将变成一个不断膨胀的庞然大物，如图4－13所示。

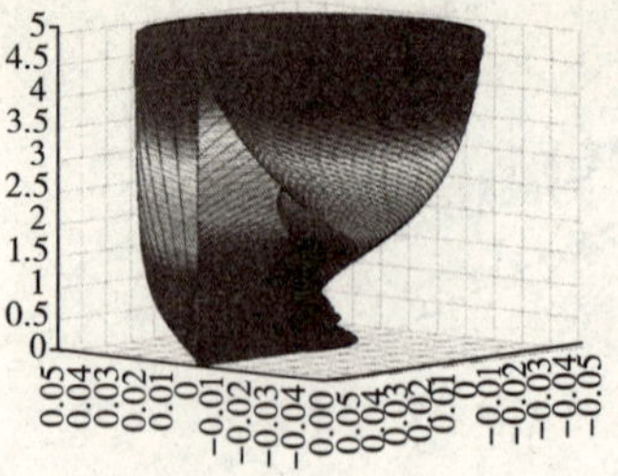

图 4－13　傅里叶变换在复频域上的图像

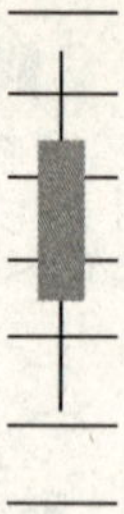

图 4－14　复频域图像投影到实数空间后各频率成分累积在时域的投影

如果这个投影在复频域上的大海螺一样的东西是中国石油的话，你猜猜，它在时域上是什么样子？

答案是如图 4－14 所示的一条 K 线（股价）。

中石油成长为图 4－13 一样的庞然大物是必然的选择，这是其企业性质决定的，所有国字号企业的庞大都有其必然的因果，世界 500 强也一样。庞大不是过错，臃肿、笨拙而且愚蠢才是过错，DEC 也好，康柏也好，安然也好，大宇也好，皆是如此。

我们讲述傅里叶变换，是想阐明：时域、频域和相位构成了企业经营的基本实务，在正合管理会计中，表现为面向业务的预算、项目化运营和量子化管理；

预算就是未来的作业，作业就是以往的预算，预算与作业是一回事，只是观察角度不同；

预算只是企业经营在频域上的投影，没有时域上的项目化运营和相位上的量子化管理的配合，单纯控制预算是不可能做到的；

管理会计进行价值创造时需要综合考虑时域、频域和相位三个维度。如果加上表示时间的管理过程组和表示空间的管理领域，我们可以说，时间、空间、时域、频域和相位这 5 个维度共同构成了正合管理会计的架构。

下面我们来看正合管理会计在频域、时域和相位上的具体内涵。

4.1　面向业务的预算管理

在方法论中我们介绍了“面向对象”的概念。即便如此，“面向业务”在会计领域可能仍是一个非常奇怪和难以理解的词，这个词来源于“面向过程”和“面向对象”。

从字面的意思来看，面向业务应该是在说“业财融合”。但是在一个程序员的视角看，“业财融合”这四个字是有问题的，因为这可能推导出以下任意一个过程：

- 业务与财务融合；
- 财务与业务融合；
- 业务与财务互相融合；
- 业务向财务方向融合，但是以业务为主（或相反）；
- 财务向业务方向融合，但是以财务为主（或相反）。

作者并非在这里矫情或抠字眼，一个定义不清的概念被提出来，或者被受众置之不理，或者沦为一个口号，其最终的结局都将是无法落实。

企业作为依法自主经营、自负盈亏、自我发展、自我约束的市场主体，如何立于市场不被淘汰，关键看企业向市场供给的商品或服务，市场是否认可和接受，以及在市场需求端的稀缺性、技术优势和绝对竞争力，保持客户的黏性和持续创造新客户。

那么，这些商品或服务，谁会买账和埋单呢，毋庸置疑是客户（包括消费者）。客户为什么会为此买账或埋单呢？企业为客户服务并创造价值。如何衡量价值的创造呢？会计核算固然可以对企业创造的价值进行计量，但并不能保持客户粘性和持续创造客户，因为我们没有对价值的创造进行分析和控制，而一个成熟的预算体系理应解决这一问题。资金是企业的血液，企业要持续经营，需要有货币资金支持正常的运转，而资金作为企业的一种资源，永远是不够的。这就要求对资金进行规划和计划，毫无疑问，预算可以达成这一目的。

但仅有资金规划仍然是不够的，企业要想持续经营，首先要不亏损。而不亏损，就应充分识别风险、预判风险、控制风险和规避风险。对于风险的把握和管控，同样应该，也可以通过预算来实现。

预算管控能力的高下，对企业经济效益的保证和提升将起到决定性作用。对预算目标的精准谋定，关乎企业整体战略布局和市场博弈态势。而这一切，都来源于业务，这就是面向业务的预算的背景。

某手机生产企业在2016年10月初试图编制下一财年的财务预算。出于工作习惯，企业决策层决定将此项工作仍由财务部门负责主抓完成。但实际上，该企业的财务部门从事的是记账会计工作，会计们的主要精力都投向了按会计准则和财务制度报销、做账和缴税。现在要做2017年的预算，财务部门的记账会计们会如何做呢？

要编制全年预算，首先要了解收入。会计人员会联系销售部门，询问2017年销售收入能有多少。销售部门经理或销售专员会介绍目前销售市场的情况以及打算开拓的市场计划，并开始分析销售的竞争压力。然而这些与会计所需要的答案没有直接关系——会计要的是销售收入预测值，而不是听销售人员讲情怀。会计人员又进一步追问销售人员，最终却只能得到预测销售产品的数量（台），还没能得到他所期待的答案——“元”——是的，会计需要把一切都换算成“$”或“￥”符号表示的货币量才可以工作，因为这才是会计语言。

数量有了，会计还需要单价才能计算出销售收入，但销售部门会立刻告知会计，不同产品、不同型号、不同批次、不同地区、不同月份的单价均会不同，甚至厂家出货时，面对不同数量的订单需求，单价都是不相同的，各类名目繁多，花样百出的促销政策，都导致价格体系的进一步碎片化。销售部门并不能给出所有现货销售或库存销售的总金额，只能给出库存分批发出的总数量。加之在不同期间、不同地区开展促销优惠组合营销模式，不同区域销售（包括经销商、加盟店）的数量到月末才能汇总到销售部门，也难免会有误差。如果非要在这上面加一个金额，销售部门只能告诉会计——依据历史数据。而会计在欣然接受历史数据时并没有意识到，看倒车镜开车是件多么危险的事情。

原材料采购金额要问采购部，当问到采购部门时，会计就知道他有大麻烦了。企业有三家供应商提供不同材质的手机机壳，配合不同型号的手机，其采购价格也不相同。此外还有主板、CPU、液晶屏等一系列附件，甚至还贴着标签卖耳机。如果说编制销售预算时，针对不同产品、不同地区的不同情况，会计人员还能通过加班进行推算穷举的话，那面对如此大量品类的原材料，编制采购预算则彻底成了悲剧。更麻烦的是耳机。很少有手机厂家自己生产耳机，大多是找专业耳机生产厂家贴牌生产，并进行相应的质量监控，原材料的购入归采购部门，由生产部门加工，然而耳机是成品，买进后贴上标签加价就可以卖出。这个过程中，除了物流与仓储的费用并没有其他生产性耗费。采购原材料进行加工生产是制造业，采购成品加价销售是流通业（即通俗意义上的商业），这两者的成本性态是不一样的，但在编制成本费用预算中却无法区分。耳机采购后，贴好标签，印上企业的包装（甚至连这一过程供应商都为企业完成了），就成为库存产品，剩下的就是等着与手机一起搭配卖出。制造部门在生产的过程中会出现废品，但耳机没有，耳机的废品率在供货商处。这两者的成本不尽相同，而且本身就是两项业务。

会计人员征求预计的销售收入总额已经耗费了大量的交流、等待和计算的时间，采购支出金额的预算还没有半点头绪，生产、质检、市场、行政等部门依然需要继续沟通。预算已经耗费了会计人员太多的时间和精力，变成了一个不可能完成的任务。

但这其实难不倒聪明的会计人员，他有他自己的解决方法。将上一年的会计科目总账和分类明细账都调出，上年的销售收入金额和各项成本费用金额清晰可见。会计人员由此得到了一个预算编制的方法论：将预算项目与会计科目一一对应起来——甚至直接使用会计科目，这就解决了预算编制的结构问题。然后会计人员要解决预算编制的以货币计量的金额数值问题，这也不难。今年的销售收入是多少是很容易确定的，会计人员直接去问总经理下一年的销售量打算上升多少，得出答案后直接计算求解，这时 CFO 会要求预测金额可多算一些，因为具体的销售金额是由销售部门负责完成的。支出也是相同的道理，根据 CPI、PPI、PMI 等一系列可能影响采购消耗价格上涨的因素，上涨（或下浮）5% ~10% 即可——这叫做“弹性预算”。办公费、工资、福利费、各项保险等预算都是这样“编”出来的，如表 4 - 1。否则办公费要问行政办公室，工资福利保险要问人力资源部，大量等待时间的浪费，要在有限的时间完成年度预算编制，这种无谓消耗势必影响会计人员任务的完成。

其实这也是会计的无奈之举，会计做预算时所能使用的最简单的办法，就是比照会计科目体系，再将上年明细账的总额套进去。例如做下一年的预算，截止到11月份的原材料采购额有1.1亿，加上12月份的就是今年全年的，在将这个总金额加上（或扣减）10%或5%就是明年的采购总金额了。这有错吗？

表4-1 常见的预算编制

预算项目	预算金额
销售收入预算	451,920,000.00
A产品销售收入	201,750,000.00
B产品销售收入	250,170,000.00
生产预算	126,930,000.00
A产品原材料采购成本	114,500,000.00
B产品原材料采购成本	12,430,000.00
制造费用预算	23,560,000.00
间接人工费	23,437,000.00
间接材料费	
管理费用	138,779,140.00
管理人员工资	120,846,000.00
福利费	16,918,440.00
社保费	354,700.00
办公费	120,000.00
差旅费	540,000.00

当预算编制完成后，会计人员会等候各责任部门、有时甚至是分管专业路CTO、COO来找CFO“谈心”，其实是为调减指标而来（预测太离谱、指标够不着），各执一词——说不通——争吵是一定的——无休止争吵——互不让步——找CEO说理——行政权力干预——闭嘴结束，采取行政调控手段会“各打50大板”迫使外壳语言妥协让步，决策层硬气地通知将结果打印下发各责任部门，会计人员“长吁一口气”，年度预算工作总算完成了，至于能不能执行、执行的好与不好就只有天知道了！而企业则在满心期待中抱着完成任务的心态、利用历史数据“生拍”浮动预算，去指挥和强制责任部门按照预期去执行。这种预算核定机制，俗称“分钱机制”。

当然这样的预算编制对企业的伤害是巨大的。有学者将此危害进行了总结：

1. 每届预算年度开始，各单位以上年实际支出为基础，再增列一笔金额，巧妙装饰后，作为新计划提交决策层审批；

2. 主持预算审批的责任人（领导），明知预算中有“水分”，但因不能透彻了解情况，只得不分良莠一律下刀猛砍，随后开始一轮争吵过程；

3. 经过一段长时间的“有效沟通”（或直接行政干预）后，双方互相妥协，预算编制完成。几乎所有的责任部门都意见纷纷，大家都感到这套办法必须改革，但年复一年，涛声依旧；

4. 这种不分青红皂白砍一刀的作法，使有经验的人员有意把预算“编”得大大超过实际需要，就等着你来“砍一刀”，砍完后还能满足部门的需要，而对那些老老实实“制”预算者来说则叫苦不迭。好在吃一堑，长一智，明年再造预算时就都学乖了。这是十足的企业内耗和诚信丧失，企业一旦掉入“塔西佗陷阱”①，最终结果只能是鼓励下位者隐性“寻租”甚至光明正大地“跑部钱进”。

4.1.1　面向业务的预算的概念

企业预算是建立在对自身业务状况充分预测的假设基础上，运用价值管理的手段对企业可控资源进行高度整合，并运用财务数据和非财务数据来表示企业未来某一时期战略目标的生产经营活动及其事前规划，可以提供业绩标准和促进组织内部的沟通与协调。

王跃武先生编著的《管理会计学》书中对预算的描述是这样的：“预算是决策与执行中间的桥梁，是对决策所需资源的系统规划与统筹安排，也是对执行中耗用资源的过程进行控制的尺度与依据”。

在这个认识的基础上，我们认为，可进一步将预算分为狭义的预算和广义的预算。

---

① “塔西佗陷阱”，得名于古罗马时代的历史学家塔西佗。这一概念最初来自塔西佗所著的《塔西佗历史》，是塔西佗在评价一位罗马皇帝时所说的话：“一旦皇帝成了人们憎恨的对象，他做的好事和坏事就同样会引起人们对他的厌恶。”之后在中国的美学家潘知常的《谁劫持了我们的美感——潘知常揭秘四大奇书》一书中，首次提出了“塔西佗陷阱”这五个字，引申成为一种现社会现象，指当政府部门或某一组织失去公信力时，无论说真话还是假话，做好事还是坏事，都会被认为是说假话、做坏事，由此便成为了一个源于塔西佗，但并非塔西佗提出的，描述社会现象的词汇。

狭义预算是静态的，是编制好的一份预算用于决策的物理数值的体现，是人们用“实”时间测量观察的预算。无论其是纸质的或是电子版的，都是个体人或组织在某一时点为达到预设近期目标而编制完成并准予实施的一个目标集。

广义的预算是动态的，是人或组织引入“虚”时间概念去期望达到长远目标所采取一系列连贯动作前所做出的不间断、持续性的线性规划。规划不等同于目标集，规划的目的是为了保证目标能够得以实现，而不是目标本身，因此广义预算包括一系列规划、决策、控制及评价等互相协同的平衡策动。

规划也不等同于计划。不应将预算简单理解为计划，并要求预算必须按照计划执行。广义预算定义了如果业务发生变化将采取的一系列调整方法及规则，而不是在执行中当业务发生变化后被动地进行调整，其最终目的是为了战略目标的最佳实现。

我们可以将广义预算简单地归纳为正合 ABC 预算法则。正合 ABC 预算法则将预算分解为三个层次，从低到高依次为内容层，结构层和执行层。广义预算必须完整包含三个层次才能称之为预算，尤其是执行层，如果一份预算没有明确指明如何执行，根据 ABC 预算法则，这是一份不完整的预算。

- A 是 Action，执行层，指行动，即通过何种方法及手段保证预算能够执行；
- B 是 Budget，结构层，包括生产或经营动作所归集到的预算条目，归集逻辑及其算法；
- C 是 Content，内容层，可以简单理解为预算项目及其对应的资金量、作业量与价值量。

无论狭义预算还是广义预算，均可将其理解成通向目标的路线图。它指引正合管理会计矩阵中的**作业**遵循**业务**模式，沿着业务方向准确达到既定**目标**，进而实现**资本**保值增值的目的。所以预算的本质就是在工作开始前需要思考如何实现目标，同时要重视预算期间内的**风险**控制并留有余地（表现为储备）。因此，在做任何一个动作前所做的计划——即心理预期，不仅包括规划、决策、控制、评价四个活动范围，还包括时间周期、资源配置、风险偏好程度等判定因素。预算既要考虑必要的**投入**和**绩效**产出的价值量，还要考虑市场变量、客户需求效用、企业价值取向、生产或技术参数等企业拥有的**资源**以及风险系数等，将上述内容进行**整合**，按照相应的逻辑进行组织，以某种形式呈现，并保证其能够实现，我们称之为面向业务的预算。审视上面 9 个加粗标记的词组，可以看出，我们回到了正合魔方，即预算要完整体现正合管理会计矩阵的9大管理领域。

面向业务的预算是从企业的业务出发，将企业的具体作业（包括生产作业与销售作业）确定为预算动因，将形成该动因的数量与单价确定为第一范式，进而分析数量和单价形成的原因，将数量和单价分解为质量、效率、效益、风险等预算参量并建立对应法则，即构造预算动因的作业函数，将此函数式代入第一范式，形成第二范式。对作业进行测量，得出第二范式中的预算参量的数值，根据函数关系确定预算动因的计算结果。预算动因的计算结果以货币形式反映。

面向业务的预算并不将预算分解为销售预算、采购预算、生产预算等专项预算，而是从企业整体对未来一个时期内的经营进行规划决策。

面向业务的预算是基础，业务分解为作业，并进一步将作业抽象为预算动因，将企业现实中的业务和作业用非常接近实际专业领域术语的方法进行数字建模，形成预算基础库（预算基础库主要指在面向业务的预算中搭建的四个数据仓库，在配合研究工作进行软件开发时，我们的程序员出于其一贯的“恶趣味”将预算基础库戏称为“四库全书”），这四个库包括预算项目、预算动因、预算参量和预算公式①。通过对预算参量进行赋值，设定公式求解预算动因的价值量，预算动因值向预算项目汇合，并汇总成最终价值量。见图4－15。

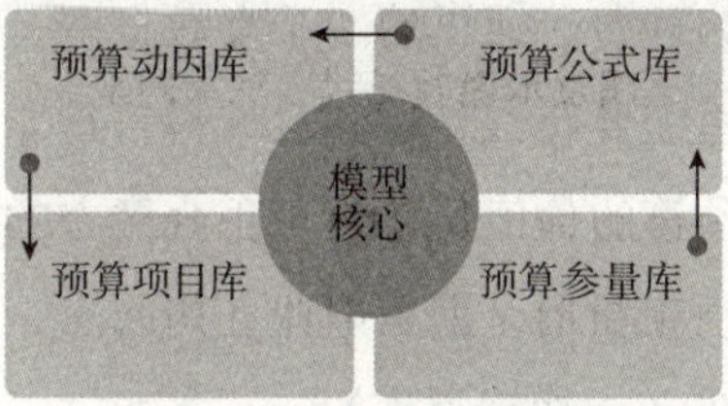

图4－15　面向业务的预算的基础库关系图

预算基础库的建立，关键在预算参量的甄别、选取以及公式设计应符合业务与作业的基本规律和资金运动规则，即预算公式的函数表达与企业现实相一致，以还原业务的本来面目。

---

① 在实际的数据库实例中，预算基础库是以表（Table）或集合（Collection）的形式存在的，这里的库是一个形象化的称谓，不是一个技术名词，并非指数据库技术中的库（Database）。

预算基础库构成了面向业务的预算的体系。预算体系的建设是一个长期的、持续的过程，这一过程也应遵循成熟度模型，按照成熟度模型的步骤向标准化、可计量、可控制、渐近明细、持续改进的方向进行。

1. **预算项目**（Budget Item）

定义：预算项目（Budget Item）是企业未来发生的，有共同业务属性和资金属性的价值量的集合，简称 BI。

预算项目不允许简称为项目。在正合管理会计体系中，项目（Project）是关键词，是指一系列独特的、复杂的并相互关联的活动，而预算项目（Budget Item）是指预算中资金归集的条目。

预算项目确立了一个企业收入与支出的一般性结构，是企业编制预算的基本结构。预算项目仅体现集合的性质，是价值量的集合，并不体现价值量本身。价值量在预算编制阶段才予以体现。预算项目有以下特征：

- 预算项目是企业业务在价值量上的表现形式；
- 预算项目是价值量与实物工作量之间的桥梁；
- 预算项目是业务与财务之间的桥梁；
- 预算项目是企业管理与会计核算之间的桥梁。

假定，某夫妻二人一个月的工资收入为 10000 元，一个月有 8000 元的支出，剩余 2000 元应急或储蓄理财等。月度开支都是什么？包括了房贷、车贷、伙食费、油料费、车辆修理费、通讯费、子女教育费、赡养金等，这些就是预算项目，是要搞清楚哪里需要花钱，这和会计科目是非常近似的。

预算项目反映的是预算的价值量，位于正合魔方的观测层，是投入与绩效两个要素的表现。确定预算项目，就是以业务为起点，理清业务的具体作业类型，搞清楚哪里需要花钱（或挣钱渠道）。

预算项目可以与会计科目相一致，但并不必须与会计科目相一致。如材料费是一个会计科目，我们可以将材料费作为一个预算项目。一个生产型企业生产制造产品，其原材料归入材料费，但是生产过程中的一些如维持机器设备运转的消耗品按照会计原则也归集到材料费，生产和维持资产运行这两项作业所涉及的材料都混在材料费中。如果非要加以区分，会计也是能够做到的，这两种材料费的责任部门不同，一个属于生产部，一个属于资产部。但这并不能解决根本问题，因为我们忽视了量。单次查询统计以便分析固然能够做到，但是众多科目和作业堆积起来分别查询、汇总、统计、分析工作量将大到无法想象。而预算项目结构如果不受会计科目的约束，而是按照业务与作业的内存逻辑建立，则可以完美地规避这一缺陷。

如果企业有能力，当然也可以按照会计科目建立一套预算项目体系，以满足会计核算的需求；按照生产运行的情况建立另一套预算项目体系，以满足生产的需求。两套预算项目体系并不矛盾，如同平等宇宙一般并行运行，面向业务的预算体系并不规定只允许有一套预算项目结构。

当然，建立多个预算项目结构工作量极其巨大，是否有必要管理会计应结合企业规模、资源、盈利能力等现实条件决定，通俗地说就是有多大锅下多少米。

2．预算动因（Budget Element）

定义：预算动因（Budget Element）是企业业务的抽象模型，是企业在一定生产工艺下所进行的各种生产劳动，简称BE。

面向业务的预算体系建设的起点是从预算动因开始的，而不是从预算项目开始的。预算动因就是业务开展时具体的一个生产动作、或所关联的某一经济活动、或实施的一项管理行为。根据需要确定预算项目的结构，将预算动因映射到相关的预算项目上，并对预算项目的集合进行汇总，形成了一般意义上的预算。

预算动因确立了一个企业业务与作业的完整集合。预算动因从表象上是企业员工进行的某种劳动，内部是该种劳动所调用的资源的可量化的函数关系。预算动因并不等同于成本动因。面向业务的预算中，预算动因包含成本动因。除了成本动因外，预算动因还包括绩效动因。

成本动因容易理解，但是绩效动因要如何理解呢？成本动因是成本侧的成本原因，绩效动因是收入侧的收入原因。那为什么不叫收入动因呢？是因为有些现实存在的收益很难进行货币化计量，但是收益又实实在在地存在。

例如2018年5月14日四川航空从重庆飞往拉萨的3U8633航班遭遇的“空中浩劫”[①]，从财务会计角度来说，这次航班执飞任务是亏损的，机组人员受伤，涉及赔偿，需要换机重新执行此次航班，增加了额外的成本。虽然该航班机型的制造者空中客车公司肯定会对此事件进行赔偿，但经过漫长的事故调

① 2018年5月14日，四川航空公司3U8633航班在成都区域巡航阶段，驾驶舱右座前风挡玻璃破裂脱落，机长刘传健正确处置，安全返航，所有乘客平安落地。

查和调解甚至诉讼，实际得到赔偿恐怕已经是下一会计年度的事了，而当期的亏损却实实在在发生了。但理性的人都知道，川航的这次飞行太值了，几乎全国的新闻媒体都对此事件进行了报道，川航登上了网络各大热搜榜，亿万国人都记住了这家航空公司。这次飞行对川航未来销售收入的增加、品牌的增值都具有重大影响。如果通过广告达到同样效果，投入的广告费将是天文数字。然而这个收益完全无法体现在财务会计报告上。

这虽然是一个比较极端的例子，但是说明有些收益无法体现在传统的会计报表上，但是收益又确确实实存在，因此我们用绩效动因对这种收益进行适应性扩展。

预算动因有以下特征：

- 预算动因是价值量与工作量之间的桥梁；
- 预算动因是企业业务与作业工作在财务上的体现；
- 预算动因是成本发生的资金量与可量化的生产工艺之间函数关系的载体。

在具体实践中，经常按照业务及作业对预算动因进行分组，以方便管理。找准预算动因，就是细分生产动作，要弄清楚钱是怎么花的和钱是怎么挣来的。

3. **预算参量**（Budget Parameter）

定义：预算参量（Budget Parameter）是在确定的生产工艺条件下，组织所占有的资源在组织行为作用下进行劳动的过程中可能引起价值发生变化的生产工艺的特性、行为、组织的资源等的数学表达，简称 BP。

在企业中，预算参量数量众多。为了便于甄别管理、控制与分析，在面向业务的预算中，我们根据预算参量的不同特征对预算参量进行分组管理。预算参量基本分为 8 种类型，包括：工作量型、定额型、数量型、配额型、技术型、单价型、效率型和概率型。

工作量型预算参量：工作量型预算参量是目标管理领域中对目标的量化，一般将直接产生绩效的预算参量确定为工作量型参量。工作量型预算参量通常表现为当期预算的战略目标在作业上的数量映射。比如，企业确定下一预算周期市场占有率提升 5%，这是一个战略目标，其映射在作业上则表现为生产量与销售量的具体数量的提高。

工作量型预算参量是一个堆积的结果，是时间的单调函数，在相应的预算周期内，只可能增加，不可能减少。在一个预算周期内，工作量型预算参量其初始值必须为0（否则就不是工作量型参量），随着预算的执行，工作量型预算参量的实际值逐渐加大，而终止于最大值。比如某种产品的产量即为工作量型预算参量，因为产量随着时间而持续增加。

定额型预算参量：定额型预算参量也是目标管理领域中目标的量化，其往往体现为企业的管理目标。定额型预算参量是量价公式中两个构成参量之一，本质上单价型预算参量与定额型预算参量是一回事，但是与单价型预算参量不同的是，定额型预算参量位于企业内部，是企业自身可控的预算参量，二者的区别在于该预算参量的决定权在企业外部还是在企业内部。

定额型预算参量并不一定是某个量与金额的比值，比如石油开采企业的机采电能单耗是一个定额型预算参量，其量纲即为kWh/t（千瓦时/吨）。定额型预算参量可以使用标杆对照工具进行控制，而对于工作量型参量使用标杆对照则意义不大。不要简单地将定额型预算参量确定为*KPI*（关键绩效指数）。

数量型预算参量：数量型预算参量是资源管理领域中企业内部资源在预算中的量化，反映了组织对资源的占用程度。数量型参量一般是企业内部资源的客观计量，如企业的资产会以数量型预算参量的形式在预算中得以体现。除此之外，人力资源也会以数量型参量的形式体现在预算中，如为了求得工资总量，而使用普通技工人数作为计算参量。

与工作量型预算参量不同，数量型预算参量在预算区间中并不呈现累积的状态，在预算区间内虽会有波动变化，但其波动变化幅度一般较小，基本呈现为一个常量。

配额型预算参量：配额型预算参量经常（但并不一定）反映采购的规划。配额型预算参量有两种，一种是工作量配额型预算参量，另一种是数量配额型预算参量。将这些工作量以配额的形式确定为配额型预算参量，并反映在管理目标中。

工作量配额型预算参量与工作量型预算参量类似，也是一个工作量堆积的结果。但与工作量型预算参量不同的是，这种工作量上的堆积对企业来说是一种消耗而不是生产或创造，其数量的大小对绩效无增减效用，而仅对成本有增减效用。在面向业务的预算中，事实上是不承认这种无直接效益的工作量的，这是未能完全识别作业，预算动因未分解完全的结果。

例如，我们在为某企业进行年度预算的咨询服务时，该企业存在这样一个预算动因：

15 吨卡车租赁费 = 15 吨卡车台班数量 × 15 吨卡车台班单价

读者不要被“15 吨卡车台班数量”这个预算参量名称欺骗了，这不是一个数量型预算参量。首先，这不是该企业的自有资源，自有资源不可能向自己支付租赁费。其次，在预算区间开始时，这个预算参量的实际值为 0，在预算区间结束时这个预算参量达到最大值，并且在预算区间内该参量值只可能增加，不可能减少，综合这两点可以确认，这是一个工作量配额型预算参量。

数量配额型预算参量与数量型参量类似，但这些数量并不是企业资源，而反映采购的要素。仍以该企业为例，其预算中存在这样一个预算动因：

保洁费 = 保洁人数 × 保洁人员年度平均工资

分析预算动因发现，保洁费是向物业公司采购时发生的，其中的保洁人数并不是该企业的自有资源，而是供应商（物业公司）向该企业提供的劳务单位数量，这个数量在预算区间内保持稳定，不发生变化（除非合同变更），因此保洁人数是一个数量配额型预算参量，而不是数量型预算参量。

配额型预算参量是一些隐藏得很深的“阶级敌人”。一旦确认了配额型预算参量的预算值，在执行时责任部门将把配额型预算参量值作为工作目标，按照工作量型预算参量的方式去“完成任务”，而不管过程中是否存在浪费一律按任务目标进行考核。对于配额型预算参量，如果预算结束时没有完成理应奖励，而不是惩罚。以上例 15 吨卡车租赁为例，我们调查发现该预算参量在 2015 年时台班数量实际值达到了 381，居然超过了全年的天数，这意味着无论工作日还是法定节假日包括春节期间都发生了费用，还至少有 16 天用了两个台班。一个台班是按 8 小时作业确定单价的，即便确有多个作业在同日都需要用到此资源，那么是否可以通过协同调度，优化调整作业节奏来降低该项费用呢？

对于配额型预算参量，传统预算“砍一刀”的方法是非常有效的。当预算暂时无法分解有关预算动因，而必须保留配额型参量时，适当降低配额型预算参量责任者的心理预期是必要的。在降低心理预期的前提下，预算编制时保持配额型预算参量的供给不足，即通常所说的“缺口预算”，同时在应急储备中适当予以预留，但前提是降低心理预期，迫使责任者实施管理动作，降低成本。

技术型预算参量：技术型预算参量是作业管理领域中识别作业的结果。技术型预算参量是来自于生产、工艺、服务等系统运行的质量标准、效率目标、设备性能参数等。在预算编制时对技术型预算参量赋值，并不一味苛求和强调必须达到最大效率或最小理论消耗，而应观察和测量技术性预算参量实际运行对经济趋势的影响和该参量及其源自的作业的风险受控程度，是否有利于经济的可持续和优化调整运行的可行性。技术型预算参量一般是约束性的，即在进行预算调整时一般不可以调整。

单价型预算参量：是量价公式中两个构成参量之一。单价型预算参量是一个外部参量，由企业外部控制。一般地，我们认为单价型预算参量是企业自身所不可控的。当然，企业自身根据其在产业链中的地位与规模，而具有不同的议价能力，事实上有的单价型预算参量可以进行微小的调整以利于企业自身，但一般地，我们并不建议过多地对单价型预算参量进行人工干预。

在预算编制时，单价型预算参量切不可取最小值（如最低价中标后的结果），否则将使相关预算动因的风险无限放大，为单价型预算参量取最小值所产生的风险提高应急储备和管理储备也无意义，反而会破坏整个预算的规划与执行。

效率型预算参量：效率型预算参量通常是一个比值，反映的是两个或多个量的倍比关系。效率型预算参量反映的是企业的水平或能力。效率型预算参量的波动往往引起成本绝对值的巨大波动，因此效率型预算参量应引起管理者的重点关注。

效率型预算参量往往反映出边际的概念。

概率型预算参量：概率型预算参量是风险管理领域中风险的量化在预算中的体现，通常为量价公式中的概率系数。概率型预算参量以量化的方式反映了企业运行过程中的风险，是风险管理领域中识别风险、定性和定量风险分析后产生的结果。

预算参量通过量化的方式客观描述了正合管理会计矩阵的 9 大管理领域，真实地展现了企业的客观现实，是进行规划和决策的依据。

预算参量数量庞大，几乎涉及企业所有部门。但在具体实务中，工作量大是一个可以克服的困难，真正的困难反而在一些细节上，比如预算参量的命名。

一词多义、一义多词、定义模糊、表达缺失等问题体现在预算参量的命名上，对预算体系的建设可能是致命的。比如在实践中，同时出现了两个同为“暖气及水管线”的预算参量，调查得知一个是责任部门为基建办，管辖的采暖及用水管线的维修费用，另一个是采购部对外采购采暖及用水管线的费用，这就属于表达缺失的表现，应修改为“采暖及水管线年度维修数量”和“采暖及水管线年度采购数量”。再如修理费与维修费，并没有准确的定义，各责任单元完全凭经验和工作习惯进行命名，导致同样的事项出现了两个命名，在统计时口径不一致，再投入管理成本进行核实与纠正，这样无谓的管理消耗应通过成熟度模型加以解决。

预算参量的命名混乱，定义模糊、边界不清将导致预算结果的计算错误，而错误的计算结果将直接导致决策的失误，最终导致整体预算的失败，因一个钉子而输掉一个国家①。

预算参量命名这个看似很小的问题，解决起来却并不那么容易。解决的思路主要有5点，一是管理会计应充分了解应用环境中的业务与作业；二是管理会计要与业务深度沟通；三是通过技术手段约束，如图4-16所示的一个简易的预算参量名称编辑器即是通过技术手段约束的实例；四是通过组织过程资产固化；五是进行培训，使预算参量成为公共知识。

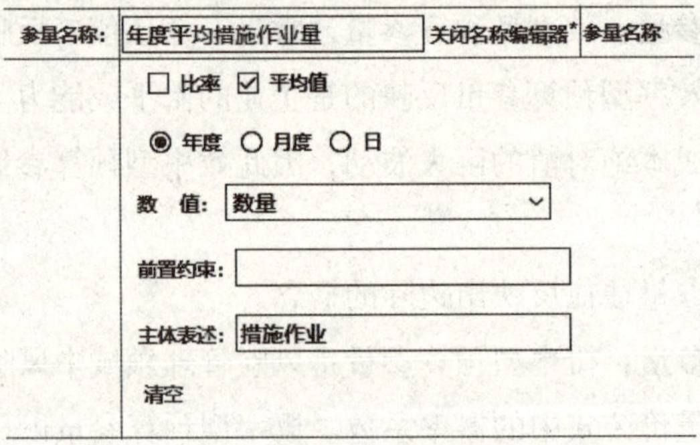

图4-16　一个简易的预算参量名称编辑器

4. **预算公式**（Budget Formula）

定义：预算公式（Budget Formula）是在一定的技术条件和生产工艺下，预算参量之间的业务或技术函数关系，该函数关系反映预算参量在作业中的资金映射，简称BF。

---

① 古英格兰有一首著名的名谣：“少了一枚铁钉，掉了一只马掌，掉了一只马掌，丢了一匹战马，丢了一匹战马，败了一场战役，败了一场战役，丢了一个国家。”指1485年英国查理三世准备与里奇蒙德决战前，查理让一个马夫去给自己的战马钉马掌，铁匠钉到第四个马掌时，差一个钉子，铁匠便偷偷敷衍了事，不久，查理和敌方交战，大战中忽然一只马掌掉了，国王被掀翻在地，王国随之易主。但是此故事的真实度未知。

设定预算公式，就是建立目标关系，要分清楚各目标间正负相关性对资金的影响方向。

确定了预算动因和预算参量后，可以逐项进行逻辑推算并建立相应的数学公式。

一个预算参量有可能被多个预算公式调用，也将对多个预算动因产生影响，这有助于我们深刻理解预算的形成原因。我们将这样的预算参量称为全局参量。

在面向业务的预算中，预算公式真正用数学表达式对业务和作业进行了描述，预算公式应由业务和作业人员与管理会计共同确定，并不断测试、验证。这一过程是传统财务人员向业务人员学习的过程，也是业务人员学习管理会计的过程，真正体现了“业财融合”。

以上谨对面向业务的预算基础库进行了简要的介绍。事实上在具体的技术实现上，还有多态参量、函动公式等概念，受限于篇幅，本书中不再过多介绍。面向业务的预算的基础库构成了一个企业面向业务的预算的基本体系。企业的业务模式不发生变化，这个体系将会是相对稳定的。

面向业务的预算从收入端开始，通过量化企业规模、生产能力、市场占有率等指标，首先对收入总额进行估算，这有些类似于目标成本法。但是面向业务的预算并不提前假定目标利润，而是在不断调整与优化的过程中无限逼近可能实现的最大利润，这一点又与目标成本法不同。在成本端，面向业务的预算又非常近似于作业成本法形成的作业基础预算。作业基础预算先确定预算年度预计产品/服务销售量，据此确定生产过程中所涉及各作业的预计作业需求量；根据资源动因率和其他相关条件确定单位作业费用率，或者说是单位作业标准成本；再根据前两项资料计算汇总预算年度资源需求量，将该需求量与企业实际资源量比较，进行适当调整以实现平衡，完成费用的作业基础预算。①

面向业务的预算与上述的编制预算的方法并不完全相同或一致，也不是各种方法的混合体。

4.1.2　面向业务的预算的导向

无论是目标成本法、标准成本法还是作业成本法，或者将这三者混合在一

---

①　冯巧根著《全面预算管理》，中国人民大学出版社，2015年第1版，第6页。

起进行预算的编制，这些都不是面向业务的预算最本质的特征。面向业务的预算最本质的特征是预算编制的经营导向。为了理解预算编制的经营导向，我们将预算分为三种经营导向，消费型预算、生产型预算和经营型预算。

1. 消费型预算

消费型预算同样可能包含收入预算部分与支出/成本预算部分，其预算动因同样可以形成预算参量的函数式，但是其收入预算的动因与支出/成本预算的动因不能形成函动关系。一个普通家庭的预算就是一个典型的消费型预算，如表 4－2 所示。

我们常说的一些经费单位经常会出现这种结构的预算，其收入项很少甚至没有。一个消费型预算的预算项目也可能是通过计算得出的，即在一个消费型预算中也可能存在预算参量与预算公式，但在消费型预算中，其支出与收入间无逻辑关系，这也是判断一个预算是否为消费型预算的依据。

一个生产型企业也可能按照消费型预算导向编制其预算。这种预算编制导向不能反映企业的生产能力，也不能反映企业的经营能力和获利能力。

表 4－2　普通家庭消费型预算结构示例

序号	预算类别	预算项目	预算动因 1	预算动因 2	预算参量 1	预算参量 2	预算参量 3	预算参量…
001	收入	工资收入	男方收入	女方收入	金额			
		理财收入	定期存款	基金股票	大额 5 万	小额 1 万	天数 90，180，360	利率，股利等
		其他收入						
002	支出	房贷	1 套房	2 套房	贷款总额	利率	还款期限	差额本息
		车贷	1 台车	2 台车	贷款总额	利率	还款期限	差额本息
		伙食费	家用采购	家外聚餐	人均采购量	次数	费用/次	平均人数
		汽油费	市内驾驶	假日郊游	平均里程	次数/数量	油价	费用/次

续表

序号	预算类别	预算项目	预算动因 1	预算动因 2	预算参量 1	预算参量 2	预算参量 3	预算参量…
		车修费	保养小修	项修大修	使用年限	总公里数	频次/换件标准	费用/次/标准
		通讯费	家用座机	移动手机	电话数量	宽带	包月/流量	费用/部
		教育费	学校学费	课外补习	费用/学期	课时费标准/次	频次（周，月，季）	补习各类/数量
		赡养费	双方父母	子女抚养	频次	标准	人数	费用/次
		水电气暖						
		零用开销						
		…						
003	节余	储蓄						
		理财						

2. 生产型预算

生产型预算考虑到了收入与成本/支出之间的逻辑关系，并建立了表达式，此表达式一般为量价公式：

收入/支出项金额 = 数量 × 单价

在生产型预算中，一个可能的计算销售收入的公式是：

销售收入 = 销售量 × 销售单价

进一步地，生产型预算会将销售量分为四个季度，甚至 12 个月，这样，就将预算悄然转换为了销售计划。销售部门将用于规划的预算当成销售计划，并将按计划执行。

为了建立收入与成本之间的关系，通常为销售量与产量建立关系，一个可能的关系式为：

生产量 = 销售量 + 当期库存量 − 期初库存量

这是一个让财务会计很舒服的公式。生产部门关心生产量，销售部门关心销售量，库管部门关心库存量，而企业的效益呢？效益被生产量、销售量和库存量互相制约，而完全隐去了，条块分割的缺陷在这个公式中体现得淋漓尽致。

3. **经营型预算**

经营型预算除了要建立收入与成本/支出之间的关系外，还要把经营理念引入到预算公式中，让我们来看一个例子。

我们假定某企业仅生产商品 A，且商品 A 仅销往 X 地区，忽略企业其他所有费用，来对比三种预算的不同编制思想。

消费型预算的结构如下：

$$收入=销售量\times销售单价$$

$$成本=原材料数量\times原材料单价$$

生产型预算的结构如下：

$$收入=销售量\times销售单价$$

$$成本=销售量\times单位销售量的原材料成本$$

在这一过程中我们忽视了什么呢？市场。我们没有将资源管理领域中市场与客户在预算中体现出来。那么如何才能将资源管理领域的内容在预算中体现出来呢？一个可能的例子是计算市场容积率。

假定 X 地区总人口为 10 万，产品普及率估算为 60%，则该产品的市场总保有量为 6 万台。预测 5 年市场达到饱和，该产品的市场占有率为 30%，则可以得出经营型预算的结构：

$$收入=\frac{市场总人口数\times产品普及率\times产品的市场占有率}{市场饱和时间}\times销售单价$$

上式中 $\frac{市场总人口数\times产品普及率\times产品的市场占有率}{市场饱和时间}$ 的计算结果其实就是当期预计销售量。

$$成本=产品生产能力\times\left(\frac{\frac{市场总人数\times产品普及率\times产品的市场占有率}{市场饱和时间}}{产品生产能力}\right)\times[销售单价\times(1-毛利率)]$$

上式中的产品生产能力不是约掉了吗？从数学上说当然如此，在分子分母上同乘一个数其结果不变。但是面向业务的预算的本质并不是为了求得一个式子的最终结果，式中 $\left(\frac{\frac{市场总人数\times产品普及率\times产品的市场占有率}{市场饱和时间}}{产品生产能力}\right)$ 的计算结果其实就是企业的开工率。

$$\text{开工率} = \left(\frac{\dfrac{\text{市场总人数} \times \text{产品普及率} \times \text{产品的市场占有率}}{\text{市场饱和时间}}}{\text{产品生产能力}} \right)$$

在面向业务的预算的技术实现上，我们将类似于开工率这样的公式称为函动公式[①]。将开工率代入成本的计算公式后，成本公式可以简化为：

$$\text{成本} = \text{产品生产能力} \times \text{开工率} \times \text{销售单价}$$

引入产品生产能力这个预算参量的就是为了能够将资源显性化——企业有多少资产是处于闲置的状态。

这是在假定所有生产出的产品全部销售掉的情况。但实际情况是还会有库存和周转的问题，我们同样可以将库存量分解为库存总量、库存率、周转率等代入公式加以解决。

我们看到，一直使用的销售量神奇地消失了，而我们获得了产品普及率、产品的市场占有率、市场饱和时间、企业产品的生产能力以及可能出现的库存率、库存周转率等可以用于规划和决策的预算参量。这些预算参量，或者是企业的战略目标，或者是企业的管理目标，都在预算中得以体现，并可以进行控制和评价。

在本例中，当市场总人口数、产品普及率与市场饱和时间保持不变时，产品的市场占有率决定了企业的收入，而并不是我们想象中的产量或销售量决定了企业的收入，企业进行广告投入和市场营销行为，可以提升产品的市场占有率，增加收入。

我们可以通过计算业务极限的方法推导出广告投入和市场营销的最大值。

$$\frac{\text{市场总人数} \times \text{产品普及率} \times \text{产品的市场占有率}}{\text{市场饱和时间}} = \text{产品生产能力}$$

此时，企业达到最大产能，继续投入广告与市场营销已经不能增加企业收入了，将这些参量代入预算中重新计算，则可以推导出广告与营销投入的最大值。这样，我们就将企业的经营与预算结合起来，使企业的经营活动得以在预算的控制下，遵循企业的战略目标运行。

---

① 函动公式是一种特殊的预算公式，其公式的表达式可以被其他公式调用。事实上，在这个例子的实验中还用到了预算的多态公式，受篇幅所限，本书中不再做过多介绍。

当社会总产能不足时，可以理解为企业开足马力生产，所生产的产品全部都可以销售出去，这时最理性的抉择是使用生产型预算，企业可以获得最大的效率。而当社会总产能趋于饱和甚至过剩时，应当果断采取经营型预算，助力企业尽快转型，但需注意与应用环境密切配合，平稳转型，避免操之过急，拔苗助长。

可见，从经营导向上说，面向业务的预算是一个经营型预算，是对企业一个经营周期的规划，而非一个直接或变相的计划。面向业务的预算将“量价公式”转换为了包含资源、质量、效率、风险、效益在内的“效能公式”，与企业的业务充分结合，明确了企业的资源和技术条件等企业经营的充分条件，量化了风险，将战略目标和管理目标显性化，为预算的执行与控制打下了坚实的基础。

4.1.3 面向业务的预算的主要特征

归纳面向业务的预算的主要特征，可以从以下 7 个方面得以体现。

1. 在理念上

全面预算强调内容全面，而面向业务的预算是广义预算概念，重视的是预算这项完整的活动，不仅有内容，还有具体行动，而且这种行动本身必须是可执行、可计量、可观测、可比较、可优化、可控制的。我们一直以为的预算是 B（Budget 预算），可事实上的全面预算是 C（Content 内容），而面向业务的预算不仅有 B（体现企业业务与作业的预算动因及其表现形式——预算参量，即预算的结构），还有 C（Content 内容，包括预算参量的具体数值），更有 A（Action 行动），而且面向业务的预算的重点是 A（Action 行动），即面向业务的预算包括预算结构、预算目标和预算行动。

2. 在机制上

全面预算理论一般认为应将全面预算管理纳入到 ERP 中，这样就形成了以 ERP 为执行中心的机制。如果说预算代表着企业的目标，把预算纳入到 ERP 中，就变成了由 ERP 来管理目标，也就转换为“对目标进行管理”的机制，管理的客体被转换为了某一目标，管理行为约束在了某一目标的实现。而面向业务的预算是要形成“通过目标进行管理”的机制，管理的客体是企业的整体运行质量与效率，管理行为定位在企业目标的实现。

3. **在结构上**

传统预算体系本身对结构是没有约定的，但财务会计对会计科目的使用和会计报告的编制已经形成工作习惯和思维定式，而传统预算体系并没有提出自己的结构，因此财务会计在主导编制全面预算的过程中，将会计核算中的科目结构直接嫁接到传统预算管理体系中。面向业务的预算在结构设计上，不看重会计科目，而更关注企业的实际生产经营活动，从业务模式推导出作业方式，再进一步抽象为预算动因，以此形成预算编制的结构，目的就是业财融合，让企业内部的预算参与者和预算使用者形成交互，使预算读得懂、看得明、讲得清。同时，面向业务的预算为保证汇总的需要，也建立了与会计科目对接通道，利于数据的多角度对比分析，保证与会计科目的低耦合的相关性。

4. **在逻辑上**

传统预算的编制逻辑是将资金来源与作业方式混合在一起作为划分维度，按照投资项目、生产、销售、采购等管理职能进行划分，按照资金的属性和成本费用要素去归集到作业方式进行统筹，然后以管理职能统管预算资金，再切割至对应的职能部门进行资金控制，预算项目明细设置与会计核算科目明细保持一致。面向业务的预算的编制逻辑是以业务模式的界定为主线，根据业务识别衍生出具体作业，甄别并消除非衍生或无必要的作业后，对应选取生产、管理、技术、运行等参量标准，建立“凭参量标准关联的质量、效率、效益等目标进行资金优化配给”的原则及方法，再计算得出具体作业的预算控制资金量。在行动上，具体作业的管理主体（职能部门）按矩阵式管控量化的参量目标并促成预算资金的价值增值。

5. **在表现上**

全面预算无论是业务预算、财务预算、专项预算等，一般均由企业财务会计主导（无论数据的提供者是会计部门还是具体的专业部门），预算项目明细设置与会计核算科目明细保持一致，预算表格设计与会计报表格式基本相同，数据表现主要是以货币计量的资金量，便于财务会计进行编制、汇总、阅读和对比。这种设计与设置是为了保证预算能够与核算所反映的价值量进行一一对应，事实上的受益者是财务会计。但实际情况是这种会计报告/报表是服务于企业外部利益相关者和信息需求者的，企业内部的经营业务的相关信息被肢解和离散到会计科目中去了，其结果和报告的统计口径与企业内部其他管理者对业务和作业的认知不一致，导致企业内部的使用者看不懂和搞不清，其后果就是企业内部决策层和管理者对会计报告的阅读和使用需求是非常弱的。财务会计提出的弥补缺陷的办法是希望能强制要求企业决策者要懂“会计”，而没有从满足需求的方向调整其报告/报表的形式。能够弥补这一缺陷的办法是财务会计向管理会计转型，提供及时、有用和相关的财务报告。财务会计的功能是价值的记录者，而管理会计的能力是价值的创造者。管理会计以实现价值增值为第一要务，其活动与规则无须刻意与《会计法》和《企业会计准则》的要求保持一致，可以全神贯注、不受干扰地服务企业经营管理。因此，面向业务的预算展现与表达企业的业务运行效率才更具经济性和有用性。

6. **在视角上**

传统预算的观察视角是在工作量和资金量构成的二维平面中，观察时点的选择与会计期间的划分基本一致。观察内容无论是值、率所呈现的更多是观察时点或时间区间的统计结果。这种统计结果能看到趋势，但是发现不了问题。面向业务的预算的观察视角是工作量、资金量和作业参量构成的三维空间中，观察时点的选择与具体作业的发生始终保持同步，而并非与会计期间保持同步或一致。观察内容围绕工作量、资金量、作业参量的变化持续动态跟踪监测，目的是在看待趋势的同时，及时发现过程中存在的负面风险和正面机会，对负面风险采取规避、转移、减轻、接受策略和对正面机会采取开拓、提高、分享、接受策略，以促成资金的持续价值增值。

7. **在作用上**

传统预算的考核、评价注重的是结果与目标的匹配度，财务会计提供考核结果或参与考核环节，成为“预备法官”或有表决权的陪审员，诱使内部利益相关人的目光都聚集到结果上，使企业倒向结果主义。对于结果的承担主体采取奖优罚劣的绩效机制，考核的约束力体现在奖惩度上，而对结果所造成的后果在预算编制前缺乏规划与应对策略。一旦结果成为事实，在下一个预算周期的预算编制中或采取周而复始的模式或妥协、让渡的方式来完成。面向业务的预算是管理会计在与职能部门协同合作基础上共同促进预算目标的达成，双方或多方之间是“合作者”而非利益对抗者，一旦目标在运行过程中发生偏离，面向业务的预算本身所包含的风险应对机制即起作用，因其不受会计时点的约束，其在过程中的评价将更突出表现出及时性——天下武功，唯快不破——这种评价的及时性提高了企业进行风险应对和机会把握的能力。预算收尾可提供考核依据，但更为重要的是预算收尾的评价，要对结果所造成的后果冷静客观分析后，提供出下一预算周期前的规划与应对策略方案，以利于下一预算周期的预算编制中作业参量的调整与优化，确保预算目标实现的可靠性和连续性。

简要描述面向业务的预算，我们可以这样去理解：

1. 预算要明确企业的战略目标。这些战略目标必须是可量化的，而不是一些描述性语言。这些战略目标对企业收益的作用与成本的形成必须存在函数关系，并可以计算；

2. 一份预算不应仅仅包括预算项目与金额，还应该包括达成目标的方法与路径，即需要如何行动才能实现预算目标，行动要是预算的一部分；

3. 预算要完整反映企业的业务，既包括收入，也包括成本与费用；

4. 预算不可按照行政职能或专业领域进行分割；

5. 企业的资源要能可量化地体现在预算中，并且可以测量；

6. 预算要遵循成熟度模型，渐近明细，持续改进。

4.1.4　预算的全生命周期

预算基础库建立后，我们就形成了企业预算的基本体系。以时间为横坐标，以投入的资源为纵坐标，绘制投入的资源曲线，我们可以得到预算的全生命周期，如图 4 – 17 所示。预算的全生命周期涵盖了预算从启动、规划、执行与监控，直至收尾的全部过程。

依照管理过程组的划分，我们同样可以将面向业务的预算分为启动、规划、执行与监控和收尾 5 个管理过程组。

在启动阶段，主要解决识别需求的问题。这里的需求，不仅指资金量的需求。事实上，资金量的需求往往是结果，启动阶段的识别需求包括资源管理领域中的全部内容的需求。

在规划阶段，主要进行预算的编制。预算的编制包括预算参量的填报，评估与调整。

理想状态下，规划阶段结束后，应为预算执行与监控阶段的开始，也是预算区间的起始时间点。但现实是有些企业预算的逻辑起始点在 1 月 1 日，但是预算实际发布要晚于预算区间的起始点，在这段空窗期，企业依靠惯性运行。

这类问题应依靠成熟度模型逐步解决。

执行与监控阶段的结束点应与预算区间的结束点相一致，也是收尾阶段的开始点。

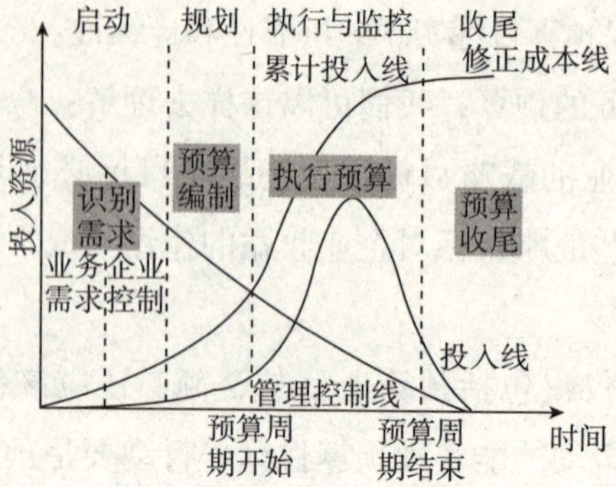

图 4－17　预算的全生命周期

应该清醒地认识到，虽然预算区间结束了，但是有可能预算的投入并未终止。在会计核算中，按照会计区间进行了人为切割，将上一会计区间之后的投入或成本发生计算入下一会计区间中。这样做在核算上并不会有问题，但是切割到下一会计区间的投入或成本失去了目标、风险、绩效等一系列参量，几乎处于完全失控的状态。因此，我们确定了收尾管理过程组。

在收尾管理过程组中，一方面要进行项目收尾，一方面要进行预算的质量、风险及投入与绩效的审计，并相应完成组织过程资产更新。这里的审计，是指对上述内容进行的结构化审查，其目的是找出可供下期预算或组织内其他项目借鉴的成功经验与失败教训，而非指专职机构对被审计单位的经营管理活动及其相关资料的真实性、正确性、合规性、合法性等进行的审查与监督。

从预算的全生命周期的定义可以看出，一个企业的预算区间可能是 1 月 1 日至 12 月 31 日，但是其预算的编制有可能开始于区间年度前的数月，而收尾在区间年度后的数月，即预算的全生命周期长于预算区间。

在预算的全生命周期中，可以看到三条曲线，分别是管理控制线、实际投入线和累计投入线，如图 4－17 所示。

在理想状态下，管理投入线应呈平滑下降趋势。企业应将更多的管理投入放在启动与规划管理过程组中，而不是相反。越接近预算区间的结束点，控制难度越大，相应的，纠正偏差所需的管理投入越大。预算区间结束进入收尾管理过程组后，仍需要一定的管理投入，主要是收尾管理过程组中的各类审计。

实际投入线反映了企业在一个预算区间内实际投入的瞬时值。管理者与决策者应该意识到，在预算区间开始前，即在启动与规划阶段该预算的一些投入就已经开始了，而这部分投入经常被忽视。随着预算区间的开始，实际投入的瞬时值开始迅速升高，即单位时间的投入量会上升，并在某时点达到波峰。企业的业务模式与应用环境不同，波形可能不同，并且有可能形成多个波峰。

累计投入线是一个预算区间的累计投入随时间变化的曲线。越接近预算区间的结束，累计投入逐渐趋近于最大值，直到变成接近于直线。累计投入线的形态与修正成本线的形态一致，这也反映出，越在预算区间的早期，甚至启动与规划期，纠正预算偏差所耗费的投入越小，反之越大。当预算区间结束时，理论上纠正偏差所耗费的投入无穷大，因为预算区间已经结束了，说什么都晚了。

4.1.5　面向业务的预算的实践

企业中面向业务的预算的实践可以分为三个阶段。

一是体系建设阶段。体系建设是面向业务的预算的基础，建设周期长，工作量巨大。然而体系建设工作的意义重大。体系建设是企业自我识别的过程，同时体系建设本身即是预算优化的过程。

面向业务的预算体系整体上可以分为10个方面，如图4－18所示。

1. 组织级预算理论，包括架构、目标、对象、成熟度模型、价值观与方法论；
2. 预算管理组织，为体系建设及面向业务的预算的开展做好组织保障；
3. 预算模型的结构；
4. 面向业务的预算原理；
5. 技术架构（需要为面向业务的预算进行信息化时）；
6. 面向业务的预算的管理领域与管理过程组；
7. 预算的启动与规划，包括事业环境因素识别、组织过程资产识别、预算的编制、经济分析活动等；
8. 预算的执行与监控；
9. 预算的收尾；
10. 面向业务的预算的培训。

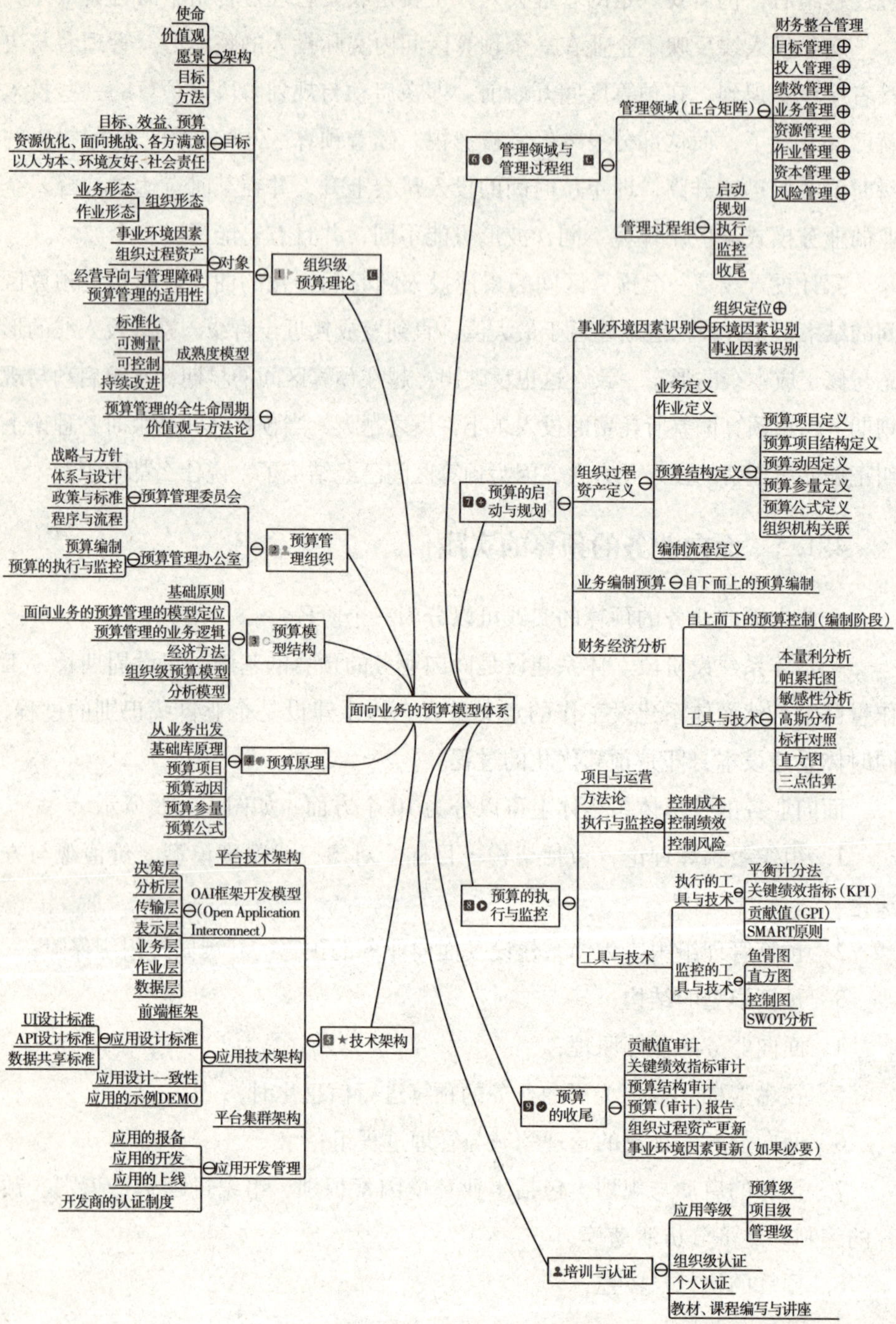

图 4－18　面向业务的预算体系

二是预算编制阶段。我们所熟悉的预算编制的方式，一般分为自上而下、自下而上或上下结合等方式。很多企业都会为预算工作制订一个工作流程，以保证预算工作的进行。本书不想对此过多叙述，流程化的东西通过搜索引擎要多少有多少，结合自己企业的实际稍加调整，通过几期试用即可稳定下来，虽然对于企业的预算工作来说这很重要，但是对于本书来说这不是重点。我们要考虑更深层次的东西，比如业务部门在进行预算编制时，应该如何确定预算参量的具体数值。一些工具与技术可以解决这一问题。

专家判断

一些预算参量，如技术型预算参量，可以通过专家判断法进行审查。

专家判断又称德尔菲法，是在 20 世纪 40 年代由 O. 赫尔姆和 N. 达尔克首创，经过 T. J. 戈尔登和兰德公司进一步发展而成的。德尔菲这一名称起源于古希腊有关太阳神阿波罗的神话。传说中阿波罗具有预见未来的能力。因此，这种预测方法被命名为德尔菲法。1946 年，兰德公司首次用这种方法用来进行预测，后来该方法被迅速广泛采用。

德尔菲法是依据系统的程序，采用匿名发表意见的方式，即专家之间不得互相讨论，不发生横向联系，只能与调查人员发生关系，通过多轮次调查专家对问卷所提问题的看法，经过反复征询、归纳、修改，最后汇总成专家基本一致的看法，作为预测的结果。这种方法具有广泛的代表性，较为可靠。

专家判断应该是预算编制工作中的一个必经工作程序。专家判断实际是一种预测方法，与许多预测方法不同，不是非要以唯一的答案作为最后结果。目的只是尽量使多数专家的意见趋向集中，但不对回答问题的专家施加任何压力。这种方法允许有合理的分歧意见。兰德公司对德尔菲法的特征有过这样的说明：

让做出相当极端的答案的人负责证明自己的意见，这会对那些没有确实可靠信息的人产生影响，使他们改变自己的估计而向中间靠拢；同时，也会使那些持不同意见又觉得自己有充分论据的人倾向于保留他们原来的看法，并为其辩护。

专家判断能充分发挥相关领域中各位专家的作用，集思广益，准确性高。这个方法将各位专家意见的分歧点表达出来，取各家之长，避各家之短，同时又能避免专家会议法的缺点：如权威人士的意见影响他人的意见；有些专家碍于情面，不愿意发表与其他人不同的意见；出于自尊心而不愿意修改自己原来不全面的意见。

三是调整与优化阶段。当业务部门把预算参量上报后，我们能做什么呢？我们可以相信这些预算参量值吗？这些值还可以更低或更高，以使企业获得更大的收益吗？如果这些预算参量代入公式后的计算结果不能满足企业的目标需求怎么办，强行降低或提高预算参量的值吗？如果按照决策层的意思改变的预算参量的业务输入，需要与业务部门协商吗？需要在预算通过前就告知业务部门吗？

良好的作业控制可以减少无效投入、降低浪费，进而提高绩效。然而面向业务的预算中的参量是由业务部门提供的，其技术水平、管理能力甚至出于自身利益考虑，都不可避免地造成预算参量偏差，砍预算参量值与砍预算项目的金额没有本质的区别。管理层无非是期望通过降低投入的绝对值以获得预期的利润。这些问题都决定着预算编制的质量。我们同样可以用工具和技术解决。

三点估算

有一些参量不确定性非常大，即便通过专家判断预算参量值也难以趋同，这时可以使用三点估算。

三点估算的概念来自计划评审技术，在估算中考虑不确定性和风险，用以提高估算的准确性。三点估算同样可以用于预算的成本或收益的计算。

取任一准备进行三点估算的预算参量，由业务部门给出最可能值、最乐观值（即通过此值计算企业将会获得最大收益或最小损失）和最悲观值（即通过低值计算企业将会获得最小收益或最大损失），根据以上三个值进行加权平均，来计算预算动因的结果。

简单来说，三点估算是当过去的经验已无法作为参考或预算参量包含太多不确定性时，可以使用三点估算确定预算参量值，就是将预算参量分为“最可能值”“最悲观值”“最乐观值”三种状态，也可以想象成“我觉得应该是这样”“但总有万一或不幸”“拼一点可以达成”（而通常第三项大概是决策层或老板们最想听到的），再将这三项加权平均而得一个估算值，其计算公式如下：

$$估算公式：预算参量值 = \frac{最悲观值 + 4 \times 最可能值 + 最乐观值}{6}$$

标准差公式：预算参量标准差 $\sigma = \frac{|\text{最悲观值} - \text{最乐观值}|}{6}$

如某企业在编制预算时，业务部门申报的办公费总额为 400 万元，并且业务部门无法为办公费确定预算公式。与具体承办的业务部门沟通得知，办公费的上限大约 800 万元，下限大约 200 万元，此时可以用三点估算对办公费进行估算。

$$\text{办公费} = \frac{800 + 4 \times 400 + 200}{6} \approx 433 \text{ 万元}$$

$$\text{办公费标准差 } \sigma = \frac{|800 - 200|}{6} = 100 \text{ 万元}$$

在估算的办公费的基础上加减办公费的标准差，可知办公费的区间在 533 万 ~ 333 万之间，并且最终的办公费有 68.26% 的概率不超过这个区间。如果出于企业整体预算考虑压减成本，办公费的核定总额也不应低于 333 万，即办公费总额不低于办公费的 1 标准差，否则预算失控的风险概率将急剧增加。

预算编制与优化的工具与技术很多，如帕累托图、敏感性分析、高斯分布、本量利分析等。这里仅以两个工具为例进行简要的介绍。

实践是检验真理的唯一标准。面向业务的预算也要经过实践的检验，不断修正完善。在实践中，我们针对面向业务的预算做了大量实验性工作，并承担了一些相关科研课题的研究，同时也取得了一些成果。科研课题《上游采掘业务财务管理模型开发与应用实践》对体系建设阶段预算体系及模型的搭建进行了实验性研究，基本解决了面向业务的预算的结构问题，该课题获大港油田公司 2014 年度科技进步一等奖。在调整与优化阶段的科研课题《油气生产业务效益优化模型研究与应用》获中国总会计师协会 2015 年度省部级一等优秀奖。该课题验收后，2017 年在部分企业进行了实施实验，获取了大量宝贵数据与经验。对理论进一步补充、完善和优化后，2018 年，我们采用面向业务的预算为某企业编制了年度预算，并将结果汇编成册，形成了该企业的预算指导性文件，其成果实物如图 4 – 19 所示。

即便如此，我们测试的样本仍不够丰富，在面向业务的预算过程中还有大量实验工作未完成，大量工具与技术仍未整理与测试，理论与实践尚需继续解构迭代。

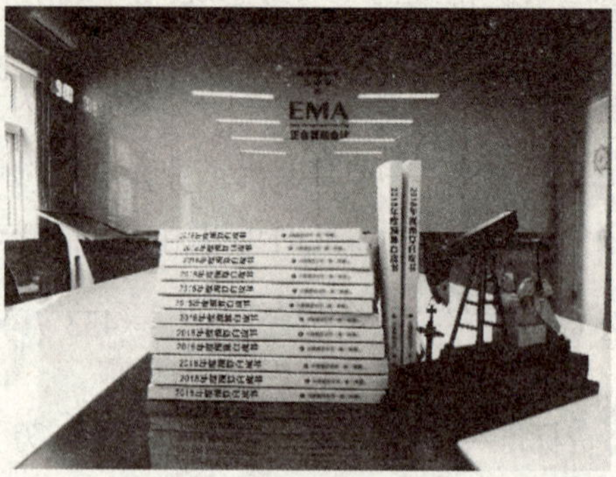

图 4－19　面向业务的预算的实例成果

4.2　项目化运营

上节中，我们谈到了面向业务的预算。但是有的读者可能会有疑问，为什么对面向业务的预算的编制一带而过，而且没有面向业务的预算的执行呢？

在我们接触到的各种预算相关的书籍与资料中，对预算编制的组织保障、原理、流程等都做了充分的解读。但是我们认为，这仍不足以保证预算编制工作的顺利完成，对预算编制的质量控制更是无从谈起。预算编制创造了一份企业预算，编制工作应该有明确的起始点和结束点（不是指预算区间的起始点与结束点），这些都符合项目的特征，因此，应将预算编制当成项目看待，按照项目管理的方法进行预算的编制工作。

预算编制是企业的一项经营活动。企业的经营活动有很多，我们可以简单地将企业的经营活动划分为项目与运营，预算项目中的成本是通过项目与运营花出去。一份编制得再完美的预算——即便按照正合预算 ABC 法则将预算的结构、内容与行动都确定下来，预算本身仍无法执行。预算的执行必将落实在具体项目与运营上，也只能落实到项目与运营上。预算的执行并不能保证企业目标的实现，预算的**受控执行**才能保证企业目标的实现。如果抛开项目与运营谈预算的执行，这个所谓的预算执行将只剩下考核，控制则无从谈起。

4.2.1　项目与运营

项目与运营是实现企业目标的过程，对项目与运营实施有效控制，才能保证目标的实现。

项目是为创造独特的产品、服务或结果而进行的临时性工作。项目可以是一件事情、一个动作或一项独一无二的任务，也可以理解为是在一定的时间和一定的预算内所要达到的预期目的。项目侧重于过程。

与项目相对，运营则体现为一种重复性活动，是通过开展持续的活动来生产或提供重复的服务的一种组织职能。如零售业每天的销售，即是一种运营。

项目与运营的比较如表4－3所示。

表4－3　项目与运营的比较

对比项	项目	运营
特性	独特性	普遍性
目标	特殊	常规
组织机构	项目组织	职能部门
责任人	项目经理	职能经理（部门经理）
时间	有限的	相对无限的
持续性	一次性	重复性
资源需求	多边性	稳定性
管理方式	项目管理	流程管理（运营管理）
管理方法	风险型	确定型
考核指标	以目标为导向	效率和有效性

在企业的具体实务中，固然有专门做项目的企业，但是有更多的企业是在从事运营，即重复性的经营活动。即便是专门做项目的企业，其内部也存在重复性的工作。从宏观上，管理会计服务于企业的规划、决策、控制、评价，在具体实践上，管理会计活动则具体到企业的项目与运营中，即管理会计也要服务于企业的项目与运营。

4.2.2　项目管理

项目化运营与项目管理密切相关。项目管理是管理学下的一个分支，经过半个多世纪的发展，目前形成两大研究体系。一个是国际项目管理协会（IPMA）体系，另一个是美国项目管理协会（PMI）体系，虽有不同，但差别不大。本书中我们以 PMI 的 PMP 知识体系为范本来进行讲述。

在 PMP 知识体系中，PMP 将项目管理划分为十大知识领域（沟通管理为第 5 版新增），分别是整合、范围、时间、成本、质量、人力资源、沟通、风险、采购、干系人，如图 4－20 所示。

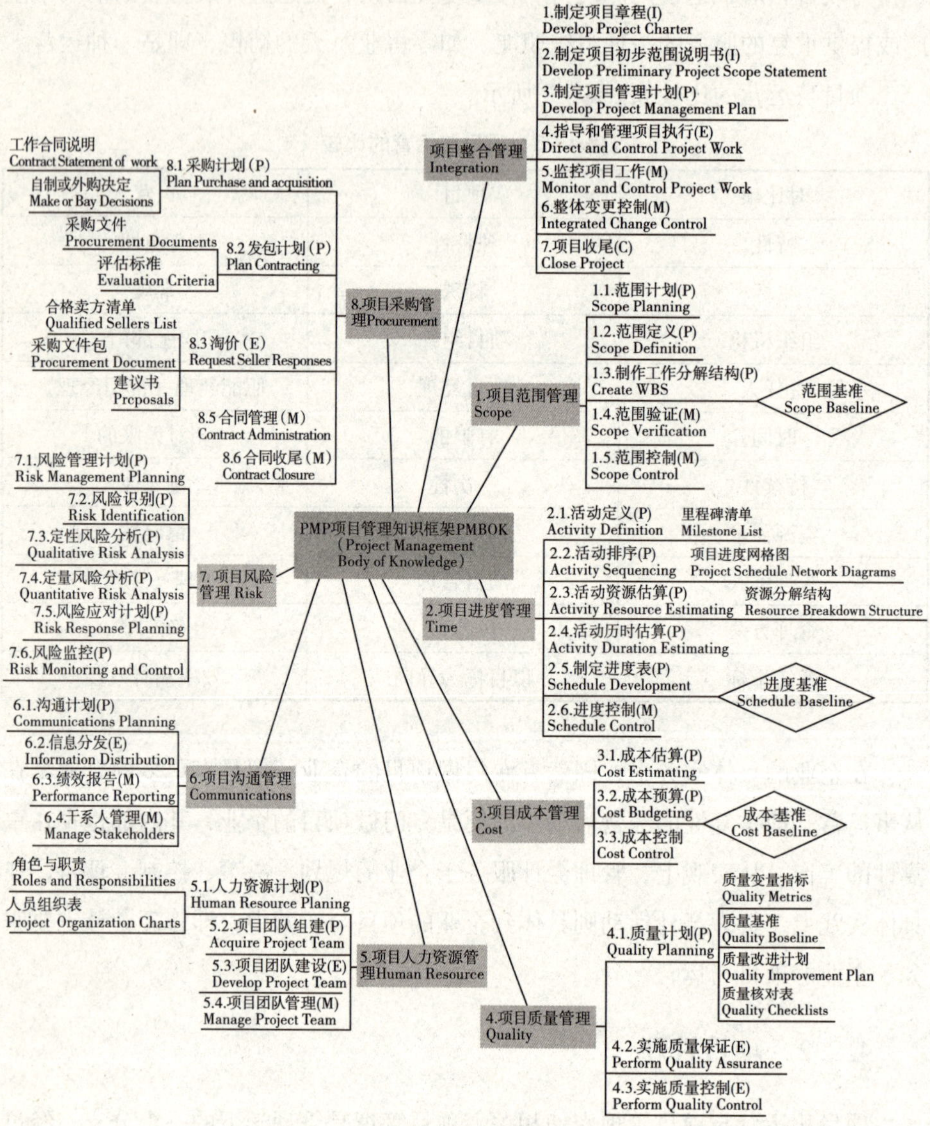

图 4－20　PMP 项目管理知识框架 PMBOK

4.2.3　项目化运营

企业中项目与运营混杂在一起的情况为管理会计的活动造成了非常大的障碍。能不能将项目与运营统一起来，为管理会计的活动扫清障碍呢？

美国项目管理专业资质认证委员会主席 Paul Grace 提出："在当今社会中，一切都是项目，一切也将成为项目。"从广义的角度看，凡事若以项目的方式运作，它就能作为一个项目，能运用项目以及项目管理的知识。将运营也视同为项目，用一致的方法开展管理会计活动，我们提出了项目化运营的思想。

如果问中国知名度最高的中学，当我们将统计样本放到全社会时，我们惊奇地发现：它不是清华附中，不是北京四中，不是黄冈中学，而是大名鼎鼎又饱受诟病的毛坦厂中学。面对来自各方的指责，毛坦厂中学的一位负责人说过：在北京你有很多条路到达五道口，但是在这里，这是这群孩子能够走出大别山的唯一的路。

与同样饱受诟病的衡水中学相比，毛坦厂中学最大的问题在于没有优质生源。那么，毛坦厂中学是如何做到在没有优质生源的情况下仍然保持如此高的录取率呢？其中项目化运营方式起到了决定性作用。毛坦厂中学高三班主任是竞争上岗的，上岗之后，由班主任自行选择代课老师，每一个班就是一个项目，项目的行动目标就是录取率的竞赛，班级教师的个人收入与录取率直接挂钩。

可以看出，毛坦厂中学将一个日常教学这个运营性质的活动转换项目来进行管理，按照项目管理的理论与方法进行组织改造和过程控制，并取得了成效。

与这个例子类似，项目化运营，就是将企业的项目活动与运营活动进行统筹管理，依据项目管理的理念、规律和运作规则、任务要求，将运营活动虚拟成项目活动，由管理会计对实体项目和虚拟项目的预设目标、达成预期目的以及项目完成投入运行一定的经营期间内，针对预算动因关联的预算参量按重要性、关键性、敏感性选取确定的管理目标，与具体项目达成的目标进行项目质量、运行效率、生产效果、效益水平和价值影响的动态对照，并相应开展规划、决策、控制与评价的管理会计活动。

正合管理会计中的项目化运营，是站在管理会计角度上，解决规划与控制脱节的问题，并服务企业适时做出评价及优化决策。管理会计并不是要充当项目经理，或者代替项目经理的工作。因此，项目化运营的知识领域与项目管理的知识领域即有联系，又有差异。项目化运营与项目管理在知识领域上有重叠，但是侧重点不同。

项目化运营包括成本改善、资源优化、风险应对、沟通管理和绩效评价5部分内容。这些内容与PMP十大知识领域的对应关系如图4－21所示。项目化运营的异形内容庞杂，本章重点讲述正合管理会计的结构，因此不对项目化运营进行展开论述。

项目化运营与项目管理的区别：

1. 项目化运营强调行动目标；项目管理强调范围。

2. 项目化运营关注该可交付物的持续创效；项目管理关注可交付物本身。

3. 项目化运营始终站在甲方立场上的，考虑和服务是甲方自治，因为一个企业除了为其他组织和个人做项目外，也会接受其他的企业或个人为自己做项目；项目管理虽然对甲乙双方都适用，通常都是面向乙方的，指导乙方完成项目，很多时候是站在乙方立场上的。

4. 项目化运营的行动目标与企业的预算目标同向且强关联，管理会计要持续追踪和修正，以符合预算目标的总体需要；项目管理预期目的无论达成与否不影响项目本身完结，且与企业预算目标无关联。

项目化运营的立场

项目管理经常是站在乙方的立场上的，而项目化运营是站在甲方的立场上。

在项目管理中，项目的范围管理用于管理项目的范围，即项目要求的必须要做，项目没要求的坚决不做。如果在项目过程中发现对项目甲方有利的情况，但是这种情况将会导致项目变更，身为乙方的项目经理会去进行项目变更吗？这只有依靠项目经理的职业道德了。

那么如何衡量“做”的程度呢？项目管理中用质量管理来进行管理。而在项目化运营中，统一成项目化运营的目标管理。即规定哪些目标是必须达成的，并且要到什么程度。项目化运营是站在企业的高度，看待企业的整体利益得失与趋势。

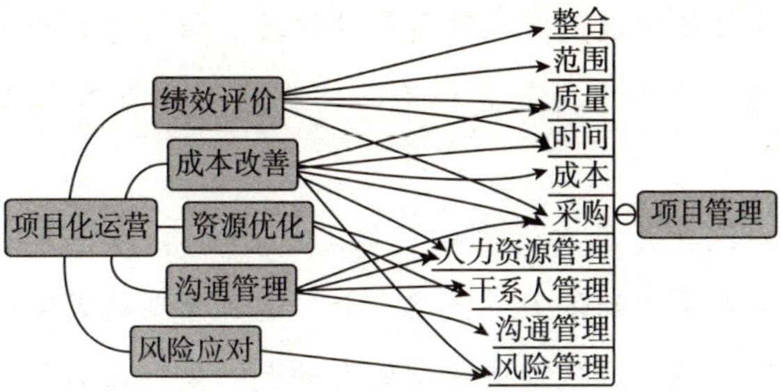

图4-21　项目化运营与项目管理的联系

4.3　量子化管理

作者的女儿要去日本旅游。女儿喜欢的一个日本演唱组合ARASHI曾经在京都的一家民宿①入住，女儿在京都停留时，希望能入住这家民宿。但是通过网络订房只订到了一晚，而女儿要在京都住三晚，行前，女儿给这家民宿打电话，想多订两晚。电话是该民宿前台的女接待员接的，两个女孩子用日语、英语和汉语耗时两个小时完成了交流和沟通，其间还聊到了日本这个著名的演唱组合和女儿喜欢的明星。

一周后，当女儿到了该民宿入住时，被安排在了女儿喜欢的那个明星曾经住过的那个房间。

站在一个长期从事企业管理的人的视角，这件小事真的是"细思极恐"。让我们梳理一下：

- 电话是民宿的前台女接待人员接的；
- 客人表示了喜欢某位曾在此入住过的明星；
- 客人并未提出要求入住该明星曾经住过的房间。

那么，民宿的客房管理者（老板娘）是如何得知这一信息，并进行处理的呢？管理者为什么要这样处理？

---

① 民宿：民宿（Minshuku），源自日本的"民宿"。是指利用自用住宅空闲房间或者闲置的房屋，结合当地人文、自然景观、生态、环境资源及农林渔牧生产活动，以家庭副业方式经营，为旅客提供乡野生活之住宿处所。此定义完全诠释了民宿有别于旅馆或饭店的特质，民宿不同于传统的饭店旅馆，也许没有高级奢华的设施，但它能让人体验当地风情、感受民宿主人的热情与服务、并体验有别于以往的生活。

毫无疑问，这样处理能使客人获得最佳体验。但信息的传递一定是前台接待人员的主动行为，这与中国一直倡导的“提高企业员工主人翁意识”不谋而合。

而这家小小的民宿是怎么做到的？这是一个个案吗？这是民族文化差异吗？这与员工的个人素质的依赖关系有多大？这种管理模式可以复制吗？复制这种管理模式有价值吗？价值增值的空间有多大？要付出的代价有多大？

我们在前面提出了面向业务的预算，预算通过项目化运营实现企业的目标，并实现有效控制。然而这样真的能做到有效控制吗？当接近年底预算控制不住时你会发现，雪崩时没有一片雪花觉得自己有责任。然而我们都知道，雪崩时没有一片雪花是真正无辜的。

预算与项目更多的是在宏观层面进行控制。项目经理通过 WBS 工作分解结构、关键链法等一系列工具和技术对过程进行控制。但这仍然是割裂的。想要对预算进行更加有效地控制，我们需要进入到更微观的领域，需要对微观对象的状态进行测量，并对测量结果进行评价，然后通过负反馈调节才能实现。而对于对象状态的测量是一个难点。

在项目管理中，可以通过计算挣值的方法在过程中对项目进行测量，而不是等到结果出现以后。但是对于虚拟的运营项目呢？在项目化运营中我们提到，预算项目的成本是通过项目和运营花出去的，那么预算项目中的收入是怎么挣回来的呢？应该如何进行测量呢？我们通过量子化管理来实现。

读者需要注意的是，管理会计的四个活动范围，即规划、决策、控制、评价反映的是过程，在正合管理会计的三个结构中都存在。即在面向业务的预算中，要对预算进行规划、决策、控制、评价，在项目化运营中也需要规划、决策、控制、评价。虽然从宏观上可以简单地把预算看成规划和决策，把项目化运营看成执行与监控，但到一个具体结构中，这四个活动范围都是存在的，而不能人为地割裂开来看待。

4.3.1 量子与量子单元

2016 年 8 月 16 日 01 时 40 分，由中国科学技术大学主导研制的世界首颗量子科学实验卫星“墨子号”在酒泉卫星发射中心用长征二号丁运载火箭成功发射升空。如图 4 – 22 所示。

图 4 – 22　人类首颗量子卫星“墨子号”发射升空

对于普通人来说，这只是一条平常的科技新闻，但是，无论对科技界还是产业界，这颗卫星的发射都具有极其重大的意义，因为它关乎着一个重要的学科——量子物理学的巨大进步。

也许你觉得量子物理学距离你太遥远了，让我们举一些身边的例子吧。你用过 GPS 导航吗？你知道 GPS 导航背后的巨人吗？他就是阿尔伯特 · 爱因斯坦。是的，GPS 就是相对论的应用。CD 机上的激光、电脑中的 CPU、在某电商网站仅售几十元的太阳能电池等，其背后都有量子物理学的支撑。

量子（Quantum）是现代物理的重要概念，由 M · 普朗克在 1900 年提出。他假设黑体辐射中的辐射能量是不连续的，只能取能量基本单位的整数倍。后来的研究表明，不但能量表现出这种不连续的分离化性质，其他物理量诸如角动量、自旋、电荷等也都表现出这种不连续的量子化现象。这同以牛顿力学为代表的经典物理有根本的区别。

本书当然不是一本物理学的科普读物，我们引入量子这个概念，是说在企业中也同样存在类似于量子物理学中的量子一样的不可分割的单元。

我们在对石油企业的成本构成进行研究时，用一般的成本计算的方法对油井的成本构成和测量进行分析面临了很大的障碍。对于制造业企业来说，成本是可以相对精确地进行测量的，但是一个石油开采企业则无法做到这一点。

制造业企业通过对原材料的加工，得到产成品。原材料的成本是可以通过采购明确的，在生产过程中，场地、人工、资产的折旧等都可以明确。而石油开采企业则没有这么简单。一个进入到开发中期的油田，进入二次采油阶段。为了给油层补充能量，开发中通过水井、气井等注入井向地层注水、注气，甚至是三次采油的化学注入、聚合物注入、微生物注入等为油层补充能量，以提高产量和采收率。但是只有油井才有收益，即开采出的原油，而为油层补充能量的注入井等是没有直接收益的。直接获得收益的采油井的成本单独计量可以做到，注入井的成本单独计量也可以做到，但是注入井没有直接收益，其成本势必累加到采油井上。但是麻烦的是注入井与采油井并不是一对一的关系，而是形成一个网状的结构，即一口注入井会为多口采油井补充能量，同时，一口采油井也受益于多口注入井。

石油开采企业为此进行了大量的尝试，如单井效益评价、区块效益评价、班组经济核算等，其效果均不理想。在进行单井效益评价，如果只做采油井的单井效益评价，这个成本是不完整的，因为没有注入井的成本。即便不考虑注入井的成本，有注水的油井的效益和没有注水的油井的效益必然是不同。而如果将注入井也进行单井效益评价，注入井又没有收入。如果非要注入井有一个收入，只能把相对应的采油井的产量“分配”给注入井，那按什么规则分呢？为了解决这一矛盾，在会计上经常采用“摊”的办法，即将注入井的成本摊到采油井上。可是又按照什么原则摊呢？会计上经常用产量法摊，即产量越高的采油井所负担的注入井成本越多，变成了通常所说的“鞭打快牛”，这并不能对采油井进行客观的评价。

相对于单井效益评价，区块效益评价的范围太大了，一个区块数十乃至数百口采油井和注入井，其评价结果只能在宏观上具有指导意义。而班组经济核算的口径又太小，无论采油井和注入井，其成本构成中最重要的是油气资产的折耗[①]，而资产的折耗又与 SEC 储量[②]相关，一个采油作业班组无法对所管理的采油井和注入井进行全口径的成本计量。

这时，我们想到了量子物理学中量子的概念，在一个油田、一个区块甚至一个开发单元中，一定存在一个不可分割的最小效益单元，这个最小效益单元

---

① 折耗是指递耗资产随着采掘、采伐工作的开展而逐渐转移到所开采的产品成本中去的那部分价值。简言之，折耗是递耗资产成本的转移价值。递耗资产的折耗与机器、设备、房屋等固定资产的折旧不同，折耗只是在采掘、采伐等工作进行时才发生，折耗是自然资源实体上的直接耗减。递耗资产除森林类资产可以造林补植外，大多不能重置。递耗资产是在采掘或采伐中生产出来的，直接成为企业可供销售的商品，因而折耗费用是产品成本的直接组成部分。而折旧性的固定资产是劳动手段，它有助于产品的生产，不直接构成商品的一部分，因而折旧费用一般属于产品成本的间接费用。

② SEC 是美国证券委员会（SecuritiesandExchangeCommission）的缩写。SEC 储量就是利用 SEC 准则评估出的油气储量。按照 SEC 准则评估的证实石油储量是剩余经济可采储量的概念。

由互相之间存在连通关系的若干采油井和注入井共同构成，即在一个石油开采企业中，最小效益单元是由油气资产组成的，并且我们验证了这一最小效益单元的存在，也成功地测量出了最小效益单元的成本与收入。

最初我们觉得这种最小效益单元非常近似日本管理大师稻盛和夫提出的“阿米巴”，并将这样的最小效益单元命名为“阿米巴井组”。但是随着研究的深入，我们开始觉得最小效益单元与“阿米巴管理模式”的内涵并不一致，于是我们回到了量子的概念，并重新将油水井组最小效益单元命名为“量子井组”。

图 4－23 表示了量子井组的划分原则。图中，注入井 A 为油层 2 补充能量，采油井 A 和 B 对油层 2 进行开采，而采油井 C 和注入井 B 与油层 2 并不连通，因此采油井 A 和 B 与注入井 A 组成了 1#量子井组，即具备连通关系的采油井和注入井共同构成一个最小效益单元——量子井组。

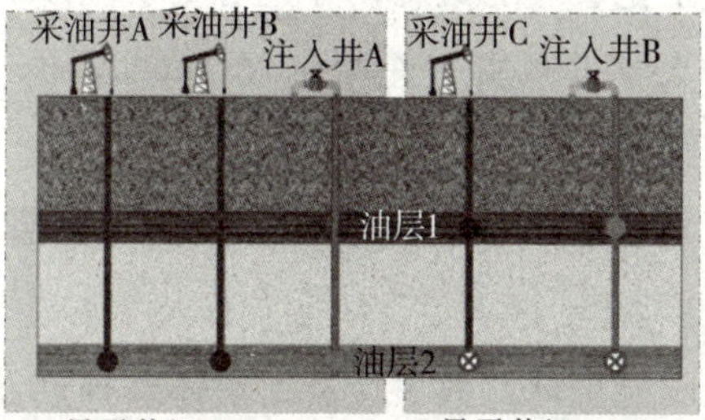

图 4－23　量子井组示意图

阿米巴管理模式是将组织分成小的集团，通过与市场直接联系的独立核算制进行运营，培养具有管理意识的领导，让全体员工参与经营管理，从而实现“全员参与”的经营方式。

但我们发现这里是有问题的。分割出的“阿米巴”需要与市场直接联系，那么不与市场直接联系的部门怎么办呢？如果不划分成“阿米巴”，则违背了全员参与原则，如果也划分成“阿米巴”，那么定价机制呢？于是这种管理模式天然存在一个潜在难题，即内部定价。这不就是石油企业中饱受诟病的关联交易吗？熟悉石油企业的人自然都知道关联交易是个什么货色。

另一方面，按照阿米巴管理模式的划分方法，对于一个石油开采企业来说“阿米巴”就划分到了注采班组了。可是在石油开采企业中，其注采班组的划分不仅受地面的影响，还会受地下地质结构的影响，其弹性非常大。有的注采班组管理一个井从场，井数多面积小，而有的注采班组管理的面积大井数少，这都对后续评价、改善造成了非常大的障碍，甚至可以说直接举牌——此路不通。

阿米巴管理模式对采掘业不适用，那么对现代服务业适用吗？仍然不能。房地产公司、各种中介、互联网企业、餐饮业等众多的服务业，这种管理模式都不能很好地落地。

最终，我们提出了量子化管理的概念。

量子化管理就是利用管理会计矩阵对组织进行分析，通盘考虑资本、业务、资源、作业、风险等管理领域，按照一定维度将组织拆分为最小效益单元，即量子管理单元，并对这些最小效益单元进行规划、决策、控制和评价的管理模式。

在我们确定了量子化管理的概念，并且对量子化井组进行软件的技术实现时意外地发现，牛津大学的丹娜·左哈尔（Danah Zohar）也将量子这个物理学的概念用于管理的解读。

丹娜·左哈尔（Danah Zohar）现在被认为是量子管理学奠基人，她提出21世纪的管理应该是“量子管理学”，她认为，企业需要新的量子管理思维，将每个员工看作特殊的能量球，放手让员工集体发挥创意，“由下而上”地为公司注入源源不绝的动力。量子思维及牛顿思维属于两种新旧思维模式。牛顿式思维重视定律、法则和控制，强调“静态”“不变”。量子思维重视的却是不确定性、潜力和机会，强调“动态”“变化”。21世纪的企业若仍用牛顿式思维来管理，强调集权、员工只需听令行事、不得有意见，那将陷入困境。

让我们更加意外的是海尔的张瑞敏先生也受到了量子管理学的影响，并融合道家思想在创新企业管理模式上有其独到见解，总结提炼出“人单合一”，提倡企业“平台化”、组织“去中心化”以及“用户付薪”，将内部管理变为“三自”即自创业、自组织、自驱动。

我们提出量子化管理，是描述企业的微观世界的。一个企业如果存在最小的不可分割的基本内部效益单元，则这个基本效益单元是量子化的。我们把这个最小的内部效益单元称为量子单元。

4.3.2　量子单元的划分

可是这样的内部效益单元在企业的微观层面真的存在吗?

假设某设计公司有若干销售人员和若干设计人员，销售人员负责接待客户，确认订单，设计人员负责为客户设计方案。一种管理模式是将公司分为销售和设计两个团队，销售人员统一接单，接到的订单全部进入订单池中，由管理者将订单分配给设计人员。

但是这种流水线式的作业方式存在很大的问题，最大的麻烦是无法评价绩效。按订单金额评价销售人员吗?单笔订单金额大并不一定利润高，因为投入的设计成本不同，比如设计耗费的时间不同。按订单笔数评价吗?那恐怕所有的销售人员都力争谈金额小的订单，因为小订单所耗费的销售成本低。同样，对于设计人员也无法进行评价。我们虽然可以确定设计人员的设计成本，但是要对应到订单才能计算出实际的收益。我们发现，销售团队和设计团队总是纠缠在一起，好像量子物理学中的量子纠缠一样。

如果把销售团队和设计团队打散为一个一个的小团队，根据销售与设计人员的能力进行配置，如1名销售配置2名设计人员，或者有设计水平非常高的员工，可以为其配置2名销售人员。我们发现，这个设计公司从职能型企业变为了项目型企业，而每一个小团队的成本和绩效都是容易计量的。我们通过消除纠缠态来得到了一个一个的量子单元，而且这个量子单元通过量子单元中的销售人员与市场直接相连。

假设某企业生产一种产品，有一条流水线，流水线上有若干工人进行作业，还有一个质检小组进行品质检验，一个销售小组负责销售。通常的管理会按照工序或工段将流水线进行切割，分成一个一个的作业小组。怎么评价这些作业小组呢?可以对各作业小组的成本进行测量，但是无法对收益进行测量，因为只有产品完全制造出来才有收益，对作业小组则只有压减成本一种可能了。另一个思路是把所有的作业小组全部“市场化”，让上一工序的作业小组把半成品“卖”给下一工序，这样一道工序一道工序地“卖”下去，直到销售到客户手中。但是各道工序按照什么定价原则来“卖”呢?而且质检小组怎么办?让各个作业小组向质检小组购买质检服务吗?但“市场”的关键不是客户在“市场”上能够买到什么，而是客户可以选择不买。但做为下一工序的作业小组可以选择不买上一工序的产品吗？比如各个作业小组可以选择不买质检小组的服务吗？质检小组是不是把质检服务强卖给了各道工序的作业小组呢？各道工序的质检成本不同，质检小组又怎么确定各道工序的质检价格？

将企业划分为类似突击队的小的单元，提高单兵作战能力，以更小的代价换取更大的胜利，这个思路是没错的。但是不顾客观事实强行划分单元的作法是不可取的。那么应该如何划分量子单元呢？

我们提出按照资源依赖原则进行量子化单元的配置与划分。

在正合魔方中，我们提出了资源管理领域的 4 种分类，共 8 大资源，分别是人力资源、组织资源、市场资源、客户资源、资产资源、技术资源、供应链资源、人脉资源。资源依赖原则即企业的存续对哪种资源的依赖程度最高，或者说，哪种资源是企业最重要的资源，则以该资源进行量子单元的划分。

一个石油开采企业的油水井是最重要的资源，因此我们以油水井组划分量子单元，而一个设计公司是一个轻资产的企业，其人力资源是最重要的资源，因此以人力资源划分量子单元。而对于一家制造业企业来说，客户或市场才是最重要的资源，应根据其业务模式确定按照客户或市场来划分量子单元，这样划分，即不会出现内部定价，也不会出现类似质检小组的尴尬。可以看出，依据资源依赖原则划分量子单元将极大地增强量子化管理模式的灵活性与适应性。

确定了划分原则后，我们要进一步消除量子的“纠缠态”，一些不直接与市场联系的“轻子”通过消除“纠缠态”，配置到了与市场直接联系的量子单元中，使量子单元真正形成一个兼具市场化与完全成本的个体。

对于一些确实无法配置到量子单元中的个体怎么办呢？与市场直接联系并直接产生收益的量子单元，我们可以称为市场型量子单元。而那些无法与市场直接联系，又无法配置到量子单元中的“轻子”，则作为计划型量子单元看待，如同量子物理学中的费米子与玻色子一样。

读者无需纠结轻子、费米子、玻色子这些物理名词，我们只是打个比喻。在未来，随着对量子单元的深入研究，也许可以更加细致地辨析量子单元的不同，并建立一个量子化管理的标准模型。

量子单元可以是逻辑的存在，量子单元的划分并不意味着必然进行组织改造或企业重构，组织改造的风险极大。

4.3.3 量子单元的经济标尺

当我们划分完量子单元后，如何量化地衡量量子单元的盈利能力呢？即哪些量子的创效能力高，哪些量子的创效能力低，高有多高，低有多低，或者通俗地说“值”还是“不值”，到底有多值或者有多不值，这时，我们需要一个衡量标尺。在量子化管理中，我们按照成本性态来确定这个衡量标尺。

从会计原理可知，成本性态有4种。从大类上来分，成本性态可以分为变动成本和固定成本。变动成本还可以分为技术性变动成本和酌量性变动成本。固定成本还可以分为约束性固定成本和酌量性固定成本。根据成本性态，我们将量子化管理的经济标尺分为6级。

沉没级：量子单元的收益绝对值低于量子单元产生的技术性变动成本，该量子单元处于沉没级。

容忍级：量子单元的收益绝对值高于量子单元产生的技术性变动成本，但是低于酌量性变动成本，该量子单元处于容忍级。

边际级：量子单元的收益高于变动成本，但是低于变动成本与约束性固定成本之和，该量子处于边际级。

临界级：量子单元的收益高于变动成本与约束性固定成本之和，但是低于完全成本，该量子单元处于临界级。

保本级：量子单元的收益高于完全成本，但是低于完全成本与经济增加值之和，该量子单元处于保本级。

保利级：量子单元的收益高于完全成本与经济增加值之和，该量子单元处于保利级。

确定量子单元完全成本的成本性态，按照先变动后固定、先约束后酌量的原则，对确定了成本性态的各项成本进行分组，用量子单元的收益与成本性态组进行比较，可以确定出量子单元所处的级别。量子单元的经济标尺为量子单元的级别划分提供了依据，确定了量子的盈利程度。

以采掘业中的石油开采企业为例，将具有受益关系的油水井划分为一个量子井组，可以计量出该量子井组的总产出。以该量子井组的总产出乘以当期油价，可以得到该量子井组的当期收益。比较收益与按成本性态进行分组的成本，可以确定出量子单元的级别，如图4-24所示。

• 若当期收益小于当期的电费投入，则该量子井组处于沉没级；

• 若当期收益大于电费，但是小于油气处理费及修井措施作业费，则该量子井组处于容忍级；

• 若当期收益大于电费、油气处理费和措施作业费之和，但是尚不能超过管理性支出，则该量子井组处于边际级；

• 若该量子井组的当期收益超过各项直接成本和分摊费用，但是尚不能覆盖折耗，则该量子井组处于临界级；

• 若该量子井组的当期收益能够覆盖完全成本，但是与预期利润尚有不足，则该量子井组处于保本级；

• 最后，若该量子井组能够实现预期利润，且收益能够满足上级管理层对经济增加值的期望，则该量子井组处于保利级。

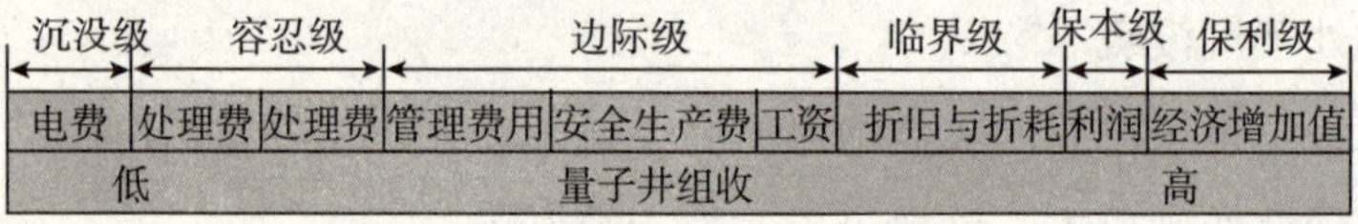

图 4－24　石油开采企业量子井组的分级示例

然而在实际技术实现上我们却碰到了障碍，当我们用量子井组的总产出乘以当期油价时，所有的量子井组都处于保利级。问题出在油价上。这个油价是销售价，而不是成本价。我们意识到，在原有计划经济体制下，上级机关向采油厂下达生产任务，这个生产任务与市场是脱节的，但当我们试图与市场发生联系时，我们缺少一个价格，这个价格不能使用销售价，而应该计算出成本价，在成本价格的基础上增加预期利润，可以得出出厂价。而各采油厂的情况不同，出厂价也是不相同的。当然，这个出厂价必须是完全成本下的出厂价，而不能是传统意义上的吨油运行费或吨油操作费。

量子井组的概念为出厂价的核定提供了可能。这可能带来一个变革。上级机关从下达生产任务转变为了向采油厂采购产成品，而出厂价格较高的采油厂没有价格优势，将影响到对其产成品的采购量，进而影响到利润。具有价格优势的采油厂可以增加产量，将其的价格优势转变为利润，即实现了资金向有效益的方向流动。

4.3.4 量子化管理

我们在描述量子单元时，使用了量子化这样的表述，即基本效益单元是量子化的。这个意思是说，当我们深入到企业微观层面，把企业分解为一个一个的量子单元时，其呈现出完全不同于企业宏观的状态，即量子化效应。

李松蔚老师常常讲一句话：关注即强化。心理学上有一个著名的实验，心理学家告知老师某几名孩子是天才，其后这些孩子的学习成绩果然有提高，而事实上心理学家完全是随机抽取孩子的名字的，对孩子的情况毫无了解，所谓的天才更是无中生有。这个心理学实验之所以能成功，正是说明关注即强化。

在企业管理中同样如此。当管理会计关注某一问题或现象时，该问题或现象则得到了强化，而得到了强化的问题或现象所表现出的结果将与未关注时完全不同，这是量子化管理中的观察者效应。

当我们对量子单元进行测量时同样会出问题。一家企业的业务员的薪资由保底工资与提成奖金组成。该企业规定，业务员外出见客户的交通费（同城）不予报销，由业务员自行负担。从表面上看，企业降低了成本，或者更容易控制成本，但是企业不知道的是业务员谈下一个客户的平均成本是多少，即便是产品及其生产条件相对稳定，或生产流程与工艺标准化程度较高的企业，能够制定出标准成本，但因为不确定性的存在，企业仍无法用此标准成本预测每一批次的产品成本并与最终的核算完全吻合，这是量子化管理的测不准原理。

有的企业在预算的执行时，强制要求预算与核算完全一致。且不说预算与会计核算是完全不同的两个体系，即便体系相同，因为不确定性原理的存在，预算与核算也不可能完全一致。为了解决这个矛盾，企业不断地进行预算的调整，以使预算与核算相吻合。

当然我们还面临另外的问题，你不可能对每一个量子单元进行关注与测量，直至评价。所有的正反馈都是不可持续的。

微观层面与宏观层面有非常大的不同。在宏观层面，企业可以对材料费进行测量，但是在微观层面则做不到。控制一个石油开采企业每一个班组的材料费超出了企业的管理极限。

量子跃迁

既然把这个一个一个的小的内部效益单元叫成一个经济量子的话，那么会存在一个量子跃迁。

比如某经济量子 Q 原来处于容忍级，现在管理当局通过一定的技术手段使该经济量子 Q 的效益在某个时点突然增加变成边际级，甚至可能直接跳到保本级了，该经济量子 Q 的这种跳级情况称为量子的跃迁。

经济量子从一个状态跳跃到另外一个状态，称为量子跃迁，跃迁可能向增效方向跳跃，也可能向低效方向跳跃。以石油行业修井作业为例，某经济量子中的一口油井，其产量不理想，管理者试图通过投入作业费，让修井作业队进行修井作业，处理一下这口井，提高该井的产量。如果我们通过作业费的投入，确实实现了这种作业量的跃迁，那么这个过程我们称为受激辐射。你向该井投钱了，然后该井持续 80 天增加了产量，这叫受激辐射。

量子化管理所表现和反馈的结果，一方面将趋势发展反应给面向业务的预算，提示管理当局对全局策略和方向决策的经济性和持续性给出调整或优化的明确指令和适时策动；另一方将阶段风险反馈于项目化运营，预警组织级项目连续行动的安全性、合理性、经济性，并倒逼项目化运营给出改善或叫停的具体方案和实时响应。

2、对量子化单元的过程管理活动

量子化管理模式的活动包括组织对量子化单元的活动以及量子化单元自身的活动，对应这两种活动，内部又涵盖规划、决策、控制与评价四个方面的具体活动。

按照规划、决策、控制、评价四个方面可能做出的管理行为，从以下 5 种行为动作对量子化单元模式的活动进行梳理、归纳与总结。

（1）观察行为：对组织战略进行分解，得出量子化单元的 KPI，确定观察对象，确定 KPI 的观察方法与观察规则，并对 KPI 进行观察；

（2）测量行为：获取量子化单元的数据，进行处理，转化为财务与非财务信息，实现量子化单元成本与效益的测量；

（3）甄别行为：根据经济标尺与效益临界点对量子化单元进行甄别，促使组织对量子化单元及量子化单元主动对其自身进行控制行为，甄别行为包括组织对量子化单元的评估及量子化单元自身的评估；

（4）控制行为：组织根据偏离度对量子化单元及量子化单元对其自身进行的纠正偏差的行为；

（5）优化行为：组织或量子化单元自身为使量子化单元实现临界跃迁而进行的改善行为。

企业最大的成本并不是原材料采购，也不是人力和土地成本，而是内部消耗，我们称之为“幽灵损耗”。

在交通管理上，有一种现象叫“幽灵堵车”。那些表面上看似没有任何起因的堵塞：没有事故，没有停顿车辆，也没有封闭施工的车道，道路却会莫名其妙地突然出现堵塞，很长一段时间过后，车流又会毫无征兆的顺畅起来。

这种莫名奇妙地堵塞现象被交通专家称为“幽灵堵车”。在拥挤的公路上，很可能仅仅由于某个司机急刹车、突然变道或者超车，造成短暂的停顿，就会在这辆车的后方引发一连串的停顿——这条道路像撞上幽灵一样发生了堵车。哪怕第一辆车停下来后只需要2秒钟就能启动，可到最后一辆汽车启动时，所需的时间可能就要几十分钟了。研究显示，如果处于繁忙的高速公路上，一名新手司机的急刹车就可能引发一场“交通海啸”，受影响的路段可长达80公里。

其实，道路并没有真正被“堵”，只是产生了汽车行驶的时间差越大。由于第一辆车的刹车，后面所有的司机也必须刹车，这样一辆一辆车传递下去，带来的“波动效应”，导致了大面积的公路交通整体减速。

在企业中也会存在这种类似于“幽灵堵车”的现象，在消耗我们那点可怜的可用资源，我们把这种消耗称为“幽灵损耗”，就是说，年初我们做得好好的预算，在过程中莫名其妙的资金就不够了，可是你如果去查账，会计账簿上一笔一笔清清楚楚地记录，查不出任何问题。

这种现象不是由个人造成的，而是由企业中的量子单元造成的。在“幽灵堵车”现象中，人们的反应千差万别，也是“幽灵堵车”不断扩张的原因。如果所有人都能做出正确的反应，那么几秒钟的停顿就很容易化解。但事实正好相反，越是堵车的时候，便越有人想钻空子，希望能插队往前，而这只能让已经堵塞的路况更为恶化。

“幽灵损耗”同样如此。如果所有的量子单元都能做出正确的反应，就是我们常说的同心同德，同向同行，“幽灵损耗”很容易化解。但事实同样与我们的期望相反，越是资源（比如资金）不够时，便越有人想钻空子，希望能插队靠前，而这只能让已经不够的资源分配更加恶化。

“幽灵损耗”的产生，固然有职能型企业的部门墙的原因，也有体制机制的原因，还有考核政策的原因。

本质上说，量子化管理模式是要提升员工的个人能力，即“单兵作战能力”，而不是基于精英主义思维培养数名甚至数十名、上百名“量子长官”。左哈尔新作《量子领导者》书中指出，企业要赋予员工从下而上的动力和空间，让他们了解到制定决策的原因，甚至让他们参与决策，鼓励他们充分释放自己的才华。因此，需要在量子化管理模式中就人力资源的职业能力发展进行研究，识别对员工绩效有重大影响的诸多能力，通过定义关键能力维度，根据应用环境类型及特征、组织结构和组织成熟度的不同，为量子化单元和个人就如何评估、规划和管理其职业发展提供指导。同时，量子化管理模式与企业文化建设也是息息相关的。增强企业员工的归属感才能促进人人主动参与企业经营。因此，为推进量子化管理模式与企业文化建设更好地有机融合，需要在《管理会计基本指引》的总体方针下，提炼量子化管理模式中企业文化建设的内涵。大致方向是量子化管理模式与企业文化建设的内在关系；量子化管理模式中的团队建设与企业文化建设的内在关系。这些内容将在今后的实践过程中继续深度研究。

使市场在资源配置中起决定性作用，加快和推进供给侧结构性改革，促进国有企业加速向有质量、有效益、可持续发展转型。笔者认为，在《管理会计基本指引》带领下，在企业内部建立形成量子化管理模式进行应用与推广，用以帮助单位管理会计的实践，寻求企业低成本运作方式，挖掘企业的管理潜力和弥补管理短板，进一步提高劳动生产率和全要素生产率，发挥管理会计服务企业规划、决策、控制、评价的有用能力，激活企业内部团队的协同与合作，提升企业的比较优势和竞争优势，有力推动企业实现战略规划目标。

于公司来说，建立内部生态量子即最小效益单元的凝聚合作与战斗力至关重要，团队的每个成员的素质也非常重要。选好用好、珍惜人才、尊重人才，才是管理好公司的根本！但若企业内部存在着不适合做管理的人员，将很有可能给量子化管理带来负面反作用，恰是企业必须加以清除和限制，包括把个人利益时时放在首位的人，只会制造团队矛盾；偏爱欺上瞒下设法隐瞒事实真相的人，甚至要下属与自己同流合污想办法欺骗上司；心胸狭隘见不得人好，一旦被得罪就伺机报复他人；表里不一善于伪装，身居高位狐假虎威；内部拉帮结派打压不同意见者，喜欢搞小动作影响团队凝聚和谐；做事情绪化严重，喜欢揽权，又不落实不解决问题，好大喜功沽名钓誉，这些类型人员的存在，将严重阻碍企业量子化管理的生长与发展，做事不讲原则没计划，随意性很强，拖泥带水不讲求效率，必将给企业效益的持续增长带来严重影响。

稻盛和夫曾经说过“不管在什么时候，不管在什么环境下，不管多么微小的事，我们都要认真投入其中。这样，就能具备在任何情况下都能主动集中精神分析现象的基本素质，因此就算遇到突发问题，也能立即抓住其核心本质，从而顺利解决”。

不断思考“什么是自己力所能及的”，最后决定“不管看似多么简单的事，都要认真思考，努力做出正确判断”。从那之后，不管遇到多么微小的事情，我都会有意识地认真思考。直至今日，我仍保持这样的习惯。

第5章 正合管理会计活动与案例

5.1 管理会计活动的载体

案件是管理会计活动的载体，是面向对象思想中的对象，是 EMPIRE 模式的有形化表现。

管理会计案例必然具有管理领域、管理过程组的属性，可以包含一个或多个管理过程。

案件收尾后，形成组织过程资产，并以案例形式记录在案例库中。

管理会计的案件应按照成熟度模型进行规范。

5.1.1 案件的分级

相声表演艺术家刘文亨先生在其作品《一差二错》中讲了多个舞台表演失误的笑话。舞台表演上的失误被演员和观众们称为舞台事故。老师在授课时如果遗漏了知识点被称为教学事故。我们熟知的还有交通事故、生产事故、医疗事故等。但是没有人提过管理事故。然而管理上的失误和过失对企业造成损失的情况几乎每个企业有，确实有必要对管理失误和过失提升到事故的高度来认识了。

从风险控制角度，正合管理会计理论将管理会计活动的案件分为管理不良事件、管理危机与管理事故三级，分别对应正合管理会计矩阵的执行层、观察层和决策层。

管理不良事件是指企业经营管理过程中，任何可能影响或改变风险、资源、作业的因素和事件。

管理危机是指投入（包括投资与成本）和绩效（包括生产效率、资产运行、营销收入）发生偏离，而这种偏离需要较大管理投入才可能被纠正。

管理事故是指企业员工在企业经营管理活动中，违反相关法律、行政法规、企业部门管理规定、操作规范、常规，过失造成企业损害的事故。

[案例]

某采油厂在某天突然减少数十吨产量。当最高决策者发现并追问相关责任部门时发现，所有的相关责任部门都不知道此事。对于这种情况，管理会计会怎么做呢？

我们可以将发现问题的这位决策者视为报案人，管理会计进行立案调查。可以看出，这是一个风险型案件，与刑事侦查类似，管理会计也要走访当事人，查明损失。经过走访得知，事件的起因是一口新井投产，造成附近采油井停产。这个案件如何定性呢？

前端选的井位是不是合理，在选择井位时，设计人员有没有想到投产作业时可能影响其他生产井的正常生产，这种影响视同为风险的话，风险发生的概率有多大，有没有风险预判，提前做预案。如果作了，这是管理事故，如果没有，这是管理不良事件，应该提出改进措施。

5.1.2　案件的流程

立案

管理会计在进行活动时，应有一个明确的立案过程。立案过程一般属于管理过程组的启动过程组。

明确立案，是为了管理会计能够调动企业资源，协调各部门职能，完成管理会计活动。没有明确的管理会计立案，难以得到企业决策层和各层级管理者的认同与支持，无法调动资源，管理会计活动将停留在“合理化建议”的层面，即便该“合理化建议”可以实行，仍需要具体的实施方案，造成过长的管理、决策链条。因此，管理会计活动的立案，一方面规范了管理会计活动，通过正合管理会计成熟度模型，逐步形成组织过程资产，另一方面，明确的立案过程也便于企业开展管理会计活动，提高管理会计活动的工作效率，使经过论证可行的管理会计信息与报告尽快地在企业中应用。

从项目管理的角度来看，立案可以看成项目管理中的制定项目章程过程。在项目管理中，项目经理是被动接受项目的，或者说，项目是由项目（组）以外具有一定职权、能力为项目提供资金的人员批准的，如项目发起人、项目管理办公室（PMO）或项目组合指导委员会。项目经理由项目发起人任命，并开展工作。

与项目管理不同的是，管理会计的立案是管理会计人员（或从事管理会计工作的人员）的主动过程。对于业务部门的数据、信息、流程等，业务人员主诉的管理现状或自行发现的可以开展管理会计活动的线索，应当迅速进行审查。

调查

正合画布（如表5－1）

表5－1　正合画布

<table>
<tr><td>画布名称</td><td></td><td>画布流水号</td><td></td><td>体系与版本</td><td></td></tr>
<tr><td rowspan="3">管理领域</td><td colspan="5">管理过程组</td></tr>
<tr><td colspan="5">管理过程</td></tr>
<tr><td colspan="5">
<table>
<tr><td colspan="2">谁会影响我：
权益获得者：
权益损失者：</td><td colspan="2">我会影响谁：
权益获得者：
权益损失者：</td><td rowspan="2">我能承受失败吗？</td></tr>
<tr><td colspan="2">我能得到什么：
产品：
服务：
结果：</td><td colspan="2">我的目标是什么
（必须为数值）：</td></tr>
<tr><td>我要付出什么代价：</td><td>我能获得多少回报：</td><td>我的净收益：</td><td>根据是什么：</td><td></td></tr>
<tr><td>管理行为：</td><td colspan="3" rowspan="4">动作分解：<table><tr><th>输入</th><th>工具与技术</th><th>输出</th></tr><tr><td></td><td></td><td></td></tr></table></td><td rowspan="2"></td></tr>
<tr><td>谁在做动作：</td></tr>
<tr><td>能力：</td><td rowspan="2"></td></tr>
<tr><td>意愿：</td></tr>
</table>
</td></tr>
</table>

后果如何？

这个后果是我想要的吗？

这个后果我能承担吗？

复盘

复盘一般位于收尾管理过程组中。复盘是一个围棋术语。

5.2　面向业务的预算管理案例①

201X年初，A采油厂接到上级地区公司下达的年度业绩指标，按百分制分类设置，其中效益类指标为内部利润，权重比80%，内部利润测算基础为原油预算价格53美元/桶；营运类指标权重比20%，包括投资管理5%，安全环保10%，新增SEC储量5%。当看到年度业绩指标通知单后，采油厂管理者们心理发生了变化：一种心态是，以前上级是下达年度油气产量目标作为效益类指标的，本次仅下达内部利润指标，且业绩分值权重比高达80%，必须全力以赴完成利润目标；另一种心态是，要实现利润指标，没有产量规模是不行，要实现利润必须完成总产量任务（当然，上级之前曾下达过指导性的配产计划）。

内部利润与总产量存在矛盾吗？总产量与效益产量是什么关系？若内部利润更强调效益产量，那么效益产量到底应该是多少？一连串提问与质疑，谁来回答？对此，自然地想到，这就应是管理会计的目标“通过运用管理会计工具方法，参与单位规划、决策、控制、评价活动并为之提供有用信息，推动单位实现战略规划”。从哪里入手，现在就用本书中“面向业务的预算管理”的理论分析一下笔者研究的事务吧！

那么，让我们先看看年度预算内部利润是如何形成的。

一、预算利润的构成

预算期内，上级下达指导性的原油年总产量任务为58万吨，商品率99.3%，按53美元/桶，汇率6.7，吨桶比7.34折算油价为2606.43元/吨，A采油厂预算销售收入为150115万元。

销售成本124950万元，其中：人工成本20300万元，运行成本19850万元，折旧折耗摊销70500万元，所得税以外税金14300万元。

期间费用29674万元，其中：负担上级机关管理费用及销售费用23974万元，财务费用5700万元。

预算桶油完全成本为54.59美元/桶，A采油厂201X年预算税前利润

① 本例中所有数据均为虚拟数据。——作者注

-4509万元。

二、管理会计工具及基本假定

1. 本量利分析

如果A采油厂如果年度不亏损，那么，完成多少产量即可保本呢？这里，利用“本量利分析”即成本—数量—利润分析工具，来探讨成本与生产量、利润与销售量及成本之间的变动关系。

2. 基本假定

管理会计在制作经济模型前，须提出一些基本假定，以便分析易于理解和接受。

（1）销售成本与期间费用构成了A采油厂年度的总成本，总成本可完全分解为变动成本和固定成本。其中：人工成本、折旧折耗摊销、期间费用为固定成本；运行成本和所得税以外税金为变动成本。

（2）销售收入、成本与销售量呈相似性线性变动关系。

（3）税前利润等于营业利润，即暂不考虑营业外收支、投资收益、其他业务收支等不确定性因素的影响。

三、基本模型及分析

1. 保本点模型

确定盈亏平衡点，即销售量要达到什么规模或程度才能弥补固定成本后不亏不赚，也就是保本的销售规模。

公式定义为：

（1）盈亏平衡的销售量

保本销售量=固定成本/（单位售价-单位变动成本）

（2）盈亏平衡的销售额

单位贡献毛益=单位售价-单位变动成本

贡献毛益率=（单位售价-单位变动成本）/单位售价

=单位贡献毛益/单位售价

保本销售额=固定成本/贡献毛益率

依据上述预算资料和假定条件，计算固定成本为120474万元（人工成本20300万元，折旧折耗摊销70500万元，期间费用29674万元）；单位售价即折算油价为2606.43元/吨；单位变动成本592.94元/吨（变动成本/原油销售量)，变动成本为34150万元，其中运行成本19850万元，所得税以外税金14300万元；原油销售量57.594万吨（原油产量×商品率）；单位贡献毛益为2013.49元/吨（油价2606.43－单位变动成本592.94），贡献毛益率为0.7725（单位贡献毛益2013.49/油价2606.43）。

据此求解得出：

保本销售量＝固定成本/(单位售价－单位变动成本)
＝120474/(2606.43－592.94)
＝59.8334万吨

保本销售额＝固定成本/贡献毛益率
＝120474/0.7725
＝155953万元

通过分析测算得出，A采油厂年度若实现不亏不赚，须多实现原油销售量2.2394万吨，或多生产原油2.2552万吨即可达成保本目标。

2. 保利点模型

成本—数量—利润分析不但可用于预测盈亏临界点，更重要的是还能用来预测利润，规划最优化的目标利润，并为实现目标利润提供各种有关生产、销售和价格的可行性方案。

一般有关会计基础知识的人，都了解计算利润的会计恒等式，利润＝收入－支出＝（销售量×销售单价）－（销售量×单位产品变动成本）－固定成本总额。那么，在预测目标利润时，关键是通过对目标销售量的预测分析，来判定要达到的目标利润，以确定应生产和销售多少。

因此，对目标利润的测算，在保本点模型的定义公式基础上，稍做出改动即可：

目标利润销售量＝固定成本＋目标利润/（单位售价－单位变动）
＝固定成本＋目标利润/单位贡献毛益

假定油价、固定成本、变动成本不变的情况下，A采油厂期望实现2000万元目标利润，那么达成目标利润的销售量应为

目标利润销售量＝(固定成本＋目标利润)/单位贡献毛益
＝(120474＋2000)/2013.49
＝60.8267万吨

就是说A采油厂若预计实现2000万元目标利润的话，在保本销售量基础上，还需要再多实现原油销售量9933吨，或多交原油产量10003吨。

四、A采油厂年度预算利润的规划与决策

根据基本模型与分析结果，A采油厂管理层经过研究讨论，对可能存在的风险与资源能力进行可行性论证后作出决策，确定以年度利润实现2000万元为目标，要求预算管理部门进行年度预算规划与资金安排，确保当年扭亏为盈，摘掉亏损企业的帽子，同时要立足长远保证采油厂高质量发展的根基牢固和健康可持续。以此为前提，预算管理部门会同相关专业部门对采油厂总目标进行细化分解，具体包括：

1. 明确年度总产量目标

结合采油厂实际，经过反复测算和论证，确定年度原油产量目标为61.26万吨，商品量60.8267万吨。

2. 制定年度配产方案

采油厂配产构成为：年产油量61.26万吨，日产水平1678.4吨/天，其中自然老井产量51.26万吨，自然递减16%。老井措施增油2.5万吨，新井7.5万吨。

（1）自然老井配产

年度自然老井配产51.26万吨，自然递减为16%。

配产依据：参考近五年以来采油厂自然递减趋势，平均年降幅为0.6个百分点，按照上年17.2%的自然递减降幅0.7计算，预算期正常的自然递减为16%，同时考虑本年主要稳产工作及影响因素，上年度标定产量为61.0238万吨，因此预算期自然老井产量为51.26万吨（标定产量61.0238 X0.84），0.84=1-自然递减16%。

（2）老井措施配产

预算期采油厂计划实施措施99井次，平均单井增油量255吨，年增油量2.5245万吨。

配产依据：年增油参考近几年采油厂措施产量所占比重，井次和单井增油量参考近年平均值及整体趋势，并结合预算期主力油田各项工作重心的分布，确定采油厂措施井次及措施产量。

（3）新井配产

预算期新井计划实施76口井，新建产能12.92万吨，按贡献率46%配产，当年产油5.94万吨，上年新井跨年投产16口，预计完成年产油1.56万吨，预算期新井配产7.5万吨。

3. 目标利润2000万元可行性方案

按照预算管理部门以往的工作惯例，依据配产方案及单位售价即可确定年度预算销售收入，围绕管理层确定目标利润2000万元后，采取倒挤、压缩、“一刀切”等方式核定各项成本费用预算，来保障采油厂目标利润的实现。

如表5-2中，对于固定成本一般情况下“动刀砍钱”的余地不大（其实也不会），且降幅依据也不充分；那么对于变动成本，如购买服务及其他支出（主要指采油厂运行成本），预算管理部门则按照惯例直接“砍钱”，为了表现一视同仁、不偏不倚，对采油厂内部的所有业务、所有部门或单位基本都是按上年预算成本整体减幅5%～10%进行指标核定。大家会问了，不是说目标利润定了2000万元吗？怎么表中出现4388万元的利润额，其实再简单不过了，就是用4388万元的预测利润，去保管理层确定的2000万元目标利润。这是预算管理的“技巧”，可以看作是“风险预防金”或“应急储备费”，主要是作为年度预算执行过程中防备不可预见突发事务出现而预留的资金。

表5-2　201X年采油厂目标利润测算表

项目	201X年上级下达预算	201X年采油厂预测	备注
一、销售收入	150115	158541	
其中：油价①	$53（￥2606.43）	$53（￥2606.44）	
原油产量（万吨）	58	61.26	
商品率（%）	99.3	99.3	
二、经营支出	148924	148453	
1. 购买服务及其他支出	19850	18858	减幅5%
2. 人工成本	20300	20300	
3. 勘探费用	4400	4400	按产量分摊
4. 销售及管理费用	15374	15374	按产量分摊
5. 折旧、折耗及摊销	70500	70500	
6. 资产减值损失			

① 美元油价单位为“美元/桶”，人民币油价单价为“元/吨”。

续表

项目	201X 年上级下达预算	201X 年采油厂预测	备注
7. 所得税以外税费	14300	14821	
其中：土地使用税	5024	5024	应税面积测算
资源税	7776	8212	收入 5.18%
城建税及教育附加	1500	1585	收入 1%
8. 其他费用	4200	4200	
三、经营利润	1191	10088	
减：财务费用（利息支出）	5700	5700	利率 4.725%
四、税前利润	-4509	4388	

"砍钱"的招法，被多年采纳且屡试不爽，因为无须顾忌太多——简单即美，即便今天依然有众多"财务粉丝"点赞并效法。但更多专业部门和基层单位对此做法甚为不满，纷纷"吐槽"表示不屑。如果是这样"我也能干预算管理工作"，这样的传言不胫而走。还有没有更好的方法来加以解决呢？管理会计做出的回答是"有的"，那就是运用"面向业务的预算"管理方法。

五、面向业务的预算管理方法

企业是以营利为目的的经济组织，利润最大化是企业追求的核心目标。高油价时代的利益驱动石油企业更偏好于投资规模扩张、加速新建产能、累增油气产量，企业经营策略导引管理者聚焦于总产量完成和总资金不超，但生产过程中资金质量劣、生产效率低等问题易被忽略。在低油价时期，油价下行的压力、油田发展瓶颈与经营亏损加重的困境叠加，倒逼石油企业必须加快转变经济发展方式，管理会计应有责任、有能力、有担当，围绕企业战略目标，在研究经济产量与经济效益的决策支持、战略实施路径上，不断尝试创新与改造经济方法和决策工具，更加关注生产链、作业链的全要素投入生产的经济效率，通过持续挖掘潜力和改善资金创效能力，助力决策质量的提升与实施效率的提高。

1. 管理会计在管理实践中的作用

（1）设计企业未来财务管理方向。围绕企业发展战略，财务管理要站在企业全局高度，以经济效益为中心，主动适应市场经济规律的变化，谋定短期目标和中长期目标的财务策略，建立符合企业实际的经济管控方法，提升事前规划决策、事中控制评价的管理会计能力，过程中持续推进决策的实施。

以采油作业单元为例，其未来的经营模式可考虑设计如图5-1。

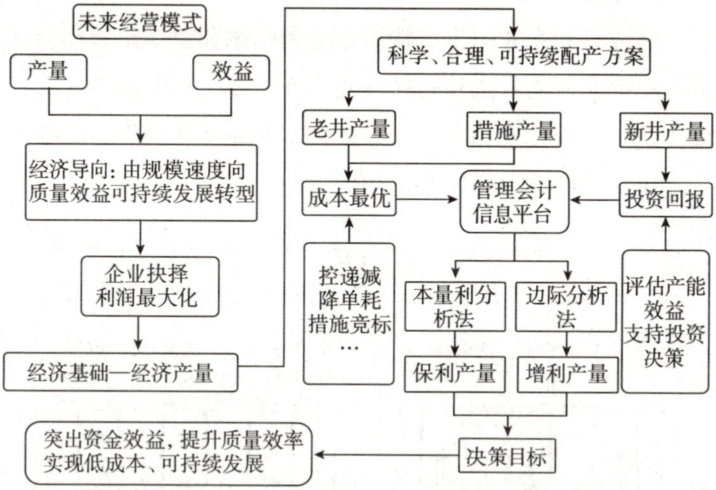

图5-1　采油作业单元未来财务管理方向设计

（2）整合运用预测与决策的经济分析工具。根据企业未来的经营目标和战略规划，有针对性地选取适用的经济模型对全面预算内容进行量化和预测，提供决策必需的精要信息，并生成目标方案或从多选方案中择优，提出实现决策目标的方案。依据市场变化准确把握目标利润的变化，对方案做出不同的决策。

（3）增强规划与控制的能力。在本企业管理会计信息平台搭建经济模型进行动态管理，并借助互联网技术形成各系统间数据共享、集成联动，帮助决策者或管理者从多维度数据的经济分析中做出规划与控制抉择。管理会计要主动、积极地深入企业各业务部门的具体活动中，熟悉、理解企业经营管理或生产活动过程对会计信息的需求，借助经济模型等工具对企业的经济活动进行科学计划，并在执行过程中加以引导和干预，使生产效率可以依照预定的管理目标受控运行。

（4）提升分析与评价的水平。在经济新常态下，企业在追求目标利润的进程中，需要管理会计拓宽视野、敞开胸怀、包容合作，对各部门展开全覆盖互动协作，对各个环节进行风险预测、动态分析、过程评价，找准差距，补齐短板。提高财务分析的有用性，把信息适时地提供给相关利益者，实现资源共享、信息对称、协同行动，以有助于企业经济效益的稳健提升。

2. 管理会计在管理实践中的应用方法

在借鉴国内外管理会计理论以及当代管理会计分析与决策支持方法实践案例的基础上，结合石油企业的生产特点，笔者归纳和总结出管理会计在石油企业进行分析与决策支持的方法和路径（见图5－2）。其中相当一部分内容有待在具体管理实践中加以摸索和完善，以适应本企业经济决策与战略实施的管理需求。下文阐述其中的重点内容和运用的方法。

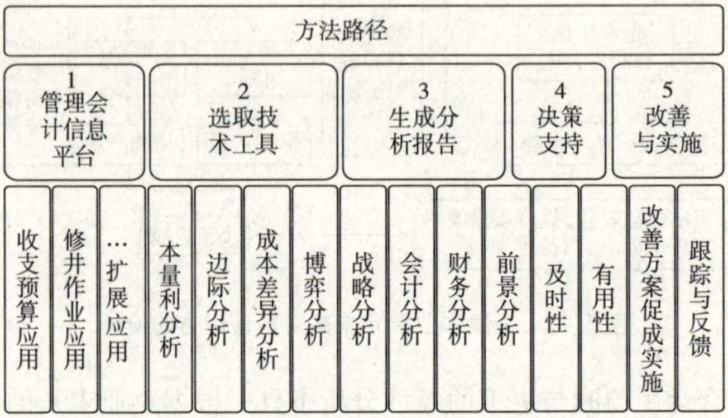

图5－2　管理会计在石油企业管理实践中的方法路径

（1）构建决策支持系统，确立“效率目标”

预算管理是管理会计发挥决策支持、战略实施等功能的最直接、最有效的介入环节。通过创建成本预算模型，分析生产过程中的成本动因，挖掘成本动因所关联的效率目标即预算参量。效率目标的确立过程，是管理会计向生产经营全过程延伸的学习过程，需要有足够的精力和耐心，与生产业务充分结合以确定目标值，在持续试错、沉淀、积累中，增强对效率目标值与资金支出额的经济判断和精准把握。

笔者通过近两年时间自主研发的“采油厂预算管理模型”应用系统，以油气成本预算为切入点，坚定“经济产量与经济效益并重”的经济理念，研究产量与资金、成本动因与效率目标之间的逻辑关系和数学建模，找寻成本改善与成本抑减的“止血”方法，探索提升效率创造价值的“造血”功能，构建“凭目标效益配给资金”的管控模式。

（2）对“效率目标”采取动态跟踪预警

应用系统通过与数据采集系统的实时数据链接、信息自动集成，动态跟踪预警生产过程中管理目标运行的质量与效率，借助本量利等分析技术手段，引入大量非财务类指标参与分析和对标，突出分析指标与生产的紧密性和联动性，并适时向决策层提出有用的措施或策略方案。

在系统推广使用过程中，财务人员更加贴近生产、熟悉业务，不断自主学习、自我更新，加快从记账会计向管理会计的角色转变，由普遍认知的“价值记录者”逐步向决策支持的“价值创造者”转型。

（3）“效率目标”嵌入面向业务的预算管理

以下是“收支预算应用”中管理会计建立生产资金用度与质量、效率、效益的数学模型。

采油厂的成本预算由员工薪酬、基本运行费、资产折旧折耗组成，基本运行费关联生产管理动作所对应的成本动因近90项，其中电费、作业费两项支出占基本运行费权重的70%以上，是关键性成本。

过去，财务会计对这两项费用预算的核定方法是：

1）电费预算 = 预计外购电量 × 平均电价

2）油井作业费预算 = 预计作业井次 × 单井作业平均价格

或者　　油井作业费预算 = 预计措施增油量 × 吨油措施费

这是一种常规的“分钱”式的预算模式，导致相关部门纷纷追逐对资金总量的需求，却忽视了资金在生产过程中的使用质量、效率，是否存在风险，以及商品持续创造价值的经济性。

现在，管理会计对这两项费用预算的核定方法是：首先，管理会计与生产业务深度融合，还原并展开生产动作即成本动因；其次，打开成本动因关联的预算参量（质量、效率等目标），进行恰当择取；最后是建立新的预算核定方法。

1）电费分为采液耗电、注水耗电、集输耗电等，这就是预算成本动因，建立的预算公式中的组成要素就是预算参量（质量、效率等目标），每一耗电环节均有对应的预算核定方法。例如：

$$\text{采液电费预算} = \frac{\text{年度目标产量}}{1 - \text{上年综合含水} + \text{综合含水上升率} \times \text{地质储量采油速度}} \times \text{采液平均电量单耗} \times \text{平均电价}$$

可简化为：

采液电费预算 = 年度目标地产液量 × 采液平均单位耗电量 × 平均电价

管理会计对耗电总量的关注已延伸到不同的生产工艺流程、油水井生产效率等角度，展开了预算控制点，既观察生产效率的合理性，也评价运行效果的经济性。

2）作业费预算分为油水井小修作业、油井措施作业、水井作业、长停井恢复作业等，结合实际作业类型确定预算成本动因，并选取相适应的预算参量（质量、效率等目标）参与费用测算，建立相对应的预算核定方法。例如：

$$油井作业费预算 = \frac{年度措施目标增油量}{单井平均日增油 \times 措施平均有效率 \times 平均增油期} \times 单井作业平均价格$$

式中“单井作业平均价格”为平均作业 1 口油井的完全单位成本。

预算公式中所表达的不再是工作量与资金投入的数学关系，而是管理会计在给业务部门讲述“给定成本求最大产量、给定产量求最小成本”的实现路径。管理会计从重结果改变为重过程，预算控制点扩展到作业质量、增油能力及效率、持续增油的企业预期，以日常、阶段性生产效果看资金效益，地质、工艺、修井等方案优化决定作业价格（单井作业完全成本）的高低。

六、面向业务的预算具体编制的程序与规则

以采油厂成本预算——购买服务及其他支出（或基本运行成本）中“材料费”预算为例，加以具体说明。

第一步，预算管理部门应充分与专业部门、基层单位进行沟通与交流，依循业务模式、生产工艺流程与作业方式等基本规律，摸清业务对资金的需求是什么，在哪里，有多少等。以物资管理部门申报预算需求为例，如表 5 - 3。

表 5 - 3　资金预算需求统计表

编制单位：物资管理部门　　　　金额单位：万元

序号	成本项目	上年预算	上年实际	本年预算需求
1	材料费	351.7	436	410
2	修理费	97.2	108	130
3	租赁费	42	42	42
4	劳保费	270	354	300
合　计		760.9	940	882

注：表中数据为虚拟数据。

表内主要反映专业部门所需资金的用途和动用资金额度。

第二步，针对业务本身投入资金后所能带来或产生的变化进行逐一分目标量化，这种量化过程也是预算管理部门深度学习业务的一次梳理和再认识的过程，量化的不仅有财务数据，还有大量非财务数据，这些非财务数据恰恰要证明所投入资金价值在业务范围内应表现出的质量、效率、效果和效益等。如物资管理部门对“材料费”提出的资金需求，材料费就是一个预算项目，进一步找准预算动因，就可以展开量化分目标来进行观察和测算了。

第三步，预算项目“材料费”进一步细分预算动因，可以拆分为油井材料、水井材料和机泵材料等。那么，预算动因“油井材料”都包括什么，如柴油机油、溶剂油，各种皮带型号、氧气、乙炔管、绝缘脚板、吸油胶管、车轮胎，铜铝端子防爆胶泥、交流接触器、保护继电器、断路器等，材料涉及 20 多个大类，不胜枚举。正因为材料类型太细、太杂、太碎、太多，预算管理部门或管理会计才需要从材料明细中跳出来，由繁及简、看清材料费与质量、效率、效果和效益之间的逻辑关系，而不是纠结在材料分得够不够细、有没有漏项、每种材料价格是否准确上来。

第四步，过去油井材料费用的测算，基本方法是油井材料费 = 材料数量 × 材料价格。然而，作为预算动因的“油井材料”所对应的预算参量会有什么，这里我们给出一个基本答案。预算参量包括，油井材料月度定额，年度目标产量，自然老井单井日产，全年天数，全年月数。预算管理部门或管理会计与专业部门和基层单位，结合历史数据和年度工作安排，给定这些预算参量赋予相应数值，就量化出预算参量的分目标了。

第五步，预算管理部门或管理会计在弄清搞懂这些非财务数据所关联的资金之间内在逻辑关系后，则有条件开始逐个建立面向业务的预算模型。也就是将预算动因与预算参量之间建立起彼此有关联的数学公式。如表 5 – 4，油井材料费 = 油井材料月度定额 × 年度目标产量/自然老井单井日产/全年天数 × 全年月数

表 5 - 4

一级类型	预算结构	类型	计量单位	计量类型	父级项目	2015	2016	2017	2018
成本	主要材料	项目							
成本	基层用材料费	项目			主要材料				
成本	油井材料	动因			基层用材料费				
成本	油井材料月度定额	参量	元/月	定额	油井材料	301	368	253	256
成本	年度目标产量	参量	吨	工作量	油井材料	588010	563010	563010	568050
成本	自然老井单井日产	参量	吨	工作量	油井材料	1. 7584	1. 7558	1. 8342	1. 9865
成本	全年天数	参量	天	数量	油井材料	365	366	365	365
成本	全年月数	参量	个	数量	油井材料	12	12	12	12

注：因保密原因，编入本书时均为虚拟数据。

第六步，直接进行数学计算，便得出油井材料费的年度成本预算。这就是方法论 432 模型中“一事一例一模型”的具体模式。

增加一张计算结果的图表

1. 预算模型

以采油厂成本预算——购买服务及其他支出（或基本运行成本）中“电费预算”为例如表 5 - 5，加以具体阐述说明。

一般我们所能看到的预算表格，其基本表现形式为：

表 5 - 5 2018 年指标分解表（方案）

2018 年指标分解表（方案）				
项目名称	2017 年预算	2018 年预算	备注	责任单位
1. 电费净支出	6434	6930	外供电原则上不予增加新用户，现有用户用电需保证全部收取费用并上交财务入账；港青自发电倍分按实际工作量部分结算	地质研究所 工艺研究所 电力管理站 物资管理站 节能降耗管理部

续表

项目名称	2017 年预算	2018 年预算	备注	责任单位
2. 电力设施维护	620.5	708		电力管理站节能降耗管理部
其中：(1) 带电检修及维护	85	86		
(2) 天然气发电机组管护	467.7	550.6		
(3) 电力设施维护	49	50		
(4) 绝缘护具检测	3	3.8		
(5) 抽油机电机修理	15.8	17.6		

注：因保密原因，编入本书时均为虚拟数据。

关于电费预算支出的核定：

电费—可以确定为“预算项目”，它是资金消耗的最终集合点。采油厂业务部门日常生产管理，是按照运转的耗电设备服务于油气生产所消耗的电量进行管理的，一般分为采液耗电、注水耗电、集输（储运）耗电、供水及污水处理耗电、其他耗电等。

采液耗电、注水耗电、集输耗电、供水及污水处理耗电、其他耗电——可以确定为“预算动因”，它是资金投入到生产环节的起始点。

那么，确定动因的目的：一是尊重生产规律，实事求是，弄清楚资金去哪了；二是预算管理精细化，找准预算分解的切入点，进行有针对性的控制与分析。

预算参量是什么？对于会计核算，当专业部门办理电费结算提供给财务部门的发票上，你会看到商品名称或经营项目、计量单位、数量、单价、大小写金额等发票的基本那内容。因此很自然地就明白“电费 = 电量 × 电价”，电量、电价就是电费的参量，依循这个规律，在编制电费支出预算时，若电价不变，确定电量的数量后，电费支出预算就完成了。如果国际油价处于高位，采油厂是上产形势，自然对电量需求旺盛，电费预算安排要满足采油厂整体发展需求，但国际油价从 140 美元经历断崖式下跌破位 30 美元后才逐步缓慢企稳到目前的 60 美元左右，采油厂原油限产减产的态势没有明显好转，那么对于预算期电量数量的核定，仅仅依据上年实际发生数确定，已不适应石油地区公司对提质增效的总要求了。因此，预算管理部门最简单、最直接的手段就是，在上年实际消耗电量的基础上整体压降 3% ~5% 甚至更大幅度的压缩。专业部门和基层单位叫苦不迭“敢怒不敢言”，这样分解预算资金不就是“抡刀猛砍”吗？

管理会计如何确定电费预算参量？循着电费的预算动因——采液耗电、注水耗电、集输耗电等，通过研究分析管理会计发现，采液耗电受油井地产液量、设备运行单耗的直接影响，地产液量与采液单耗就是预算动因“采液耗电”所关联的预算参量。

年度目标地产液量的确定：

年度目标地产液量 = {年度目标产量/〔1 -（上年综合含水 + 综合含水上升率 × 地质储量采油速度）〕}　　(5-1)

地质储量采油速度 = 年产油量 / 地质储量 ×100%　　(5-2)

采液平均电量单耗 = 年度采液耗电量/年度目标地产液量　　(5-3)

弄清电量消耗与油气开发和生产之间的关系后，相应的预算动因、参量之间的经济关系就可以通过数学公式进行勾连。如：

采液耗电 = {年度目标产量/[1 -（上年综合含水 + 综合含水上升率 × 地质储量采油速度）]} × 采液平均电量单耗 × 电费单价
= 年度目标地产液量 × 采液平均电量单耗 × 电费单价　　(5-4)

注水耗电 = {年度目标产量/[1 -（上年综合含水 + 综合含水上升率 × 地质储量采油速度 ×100）/100] × 注采比} × 注水平均电量单耗 × 平均注水压力 × 电费单价
= 年度目标注水量 × 注水平均电量单耗 × 平均注水压力 × 电费单价　　(5-5)

集输耗电 = 年度目标产量/〔1 -（上年综合含水 + 综合含水上升率 × 地质储量采油速度）〕 × 集输平均电量单耗 × 电费单价
= 年度目标地产液量 × 集输平均电量单耗 × 电费单价　　(5-6)

那么，为何引用开发效果指标与注水生产指标呢？一是弄清楚了动因——

“钱是怎么花的”，再去挖掘参量——“钱为什么是这样花的”；二是参量的选取和确定过程，就是管理会计主动贴近生产实际，并自觉学习生产知识的过程；三是观察参量变化的可行性，考量预算安排的合理性；四是关注资金，更关注参量，用参量的趋势变化来衡量资金投入效果；五是监控参量的运行质量和效率，判断对资金使用效益的影响，发挥管理会计能力素质为决策提供专业支持。这就是管理会计贴近业务、参与业务、融入业务带来的优势。

最后，用表5-6来做一展示，便于读者理解和自我创建符合单位实际的面向业务的预算模型。

表 5-6　电费预算项目、预算动因、预算参量表

项目类型	一级类型	预算结构	类型	计量单位	计量类型	父级项目	公式	2015	2016	2017	2018
支出	成本	电	项目			动力					79159800
支出	成本	采液耗电	动因			电	见式(5-4)				
支出	成本	年度目标地产液量	参量	吨	工作量	采液耗电		8789625	8304569	8153766	8420000
支出	成本	采液平均电量单耗	参量	度/吨	技术参量	采液耗电		5.98	5.88	5.76	5.78
支出	成本	电费单价	参量	元/度	单价	采液耗电		0.818	0.818	0.818	0.7997
支出	成本	注水耗电	动因			电	见式(5-5)				32148600
支出	成本	年度目标注水量	参量	吨	工作量	注水耗电		8238560	7596490	7693623	8142000
支出	成本	年度侧钻作业目标产量	参量	吨	工作量	注水耗电		3125	3693	65	0
支出	成本	年度压裂作业目标产量	参量	吨	工作量	注水耗电		3983	1480	0	2970
支出	成本	年度自然老井目标产量	参量	吨	工作量	注水耗电		485920	463977	475730	458000
支出	成本	年度新井目标产量	参量	吨	工作量	注水耗电		62965	42757	38697	66900
支出	成本	年度常规措施目标产量	参量	吨	工作量	注水耗电		45326	34980	33850	35800
支出	成本	疑难井目标产量	参量	吨	工作量	注水耗电		4572	2163	6852	5100
支出	成本	上年度综合含水比例	参量	%	比例	注水耗电		0.921	0.921	0.921	0.921
支出	成本	年度目标含水上升率	参量	%	效率	注水耗电		0.01	0.01	-0.01	-0.011
支出	成本	年度侧钻作业目标产量	参量	吨	工作量	注水耗电		3125	3693	65	0
支出	成本	年度压裂作业目标产量	参量	吨	工作量	注水耗电		3983	1480	0	2970
支出	成本	年度自然老井目标产量	参量	吨	工作量	注水耗电		485920	463977	475730	458000
支出	成本	年度新井目标产量	参量	吨	工作量	注水耗电		62965	42757	38697	66900
支出	成本	年度常规措施目标产量	参量	吨	工作量	注水耗电		45326	34980	33850	35800

续表

项目类型	一级类型	预算结构	类型	计量单位	计量类型	父级项目	公式	2015	2016	2017	2018
支出	成本	疑难井目标产量	参量	吨	工作量	注水耗电		4572	2163	6852	5100
支出	成本	地质储量	参量	吨	工作量	注水耗电		185000000	189000000	192000000	195408000
支出	成本	注采比	参量	%	比例	注水耗电		0.98	0.98	0.98	0.98
支出	成本	注水平均电量单耗	参量	度/吨/兆帕	技术参量	注水耗电		6.28	5.5	5.36	5.7
支出	成本	平均注水压力	参量	Mpa	技术参量	注水耗电		13.17	13.23	13.22	13.4
支出	成本	电费单价	参量	元/度	单价	注水耗电		0.818	0.818	0.818	0.7997

注：表中数据为虚拟数据。

2. 应用案例

针对采油厂油井采液单耗过高，低效负效开井数增加的现状，A采油厂财务部门与地质工艺部门共同测算并撰写分析决策报告，确定了不同开采方式下油井耗电保本的经济日产水平，并对开井现状和调整策略进行效益比对分析，提出多种调整方案，决策层研究后接受了预期效益较好的方案。财务部门连续跟踪3个月，日产量小于0.3吨的抽油机井累计关停45口，6天间开一次的增加30口，其间产量减少了861吨，减产收入与节省电费相比整体节支32万元；日产小于5吨的电泵井转抽4口，其间开采方式发生变化，产量不降反增，累计增产694吨，整体增利65万元。采油厂管理层采纳了分析建议方案，改变生产运行方式，直接带来经济效益增加近100万元。案例说明，管理层需要财务分析报告，但更看重其有用性。“一题一析一报告”方式要求管理会计权衡好全局利益，避免头疼医头，脚疼医脚。

管理会计提升分析报告的“有用性”，应力求定位精准、逻辑清晰、方法适当、语言简洁。财务分析报告可以是定期撰写的阶段性报告，总结分析经济运行质量、效率、效益的趋势变化以及潜在的经营风险，制定防范风险的“应急预案”，亦可有针对性地随时撰写分析报告，按照“一题一析一报告”的方式，观察表象，找准病灶，切中要害，精确处置，给企业日常生产运行中存在的质量差、效率低、浪费大等现实问题开“医治处方”。财务分析报告本身并不是成果，并不能直接带来企业绩效的改善，可能带来价值增长的唯有“行动”，必须致力于推动财务分析结果的应用，促成行动，才能创造价值。做好分析结果应用的追踪，财务分析的价值只能来源于对企业最终经营成果的贡献，这才是管理会计的价值，即发挥“有用性”。

下面重点对案例制作方法加以介绍和说明。

案例题目：油井耗电保本的经济日产水平

问题描述：自喷井、抽油机井、电泵井，单井日产水平的保本点是多少，这里的“保本”概念仅是指单口油井日产量最低要求将当日消耗的电费能够收回作为评价底线。

限制条件：以完成采油厂年度下达的油气产量、目标利润为前提，基本运行成本控制在上级核定的预算线之内。

模型路径：建算法、测试算、求结果、定方案。

1）自喷井的单井保本日产水平

自喷井是靠地下压力将油层液体通过油管挤出地面进入集输系统的，因此井口不需要抽油机等耗电设备辅助生产，但集输与注水系统的耗电成本应由自喷井产量予以弥补负担。笔者是在建立一般性和普遍性的方法，若自喷井是枯竭式开采并无注水配合，具有特殊性和个性化，则另当别论了。

经济算法——日变动成本≥日耗电费

日耗电费 =（日产油 + 日产水）×（注水单耗 + 输油单耗）×电价

日变动成本 = 日产油×单位运行费

测试算——日产油×单位运行费≥（日产油 + 日产水）×（注水单耗 + 输油单耗）×电价

不等式简化为：日产油×单位运行费≥日产液×（注水单耗 + 输油单耗）×电价

不等式变形为：日产油/日产液≥（注水单耗 + 输油单耗）×电价/单位运行费

试算结果——日产油/日产液≥（6.44 +0.59）×0.797/281.54≥0.0199

日产油/日产液的系数，可以命名为“日含油比”，1 减去含油比相当于100% ~1.99% ≤98.01%，这就是自喷井的经济极限含水率。换句话说，自喷井日产液的含水率只要不高于98.01%，生产出的原油产量即为保本。按此结论，可推理得出经济认识，任何机采方式超过该含水极限，均有可能为负效油。

2）抽油机井的单井保本日产水平

抽油机井是机械采油，分有杆泵采油和无杆泵采油，有杆泵采油是通过地面动力设备带动抽油机，并借助抽油杆带动深井泵采油的一种方法。抽油泵上下冲程，在一个冲程中，深井泵应完成一次进油和一次排油，活塞不断运动，游动阀与固定阀不断交替关闭和顶开，井内液体不断进入工作筒，从而上行进入油管，最后达到地面进入集输系统，因此集输与注水系统的耗电成本应由抽油机井产量予以弥补负担。同样对于枯竭式开采无注水系统的抽油机井，本书未做研究，重点是研究普遍性和一般性的问题。

经济算法——日变动成本≥日耗电费

日变动成本 = 日产油×单位运行费

日耗电费 = 日耗电量 × 电价 = （单机采液日耗电 + 注水耗电 + 输油耗电） × 电价

单机采液日耗电 = 抽油机总耗电量/天数/开井数

测试算——单机采液日耗电 = 总电量/天数/开井数

= 19470000/182/640 = 167 度/天

日产油 × 单位运行费 ≥ （单机采液日耗电 + 注水耗电 + 输油耗电） × 电价

日产油 × 281.54 ≥ 167 + [日产油/(1 - 综合含水) × （6.44 + 0.59）] × 0.797

日产油 × 281.54/0.797 ≥ 167 + 日产油/ （1 - 0.92） × 7.03

日产油 × 353.25 ≥ 167 + 87.87 × 日产油）

日产油 ≥ 167/ （353.25 - 87.87） ≥ 167/265.38 ≥ 0.63 吨/天

试算结果——抽油机井日产油 ≥ 0.63 吨/天，即为保本生产。

3）电泵井的单井保本日产水平

经济算法——日变动成本 ≥ 日耗电费

日变动成本 = 日产油 × 单位运行费

日耗电费 = 日耗电量 × 电价 = （单机采液日耗电 + 注水耗电 + 输油耗电） × 电价

单机采液日耗电 = 抽油机总耗电量/天数/开井数

测试算——单机采液日耗电 = 总电量/天数/开井数

= 7850000/182/32 = 1348 度/天

日产油 × 单位运行费 ≥ （单机采液日耗电 + 注水耗电 + 输油耗电） × 电价

日产油 × 281.54 ≥ 1348 + [日产油/ （1 - 综合含水） × (6.44 + 0.59)] × 0.797

日产油 × 281.54/0.797 ≥ 1348 + 日产油/ （1 - 0.96） × （7.03）

日产油 × 353.25 ≥ 1348 + 175.75 × 日产油

日产油 ≥ 1348/ （353.25 - 175.75）

日产油 ≥ 1348/177.5

日产油 ≥ 7.59 吨/天

试算结果——电泵井日产油 ≥ 7.59 吨/天，即为保本生产。

结果测算得出三种不同开采方式下的单井保本日产水平。（如表 5 - 7） 在采油厂当日开井数中以抽油机生产居多且占总开井数90%以上，那么重点观察一下抽油机井目前的开采状况。通过下表可以看出，日产油小于0.6吨的共138口井日累产36.24吨，同时有19口井已安排间开。

表5-7

序号	标准	井数（口）	日产油合计（吨）	间开井（口）
1	日产油<0.2吨	31	2.68	17
2	日产油<0.3吨	57	8.93	19
3	日产油<0.4吨	85	18.35	19
4	日产油<0.5吨	109	28.54	19
5	日产油<0.6吨	138	36.24	19
6	日产油<1吨	239	126	19

基于观察结果，财务部门与地质工艺部门协商先从日产小于0.5吨的单井展开讨论，进一步研究和制定对这109口单井的效率改善和效益提升策略方案，通过6个方案的效益比对提出分析建议。（如表5-8）

表5-8

模拟方案	策略描述	年节电量（度）	年少产油（吨）	电价（元/度）	年节约电费（万元）	单位运行费（元/吨）	年减少运行费（万元）	效益测算（万元）
A	B	C	D	E	F = C * E	G	H = D * G	I = F - H
方案一	日产小于0.2吨井全部间开（按6天开一次），新增14口间开，考虑轮换因素，按新增11口测算	812733	700	0.797	64.77	281	19.67	45.1

续表

模拟方案	策略描述	年节电量（度）	年少产油（吨）	电价（元/度）	年节约电费（万元）	单位运行费（元/吨）	年减少运行费（万元）	效益测算（万元）
A	B	C	D	E	F = C * E	G	H = D * G	I = F − H
方案二	日产小于0.3吨井全部间开（按6天开一次），新增38口间开，考虑轮换因素，按新增32口测算	1950560	2555	0.797	155.46	281	71.79	83.67
方案三	日产小于0.3吨井2/3间开（按6天开一次），新增19口间开，考虑轮换因素，按新增16口测算	975280	1460	0.797	77.73	281	41.03	36.7
方案四	日产小于0.4吨井1/2间开（按6天开一次），新增23口间开，考虑轮换因素，按新增20口测算	1219100	2920	0.797	97.16	281	82.05	15.11
方案五	日产小于0.4吨井2/3间开（按6天开一次），新增37口间开，考虑轮换因素，按新增30口测算	1828650	3285	0.797	145.74	281	92.31	53.43

续表

模拟方案	策略描述	年节电量（度）	年少产油（吨）	电价（元/度）	年节约电费（万元）	单位运行费（元/吨）	年减少运行费（万元）	效益测算（万元）
A	B	C	D	E	F = C * E	G	H = D * G	I = F - H
方案六	日产小于 0.5 吨井 1/3 间开（按 6 天开一次），新增 17 口间开，考虑轮换因素，按新增 14 口测算	853370	1095	0. 797	68. 01	281	30. 77	37. 24

建议一、方案二、方案五，经济利益可观。但间开井数较多，开发生产利益相关方可能不太情愿让井停下来，人的心理作用。一旦停下来，相关利益方会采取讨价还价的策略，对平均日产水平的降低人为开脱或推卸压力。

建议二、方案一、方案三，相对更容易通过协商使博弈各方让步接受，并能够带来恰当的经济利益。

建议三、关停或间开，对于采油厂其实是被动抉择。日产较低井的递减速度或许基本维持不变，但综合含水高、投入产出效果差，需要管理层统一思想、达成共识、做出决断。

建议四、采油厂可采取的主动作为方式，包括：①巩固和提升注水、注聚效果，重视水井作业对油田、区块、注采井组对应受益油井的产油、产水变化，有针对性做出调整，控制并降低未来递减上升趋势。②继续加强控躺井工作，分析找准躺井规律和工况不正常原因，改善和改进油井护理措施。③对低产、负效、有前景的井，在注水方面调整部署，寻求可持续的稳产并提高。④对低产、负效、前景不大的井，甄别挑选、分批实施措施增产作业，使其短期内发挥增效作用。⑤面临低油价、进口量增的形势，提高新井贡献、稳定老井经济产量，不急于强攻上作业，效益优先。

采油厂管理层对此方案十分感兴趣，并安排分管地质、生产、工艺领导和部门进一步核实与分析，于 8 月中旬，基本认同方案二，并安排组织对低产低效油井实施间开调整（抽油机井日产小于 0. 3 吨，电泵井日产小于 5 吨），财务部门连续跟踪三个月后，动态评价实施效果和效益变化是非常明显的，亦如前面应用案例所描述的那样。

在此之后，管理会计持续进行着单井耗电保本日产水平的生产效果跟踪，形成了月度分析报告制度。

表 5-9　1-12 月份日产低于 1 吨油井开井数据统计表

分项			1月	2月	3月	4月	5月	6月
日产小于1吨	合计	口数	198	211	216	222	222	230
		日实产	98.5	104.47	102.28	100.87	96.78	106.34
	油井	抽油机（口）	182	193	196	198	196	204
		日实产	92.78	98.92	94.24	92.42	88.16	95.91
		平均单井日产	0.51	0.51	0.48	0.47	0.45	0.47
		电泵（口）	2	2	2	3	4	4
		日实产	0.29	0.35	0.20	0.50	0.44	0.73
	实际间开	抽油机（口）	33	27	27	34	39	44
		电泵（口）	2	2	2	3	4	4
分项			7月	8月	9月	10	11	12
日产小于1吨	合计	口数	254	271	277	271	216	211
		日实产	102.84	109.44	113.13	116.37	116.71	120.89
	油井	抽油机（口）	215	230	233	237	192	176
		日实产	92.95	100.62	103.44	109.53	106.01	96.95
		平均单井日产	0.43	0.44	0.44	0.46	0.55	0.55
		电泵（口）	4	4	2	2	7	8
		日实产	0.61	0.48	0.30	0.26	4.87	4.34
	实际间开	抽油机（口）	50	57	47	42	38	49
		电泵（口）	4	4	2	2	7	8

1）以 12 为例，采油厂日产水平小于 1 吨的油井 211 口，占当月总开井数 27%，日产水平 120.89 吨，占采油厂日产水平 7.8%。

按照上表的基本结构，可以进一步细分阶梯产量（管理会计自行决定分段产量区间），从而得出相应的结论：

0.7 吨～1 吨的井数 81 口占比 10.4%，日产水平 71.07 吨，平均单井日产

0.877吨；

0.5吨~0.7吨45口占比5.7%，日产水平26.97吨，平均单井日产0.599吨；

0.3吨~0.5吨39口占比5%，日产水平15.97吨，平均单井日产0.409吨；

小于0.3吨46口占比5.9%，日产水平仅6.88吨，平均单井日产0.149吨。

因此，采油厂当月低于单井保本日产水平（小于0.7吨）的开井数130口，日产水平26.97吨属于低产负效产量，就是说相当于六分之一的油井生产不经济，产出的原油连当天电费都收不回来。

在此基础上，管理会计进一步界定区分单井日产小于1吨的油井主要分布于哪个油田、哪些区块（或开发单元）、什么注水井组、井深水平、泵深等进行大数据分析，找寻生产规律和发现负效问题，为采油厂管理层提出重点关注因素，制定针对性策略促成提质增效。（如表5-9）

换一个视角来看，按油价45美元/桶测算，采油厂单井（按抽油机开采方式）日产大于或等于0.7吨，基本能将当天所消耗的电量费用收回。

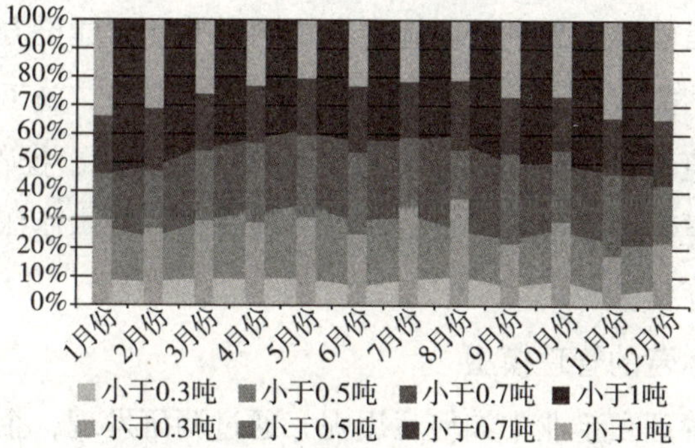

图5-1

通过1~12月的连续观测，日产介于0.7~1吨之间的开井数呈现“两头低、中间高”的走势，说明3~8月份单井日产小于1吨的油井数量在减少，油井稳产或增产的能力在上升；小于0.5吨的单井开井数宽幅增加且呈下降趋势，存在“出工不出力”的现象。那么，重点要关注和解决年初和年终油井单井日产快速下滑，造成下年产量起步陷入被动的局面，因此在年尾前做好应对措施，通过高起步促成年初产量的平稳有序接替。

5.3 项目化运营管理案例

一、项目管理与项目化运营管理

现在每个家庭普遍都拥有一台或多台私家车，对于车辆的日常维修，除了正常保养外（新车每2年检一次，6年后1年一检），只要车不出现故障就一直开下去，毕竟私家车个人用的仔细、还是比较省得。那么，车辆维修本身就是一个项目，车主作为项目建设方，车修厂作为项目施工方，车主要求车修厂明确项目内容、项目质量、项目预算、项目周期等，项目验交付款即项目结束，施工方的责任解除，建设方承担交接后续责任，这是基本的项目管理。

我们提出的项目化运营管理，是涵盖项目管理内容的，但所涉及的范围又远超过项目管理。如在维修之前，一辆车的管理是一个项目，两辆车的管理可以看作是一个项目集，按不同车型多台车的管理视同为一个项目组合。在维修验交付款后该项目结束，而项目化运营则是指项目本身结束只是建设期的结束，项目序时自动进入到了收益期，建设期加收益期构成了项目化运营的评价周期，这个周期是否是全生命周期，完全取决于管理会计观测评价项目化运营的这个收益期不是建设方独享的，施工方也同样共享，建设方享有状况已良好的车辆驾驶带来的需求效用、驾驶风险降低等安全保障，施工方享有车修供给所带来的附加价值，包括车主满意度、美誉度吸引新车、推荐车修套餐优惠、驾驶风险提示、定期维修提醒等增值服务。项目化运营本质体现的是双方合作与共赢，公平与互信。

二、项目化运营的管理模型

项目化运营管理在企业中如何运用呢？通过调研发现，企业自有车辆维修管理与私家车存在明显差异，这受到用车频率（次）、行车里程、使用年限、行程路况、车况及维修次数、驾驶技术等诸多因素的影响。举例说明，某化工厂2014年拥有各种车辆187台，其中轿车、皮卡等小型车辆120台，工程车、随车吊等中型车辆35台，升降车、罐车、挖掘机等重型车辆32台。车辆维修，一般分为首保和二保，年检前维修与项修、大修等维修内容。笼统地说，小型、中型和重型车辆首保一般是按行程5000公里做一次保养，二保一般是按1.7万~2万公里做2~4次保养。

那么，具体分车型、分年限等的维修规律是：

（一）使用年限在1~2年的：

小型车：年检费4~5千/年，保养费3次/年（4千）/年，项修：5~8千；维修占车型总数比在20%左右；

中型车：年检费4.5千/年，保养费2~3次/年（4.5千）/年，项修：6~8千；维修占车型总数比在30%左右；

重型车：年检费5.5千/年，保养费2~3次/年（5千）/年，项修：8~9千；维修占车型总数比在30%左右；

（二）使用年限在3~5年的：

小型车：年检费4~6千/年，保养费3次/年（4千）/年，项修：5千~1万；维修占车型总数比在30%以上；

中型车：年检费5~7千/年，保养费2~3次/年（4.5千）/年，项修：7千~1万；维修占车型总数比在50%左右；

重型车：年检费5~8千/年，保养费2~3次/年（5千）/年，项修：8千~1万；维修占车型总数比在20%左右；

（三）使用年限在6~8年的：

小型车：年检费4~6.5千/年，保养费3次/年（4千）/年，项修：5千~1.5万；维修占车型总数比在50%左右；

中型车：年检费5~7.5千/年，保养费2~3次/年（4.5千）/年，项修：7千~1.2万；维修占车型总数比在70%左右；

重型车：年检费5~8.5千/年，保养费2~3次/年（5千）/年，项修：8千~1.5万；维修占车型总数比在70%左右；

（四）使用年限超过8年以上的：

小型、中型、重型等车辆每年维修概率接近100%，每年检前维修和维修费在1万~2.5万元左右。

在这里读者会问到，分这么细有必要吗，我们又不是车修厂的、也不是车辆管理部门的，没必要知道这么细的是吧！对，是的，真没必要，因为这些是管理会计需要了解和熟悉的内容，通过对这些信息的细分与再认识，能为车辆运营管理包括车辆维修，从车辆信息跟踪并进行大数据分析做好前期准备，帮助管理会计换个视角来看待企业车辆修理费的构成和发生规律，这也是前面讲到的“面向业务的预算管理”所应该掌握的基本方法。那么，项目化运营到底应该如何应用呢?

三、应用案例

在对车辆修理费做出分析时，一般会对本年与上年的维修车辆台次和维修费用发生的绝对值进行比较。再进一步将车辆使用年限嵌入分析，可以通过下表看出，两年修车对比2014年比2013年增加了33台次费用增加43万元，主要集中在使用年限6～8年的车辆增加23台次，占增加台次近70%权重，占增加费用比44%；使用年限3～5年的车辆增加7台次，占增加台次比21%，占增加费用比近40%。这就意味着使用年限3～5年的车辆维修费偏高，出现异常应引起管理者的关注和追踪，重点分析和专项治理。(如表5－10)

表5－10　车辆维修对比表

年度	1～2年车辆		3～5年车辆		6～8年车辆		8年以上车辆		台次合计	维修费合计
	台次	维修费	台次	维修费	台次	维修费	台次	维修费		
2014年	30	13	64	46	61	44	57	34	212	137
2013年	34	13	57	29	38	26	50	37	179	94
对比	－4	0	7	17	23	19	7	7	33	34

车辆维修后，作为维修项目来说已经完结，驾驶员接车按照化工厂车队安排的派工单指定出车，那么此时管理会计会连续跟踪维修后车辆上路的运营状态，根据车辆发生的变化做出相应的控制与评价。以使用年限6～8年车辆维修后4个月时间的运营为例，通过表5－11可以看出，将维修台次对应不同车型进行观察可以得出这样的结论：

表5－11　6～8年车辆维修表

车型	6～8年							
	维修台次	修前里程数(km)	修前平均油耗	当前里程数(km)	当前平均油耗	增加行驶里程(km)	油耗差	返修台次
小型车	30	785600	12.25	1253400	13.47	467800	1.22	11
中型车	25	674300	18.6	910450	18.18	236150	－0.42	4
重型车	6	628000	28.16	650900	30.05	22900	1.89	
合计	61	2087900		2814750		726850		15

小型车：维修后新增里程467800公里，平均单车里程数15593公里，按4个月（不含双休日）有效行驶时间为90天计算，平均单车日里程在173公里，平均油耗提高1.22，4个月内出现返修台次占总台次37%，说明这30台小型车维修后车辆的利用率较高，而且在运行中可能存在往返频次高、车辆怠速时长、行驶路况较为复杂、车辆调度管理不协调等诸多因素，派车安排过于集中在这些车辆上，4个月内出现返修的比例较高。

中型车：维修后新增里程236150公里，平均单车里程数9446公里，按4个月（不含双休日）有效行驶时间为90天计算，平均单车日里程在105公里，平均油耗降低0.42，4个月内出现返修台次占总台次16%，说明这25台中型车维修后车辆的利用率较为合理，4个月内出现返修台次较少，整体运营管理比较平稳。

重型车：维修后新增里程22900公里，平均单车里程数3817公里，按4个月（不含双休日）有效行驶时间为90天计算，平均单车日里程在42公里，平均油耗提高1.89，未出现返修车辆。油耗高说明这6台重型车在生产现场的怠速时长，应加强对驾驶员的日常管理和单车油耗考评制度。

在应用案例中，我们引入SWOT分析模型对车辆维修作为项目化运营做进一步阐述。SWOT分析模型，“SWOT”是Strength、Weakness、Opportunity、Threat四个英文单词的缩写，这个模型主要是通过分析企业内部和外部存在的优势和劣势、机会和挑战来概括企业内外部研究结果的一种方法。

S—优势：比较分析企业在外部市场环境、内部经营方面相对于其他竞争对手的优势；

W—劣势：比较分析企业在外部市场环境、内部经营方面相对于其他竞争对手的劣势；

O—机会：分析在目前的市场竞争态势下企业存在的发展机会；

T—挑战：分析在目前的市场竞争态势下企业存在的威胁和挑战。

以该化工厂2015年使用年限超过6~8年、8年以上的车辆进行重点分析，其中小型车8年以上的报废5台，中型车8年以上的报废2台，2015年合计自有车辆180台。（如表5-12）

表 5-12　某化工厂 2015 年自有车辆使用年限表

车型	总台数	1~2 年	3~5 年	6~8 年	8 年以上
小型车	115	1	43	36	35
中型车	33	3	8	14	8
重型车	32	4	1	13	14
小计	180	8	52	63	57

结合前图进行观察比较，2014 年修理 8 年以上的车辆 57 台次，与 2015 年比较来看，8 年以上车辆全部进行了维修，平均单车维修费在 0.6 千/台。2014 年修理 6~8 年的车辆 61 台次，与 2015 年比较来看，维修比例达 96.8%，平均单车维修费在 0.72 千/台。

就使用年限超过 8 年以上的车辆，有针对性开展 SWOT 分析。

优势 驾驶技术熟练 对车况比较熟悉 一般不安排长距离行驶 维修站离车队不超过 1 公里	**劣势** 超期服役车况老化 维修费用逐年增加 维修比例高达 100% 行驶安全系数降低 出现故障几率增大
机会 可选新上市同款车型较多 新车性能参数升级换代 新车购置成本降低 新车购置税优惠	**挑战** 维修成本资金紧张 国家车辆排放标准提高 驾驶员年龄偏大，人员不足 年检顺利通过的风险增大，多次不过

图 5-3　使用期限超过 8 年以上的车辆 SWOT 分析

通过图 5-3 分析认为，使用期限超过 8 年以上的车辆持续给化工厂带来的收益在递减，相反负面影响因素在逐步增多，建议化工厂加快车辆淘汰报废的进度、数量，适度更新车辆提高资产新度系数，招收年轻司机强化安全知识和驾驶技能的培训，增强安全行驶的保障能力，主动节约和降低维修、检测成本，在国家对环保达标愈发严格的情形下，企业应主动承担环保责任，抓住机遇将车辆品质升级换代。

SWOT 分析方法的主观性比较强。这种分析所涉及的结果是人的认识和理解。如果人们的理解和认识根植于事实，那么 SWOT 分析就是一种非常有效的分析工具，它可以用来对各种群体进行相应的分析，并且将分析进行比较。但是在很多情况下，人们的认识和理解可能不完全是事实。因此在使用SWOT的模型过程中应该比较谨慎。在使用过程中可以利用多人打分和设立权重的办法来全面分析企业的内外状况。

5.4 量子化管理案例①

量子化管理的目标，就是促使企业内部最小效益单元实现利润最大化，因此量子化管理的主体，既可以看作是由人组成的一个利益团队、单一市场、某一产品、一条生产线、单台动力设施如注水站、组合成套设备如钻机和修井机、油水井组等等，只要能够清晰测量和计算其相对独立的业务收入匹配相关成本后求得利润，就具备了量子化的基本规则，为使其利润不断增长而采取的管理改善和增效行为，就是量子化管理的主旨要义。

（一）量子化管理的模型

B采油厂下属有5个采油队，油田管辖面积136平方公里，辖区管理油水井总数1315口，承担着采油厂年产原油61.5万吨的生产任务。各采油队基本情况如表5－13：

表5－13 各采油队基本情况表

项目	合计	采油一队	采油二队	采油三队	采油四队	采油五队
1. 管辖面积/km^2	136	15	27	31	45	18
2. 油井总井数/口	955	102	213	226	288	126
油井开井率/%	78.22	78.2	79.5	81.3	74.6	77.5
油井生产时率/%	91.2	90.4	89.8	92.3	93.1	90.2
3. 水井总井数/口	360	42	75	89	102	52
水井开井率/%	71.3	72.5	69.8	71.2	75.6	68.7
注水时率/%	88.9	90.5	87.2	87.9	88.2	90.5
4. 原油产量/万吨	61.5	6	12	15	21.5	7
5. 员工人数/个	903	101	175	201	289	137

① 本案例中数据均为虚拟数据。——作者注

如果将5个采油队分别作为一个量子来进行管理，原油年总产量任务为61.5万吨，商品率99.3%，按53美元/桶，汇率6.7，吨桶比7.34折算油价为2606.43元/吨，分别可以确定5个采油队的年度销售收入。

采油队的完全成本构成（如图5-4），按照固定成本与变动成本进行划分，具体划分由管理会计依据业务实际和管理需要加以明确界定后，再分别计入对应油井和水井的成本之中：

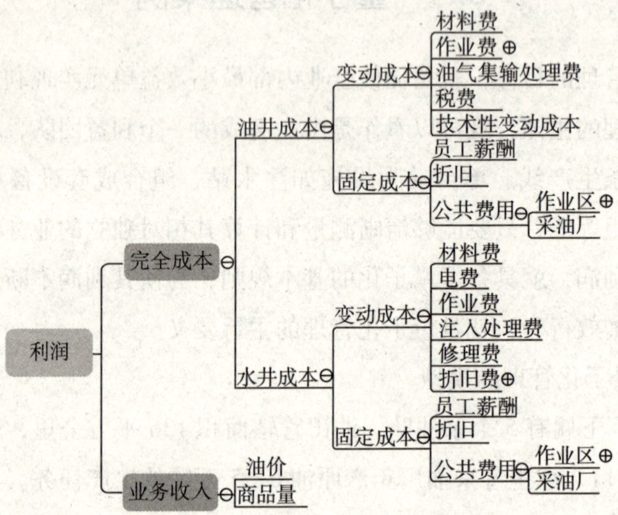

图5-4　采油队完全成本构成

遵循会计恒等式的基本规则：收入-成本=利润。

收入的计算主要变量包括：原油商品量、油价。

成本的归集主要包括对固定成本和变动成本的区分界定，一般意义上，固定成本包括人工成本、资产折旧、管理机构的公共费用，以及采油厂统支不能直接明确到单井上的费用等；变动成本包括材料费、燃料费、动力费、修理费、作业费、油气处理费、税费等。对于固定成本和变动成本的划分与界定并非绝对的、一成不变的，需要管理会计结合本企业的业务实际来加以区分，如在某段时期某些固定成本也会随业务变化来作为变动成本进行管理和控制。

依据上述规则，将5个采油队收支利润的构成进行列示说明。

表 5－14　作业区利润构成表

项目			采油一队	采油二队	采油三队	采油四队	采油五队	采油厂合计
收入	1	原油商品量（万吨）	5.96	11.92	14.90	21.35	6.95	61.07
	2	原油价格（53 美元）	2606.43					
	3	原油收入合计	15529	31058	38823	55646	18117	159173
变动成本	1	电费	754	1452	1689	2219	925	7039
	2	油井措施费	212	271	386	721	266	1856
	3	水井作业费	159	328	522	397	258	1664
	4	油水井维护费	216	321	287	453	181	1458
	5	一般材料费	50	67	102	175	65	459
	6	油料费	33	70	66	59	76	304
	7	车辆修理	14	20	26	35	12	107
	8	水费	12	14	17	15	10	68
	9	应急抢险	6	7	4	12	5	34
	10	外雇运费	33	21	19	17	22	112
	11	远传维护费	12	25	31	61	15	144
	12	化学药费	56	11	7	18	34	127
	13	变动成本小计	1556	2607	3156	4182	1869	13371
固定成本	14	采油队员工薪酬	1275	1698	2712	3428	2012	11125
	15	采油队折耗折旧费	14231	10975	6487	15487	12166	59346
	16	采油厂管理费摊销	6043					
	17	上级机关费用摊销	44495					
	18	采油厂员工费摊销	9175					
	19	采油厂折旧费摊销	11154					
	20	16～19 项小计	70867					
	21	资产净值所占比例	0.21	0.23	0.09	0.32	0.15	1
	22	16～19 项摊销再分配	14882	16299	6378	22677	10630	70867
	23	固定成本小计	30388	28972	15577	41592	24808	141338
	24	完全成本合计	31944	31580	18733	45775	56677	154709
利润总额			－16415	－522	20089	9871	－8560	4464

作业区利润构成表5－14基本是按照财务会计规则进行业务的收支归集，那么如何将成本计入相应油井、水井中，具体方法是：

采油队的变动成本列入油水井中时，第1项电费依据油井电表计量的电量计算得出，水井依据水井注入量、注水泵总耗电量与总注入量之比计算求得；第2～4项作业费根据实际作业井号，相应计入对应油水井成本；第5项材料费、第11项远传维护费、第12项化学药剂费根据受益情况直接计入油水井成本；第6、7、8、9、10项等成本按管理的油水井数进行分配。具体明细见表5－14。

采油队与采油厂的固定成本分摊，第14项采油队员工薪酬按管理的油水井数进行分配；第15项采油队折耗折旧费，按油水井资产对应计入；16－19项公摊费用以油气资产净值为基准按系数比分配计入油水井成本。具体明细见表5－14。

这种方法并非是绝对和唯一的，更多的是需要管理会计对采油厂业务深度了解和熟悉的程度上来加以界定划分和明确标准。

（二）应用案例

A采油厂的综合车队分为小车队和大车队，其中小车队有4个班组分别服务采油厂下属4个作业区的生产管理服务保障工作。小车队实行班组考核，4个班组服务的作业区按每天车辆出勤和台班费标准确认支付额度，4个班组收取车辆服务费计入收入，车辆所消耗的油料费、修理费等计入成本，4个班组的内部模拟利润额与班组业绩奖金直接挂钩，奖罚政策是：实现利润100元兑现绩效工资10元，出现亏损100元扣罚绩效工资10元。那么这4个班组每一个都是一个量子化管理的对象。

四个小车班年度收支情况如表5－15。

表5-15 小车班年度收支情况表

项目	小车二班	小车四班	小车一班	小车三班
年度总台班数	4035	4624	3770	3410
台班费（元/天）	450	450	450	450
收入小计	185750	2080800	1696500	1534500
驾驶员薪酬成本	1295400	1564000	1196300	1100000
车辆油料费	122509	158820	124520	147818
车辆修理费	112570	125600	102500	128750
车辆保险费	75000	85000	65000	55000
车辆年检费	30000	35000	26500	21000
管理费	150000	170000	130000	110000
成本小计	1785479	2138420	1644820	1562568
利润	30271	-57620	51680	-28068

通过核算反映出，小车一班和小车二班均实现盈利合计81951元，小车三班和小车四班出现亏损合计85688元。按综合车队年度考核政策，一班和二班分别兑现绩效工资3027元和5168元；三班和四班分别扣罚绩效工资5762元和2806元。这样的考核结果无可厚非，但对于小车三班和小车四班的驾驶员来说内心是不悦的，忙忙乎乎、辛辛苦苦服务作业区，一年365天有270-290天在工作，连周六日有时都搭进去了，怎么年底一算账变成亏损啦！很不服气。

这引起了管理会计的兴趣和关注，可以运用量子化管理的方法为小车班做经济分析，发现问题、分析问题和解决问题，为量子效益跃迁（也就是说由亏损变为盈利的可行性）出谋划策。

那么，先来将这4个班组对应服务的作业区201X年基本情况整理如表5-16。

表5-16 班组及相应作业区基本情况表

服务对象	作业一区	作业二区	作业三区	作业四区
服务主体	小车二班	小车四班	小车一班	小车三班
小型车/台	15	17	13	11
平均使用年限/年	8	10	6	11

续表

服务对象	作业一区	作业二区	作业三区	作业四区
服务主体	小车二班	小车四班	小车一班	小车三班
单车控制油耗/L/km	12.26	11.89	11.32	11.69
油区面积/km^2	23	38.3	29.5	53
油水井总数/口	173	400	187	428
原油产量/万吨	11	20	14	27.7
年度总里程/km	169126	222482	190293	222772
年度总用油量/L	20718	26859	21059	24999
年度修理费/元	135872	157468	113549	139754
行驶直线距离/km	168	210	187	248
三级公路/km	52	64	58	47
四级公路/km	45	38	62	39
软地路/km	71	108	67	162

利用表 5－16 的数据基础，通过直方图工具做一简单介绍。

1. 小型车数量、平均使用年限、单车油耗、油区面积。

2. 油区面积、油水井数、产量。

3. 总里程、油量、修理费。

4. 距离、三级、四级、软土路。

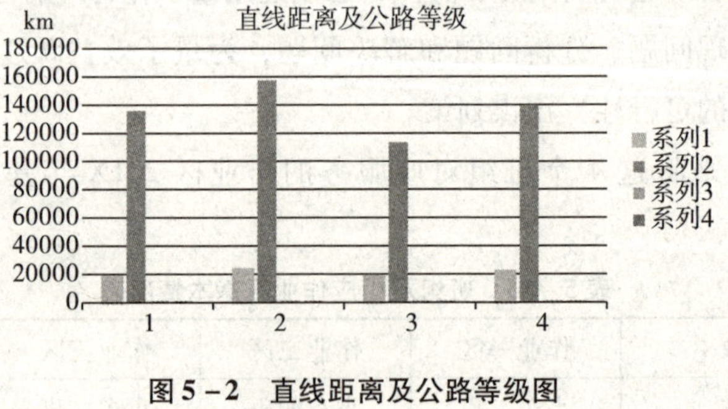

图 5－2　直线距离及公路等级图

结合实际情况，利用柱形图反映近三年相关数据，来拓展性分析素材对比观察变化情况见表 5－17。

表5-17　不同作业区车辆管理关键指标比较表

项目	作业一区			作业二区			作业三区			作业四区		
年份	2015	2016	2017	2015	2016	2017	2015	2016	2017	2015	2016	2017
小型车/台	12.00	14.00	15.00	14.00	16.00	17.00	9.00	11.00	13.00	9.00	10.00	11.00
平均使用年限/年	6.00	7.00	8.00	8.00	9.00	10.00	5.00	6.00	6.00	9.00	10.00	11.00
单车平均油耗/L/km	11.55	12.00	12.26	11.65	11.51	11.89	11.53	10.80	11.32	11.81	11.22	11.69
年度总里程/km	152010.00	157547.00	147066.00	204390.00	187619.00	193463.00	172267.00	167605.00	165472.00	203556.00	169707.00	193663.00
年度总用油量/L	17922.81	18987.54	18016.16	24486.35	22345.03	23356.26	20219.91	18819.44	18312.43	25259.99	18873.54	21738.30
年度修理费/元	86700	118970	135872	107100	135970	157488	69754	94250	113549	115760	126780	139753
油区面积/km²	19.50	19.50	19.50	32.50	32.50	32.50	25.00	25.00	25.00	45.00	45.00	45.00
油水井总数/口	142.00	151.00	147.00	335.00	333.00	340.00	138.00	156.00	159.00	375.00	368.00	363.00
产量/万吨	8.46	8.91	7.94	16.21	14.84	16.60	9.68	9.30	11.61	24.51	23.23	20.12

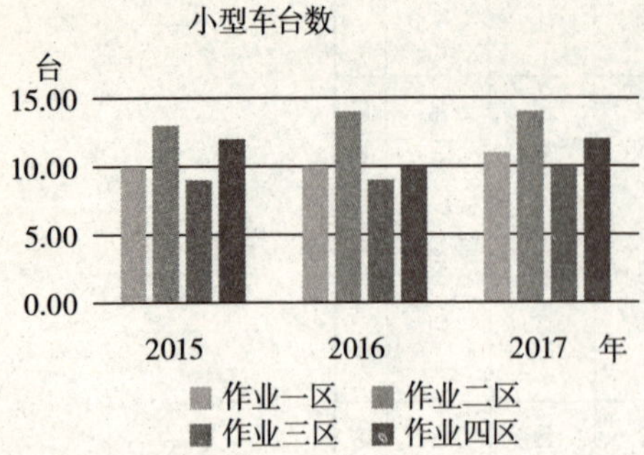
小型车台数
台
15.00
10.00
5.00
0.00
2015
2016
2017 年
作业一区
作业二区
作业三区
作业四区

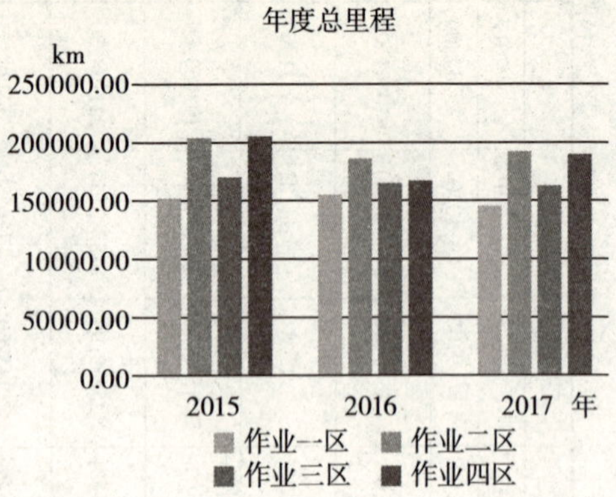
年度总里程
km
250000.00
200000.00
150000.00
10000.00
50000.00
0.00
2015
2016
2017 年
作业一区
作业二区
作业三区
作业四区

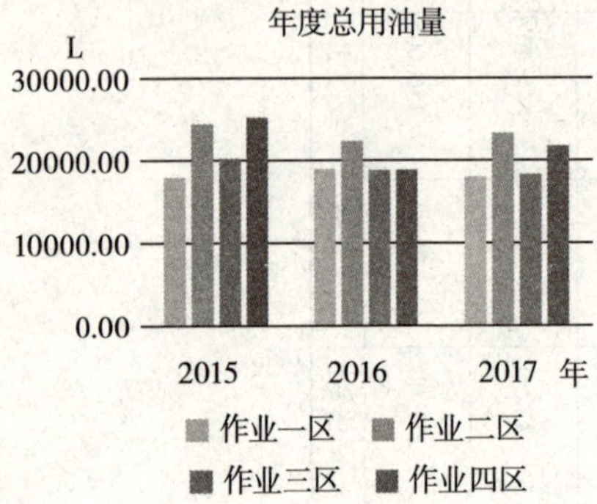
年度总用油量
L
30000.00
20000.00
10000.00
0.00
2015
2016
2017 年
作业一区
作业二区
作业三区
作业四区

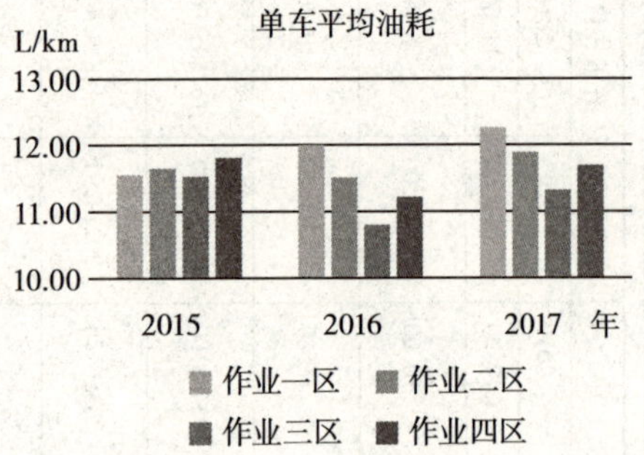
单车平均油耗
L/km
13.00
12.00
11.00
10.00
2015
2016
2017 年
作业一区
作业二区
作业三区
作业四区

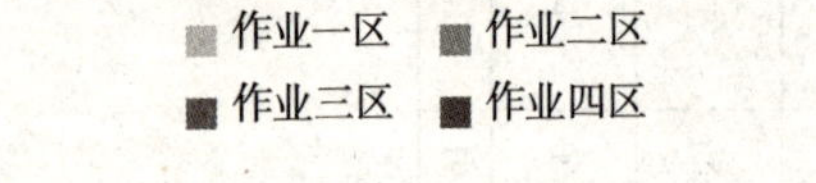
km²
管辖油区面积
60.00
40.00
20.00
0.00
2015
2016
2017 年
作业一区
作业二区
作业三区
作业四区

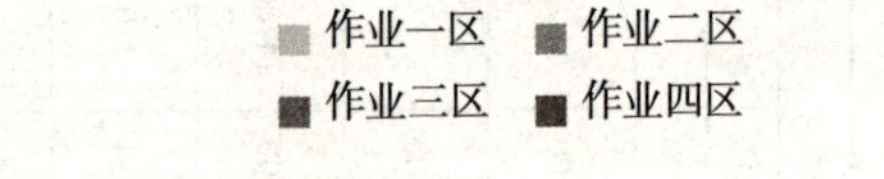
口
油水井总数
600.00
400.00
200.00
0.00
2015
2016
2017 年
作业一区
作业二区
作业三区
作业四区

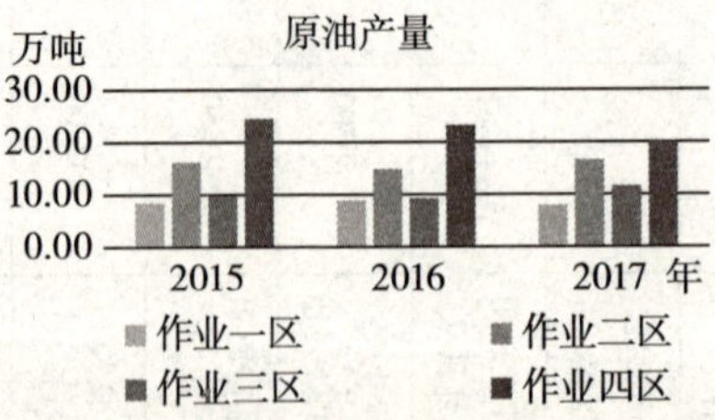
原油产量
万吨
30.00
20.00
10.00
0.00
2015
2016
2017 年
作业一区
作业二区
作业三区
作业四区

组合图：

1. 每平方公里配车台数（油田面积）

2. 每平方公里年度用油量（油田面积）

3. 单井年度公里油耗（油水井总数）

4. 万吨产量配置车辆台数（产量）

5. 万吨产量年度管理油耗（产量）

6. 每平方公里年度修车费（修理费）

7. 万吨产量年度修车费（修理费）

8. 使用年限对应单车维修费（修理费）

9. 油料费、修理费、车行驶距离（距离）

10. 油料费在三级、四级、土路占比

11. 修理费在三级、四级、土路占比

12. 司机年龄结构

得出结论：三车队、四车队贡献大，任务重，尊重和尊严，体现公平合理，扩大经营自主权，社会招募驾驶员（安全前提）

增加车辆和司机？提高台班费？不增车只增司机？改变运营模式，不指派作业区，滴滴模式就近叫车？优化路线，降低油耗和车损？无人机巡井，减少车辆逐步报废，年限超龄车辆？

第6章　正合管理会计修炼

专业领域的“天花板”

绘画艺术形式最早出现于原始人画在山洞的墙壁上，被称为岩画。岩画简单、粗糙，中华民族通过岩画的形态结构发展出了象形文字。而后纸张的出现使绘画艺术进一步发展。中西方的绘画有着不同的发展道路，中国画讲究写意，而西方更注重透视。在绘画艺术一、两千年的历史中，画家们所追求的是要画得逼真。从最初的岩画到古希腊的画作和后来的文艺复兴的画作，包括著名的《蒙娜丽莎的微笑》，画家们一直在追求的是如何能反映客观存在的真实世界。画家对坐在对面模特儿进行作画可以画得非常相似，但绘画艺术终将会走到一个尽头——照相技术的出现导致绘画艺术撞到天花板。照相技术从最开始用碘化银曝光，到后来的赛璐珞底片、彩色照片到如今的数码照片，照片中的景象比肉眼看到的还要真实，没有任何画家的作品可以比摄影作品更加真实。这时，传统的绘画艺术走到了尽头——还有谁肯用几个小时的时间等着画家为自己作画，哪怕他画得非常像呢？

莫奈是这个世上最伟大的画家。他早就意识到传统绘画终将会撞到天花板。即便摄影技术没有出现，随着画家的技艺不断提高，对透视、景深、色彩的理解越来越深刻，绘画艺术必将会越来越接近于真实。几近于真实的时候，就走到尽头了。莫奈提出了印象主义，科学的色彩学理论运用于绘画，追求以思维来揣摩光与色的变化，并将瞬间的光感依据自己脑海中的处理附之于画布之上，这种对光线和色彩的揣摩也是达到了色彩和光感美的极致，莫奈的作品《日出·印象》就是其中的代表，如图6-1所示。

1930年以后抽象派出现，尝试打破绘画必须模仿自然的传统观念。抽象艺术在用绘画具象化思想，而思想是没有尽头的。人的想法会随着社会发展而继续扩展，绘画所表现的内涵也就无穷无尽了。画家不再追求作品真实性，而是开始追求思想的腾飞，在不知不觉中绘画艺术完全改变了方向。曾经的绘画始终是在追求真实，而今转向了抽象。

会计领域同样存在这个“天花板”。从中国传统的“四柱结算法”到单式记账法，再到复式记账法，会计领域的基础理论与实践一直在发展中前行。当信息技术引入到会计领域后，会计电算化则带来了革命性的变革。而随着处理器运算能力的大幅度提升，云计算、大数据的出现和商业智能研究的不断深入，传统财务会计的“天花板”终于到来了。当名为“小勤人”的德勤财会机器人以100%的正确率用几分钟处理完了人力需要几十分钟处理的凭证时，财务会计的转型已经迫在眉睫。

图6-1　莫奈作品《日出·印象》

专业领域的天花板确实存在，财务会计面临的危机也是现实。

云计算、大数据、物联网、智能化、移动端（可简称为“云大物智移”）在未来相当长的时间内将是技术的主流方向，技术的进步对传统财务会计的冲击是可以预期的，财务会计面临转型是大势所趋，毋庸置疑。但同样，经济的迅速发展，供给侧结构性改革使得业务与技术人员也将面临冲击，如何更好地进行业财融合——无论是业务与财务融合还是财务与业务融合，管理会计都是一个非常好的结合点。

管理会计是对传统会计的继承和发扬，管理会计拓展了会计学的传统领域，使会计学能够重新焕发活力，以应对未来的变革。然而，如何向管理会计转型，管理会计又该如何成长呢？

6.1 职业道德

企业对管理会计的职业道德标准更高，这是由管理会计的定义、定位、使命和责任决定的。美国管理会计师协会认为道德（Ethics）“是有关判断人类行为好与坏、对与错的一个领域，是有关决策制定的价值观的应用。这些价值观包括诚实、公正责任、尊重和同情”。

为什么要提升到道德的高度来约束管理会计呢？英国皇家特许管理会计师公会（CIMA）和美国注册会计师协会（AICPA）联合发布的《全球管理会计原则》做出了阐述，而这个阐述是如此简明扼要。

信任

企业的决策者和管理者如果不能信任管理会计人员，那么管理会计向他提供的信息与报告毫无价值。

如果说《会计法》和企业会计准则在约束会计信息以保证其品质的话，管理会计的信息与报告则完全不同，你看不到它的质量。可能直到无法挽救的时候决策者和管理者才会发现它存在的错误。因而正直对管理会计人员来说尤为重要。

简单来说，职业道德就是做对的事情。然而管理会计的情况复杂到无法直观地判断对错。一家准备扩张的企业有两个可供决策的方案，进军东北市场和进军西北市场。无论企业选择了哪个方案，并且最终的结果能够令人满意，也无法确认所选择的方案就是对的，而另一个是错的——企业不可能返回方案的开始点重新实施一次方案以验证方案的对错——因为无法验证，所以企业也无法确认这次决策选择是正确的，既无法验证方案的正确性，也无法验证决策的正确性。在自然科学领域重复实验是一件习以为常的事，而在管理会计中则不可能做到，这不是科学，这只能是经验。对这种近乎玄学的领域，道德约束成了取得信任的唯一可能，而这个道德约束明显不是用来律人的，而是用以律己的——我们管理会计自己。

然而道德准则是什么呢？我们连会计最基本的职业道德准则“不做假账”都做不到——因为管理会计根本不做账。管理会计的职业道德至少应包含三个成分：

1. 道德感；

2. 道德判断；

3. 道德实践。

由此建立管理会计的职业道德准则。

美国管理会计师协会给出了管理会计的职业道德行为准则（IMAStatement of ethical professional practice），如表6－1所示，相应的，职业会计组织也制定了一系列程序，以调查那些被指控不符合该标准的行为。这个管理会计职业道德行为准则可供我们参考。

表6－1　管理会计师协会（IMA）职业道德行为准则①

IMA的会员应该只进行那些有道德的行为。职业道德行为的承诺包括能够作为我们的行为的指导，并且能够表现我们的价值的所有原则。
原则
IMA的道德原则包括诚实、公正、客观以及责任。会员应该遵守这些原则并且鼓励企业中的其他人遵守这些原则。
准则
没有遵守正面这些原则的会员会受到惩罚： **Ⅰ. 能力** 每一个会员都有责任做到： • 通过不断地丰富自己的知识和技能，保持与其职业能力相适应的专业水平。 • 严格依据相关法规、制度和专业标准履行职责。 • 提供准确、清晰、简明、及时的决策支持信息和建议。 • 了解并沟通那些会影响责任判断和行为的成功表现的职业限制和其他限制。 **Ⅱ. 保密** 第一个会员都有责任做到： • 防止泄露工作中获得的机密信息，除非得到所有者的同意或法律要求披露这些信息。 • 告知下属对工作中获得的机密信息予以保密，并监督他们的活动以确保保密性。 • 防止使用机密信息去谋求不道德或非法的利益。

① 资料来源：美国管理会计师协会，道德标准，www. imanet. org.

续表

Ⅲ. 正直 每一个会员都有责任做到： • 避免利润冲突。定期与企业协会进行沟通以避免利益的明显冲突，并对潜在的冲突提出建议。 • 避免参加任何有碍于正确履行职责的行为。 • 放弃参加或支持任何使职业信用丧失的活动。 Ⅳ. 信用 每一个会员都有责任做到： • 公正、客观地交流信息。 • 公布所有可以预期的可能会对使用者理解报告、分析和建议产生影响的信息。 • 公布信息的延误原因和缺陷、及时性、流程或者内部控制是否符合组织政策或适用的法律。
道德冲突的解决方法
在动用道德行为准则时，管理会计和财务管理执业人员可能会在确认不道德行为和解决道德冲突方面遇到问题。当面临重大的道德冲突问题时，管理会计和财务管理执业人员应该遵循已有的有关解决此类问题的原则。如果这些原则还不能帮助解决道德冲突，那么执业人员应该考虑采取以下一系列行动： • 与自己的直接上级讨论这些问题，当然如果他也牵涉其中就不要与他讨论了。在直接上级受到牵涉的情况下，应该向更高级的管理层报告。如果你没有得到满意的答复，就应该同更高的管理层沟通这些情况。如果你的直接上级是 CEO 或同等职位的人，那么可以接受的参加讨论的机构是审计委员会、执行委员会、董事会、信托委员会及所有者。假设直接上级并不牵涉其中，在向更高级的管理层汇报时应该获得直接上级的首肯。除非违反法律规定，否则将这类问题告知未被雇用或未涉及的管理当局或个人是恰当的。 • 通过与管理会计师协会的道德咨询部门或其他外部顾问私下交流相关的道德问题获得更好的备选方案。 • 向你自己的律师咨询有关道德冲突的法律责任和权利。

6.2 管理会计的职业能力体系

我国对管理会计人才的需求不断增长，人才缺口较大。传统的“传帮带”“师傅带徒弟”等模式，甚至依靠从业人员自身去“悟”的方式，周期长、可靠性差，通过大学培养模式训练管理会计的时效性、实用性均存在缺陷，难以满足实体经济对管理会计的现实需求。

同医学一样，管理会计也是严重依赖经验的，而经验的来源只能是实践，因此，管理会计必然是一个终身学习的领域。建立管理会计职业能力体系，对培训管理会计人才，追求终身学习和职业持续发展都具有重要意义。

《全球管理会计原则》定义了全球特许管理会计师职业能力框架，如图6－2所示。

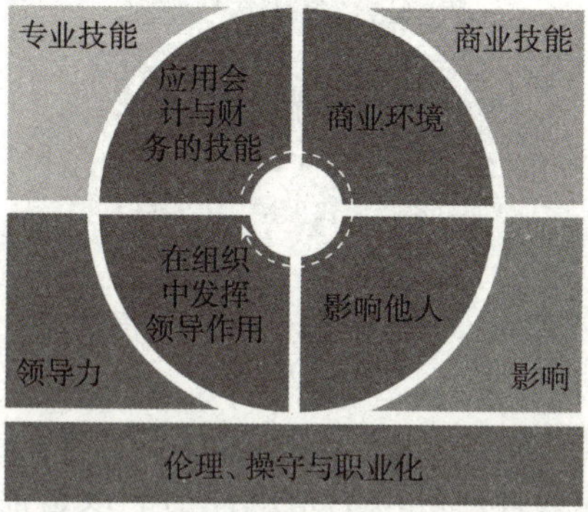

图6－2 《全球管理会计原则》职业能力框架

该框架涵盖了四个领域，分别为技术、商业、人力和领导力。每个领域又包括一系列的资格要求，按四个层级的熟练水平加以定义：基础水平、中级水平、优秀水平和专家水平，每层级的资格要求同时规定了一整套用于帮助职业发展的技能。

正合管理会计理论体系框架对管理会计职业能力体系的研究尚在起步阶段，在这个阶段我们在理论与实践两个方面进行了探索。

理论方面，在财政部《管理会计基本指引》的统领下，围绕管理会计参与单位规划、决策、控制、评价四个活动范围，对管理会计职业能力框架体系进行了思考，以四个能力方向试图构建管理会计职业能力模型。

1. 知识能力

知识能力包括管理会计知识能力与行业业务知识能力两方面。管理会计知识能力涵盖管理会计价值观与方法论、管理会计应用环境、面向业务的预算、项目化运营、量子化管理、EMPIRE模式、管理会计技术与管理会计信息化等8个方面，行业业务知识能力则与管理会计所处的应用环境相关。

在知识结构上我们将管理会计的知识学习体系分为5个层次，分别是知识层、训练层、经验层、方法层和创新层。如图6－3所示。

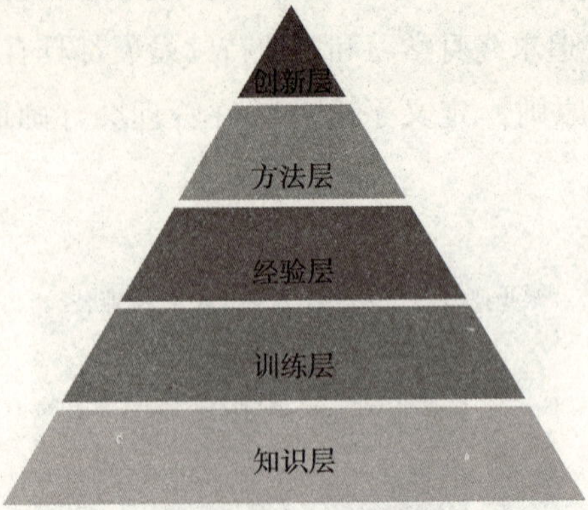

图 6－3　管理会计学习的 5 层结构

2. 环境能力

环境能力包括管理会计对环境的适应能力和改造能力，涵盖组织协调能力、战略思维、HSE 管理能力等方向的内容。

3. 技术能力

技术能力对管理会计掌握、使用工具与技术提出了要求，熟练掌握管理会计的工具与技术，以形成技术能力结构。

4. 行为能力

行为能力包括领导能力、个人能力、执行能力、沟通能力、学习能力等五个方向。领导力是决定领导者领导行为的内在力量，是实现群体或组织目标、确保过程顺畅运行的动力。

实践方面，搭建了正合管理会计理论框架体系的教学系统，有针对性地开展实践活动，摸索培养训练管理会计职业能力的路径，积累能力提升的方法和打造成熟度模型。

6.3　管理会计的企业级实践

管理会计适用的方法灵活多样，工作程序性差，这是由管理会计学科本身的特点决定的。基于此特点，管理会计职业能力的研究就不能仅仅停留在理论上和知识体系上，而应该面向实践。然而在实际面向实践的研究中，我们意识到管理会计缺乏相配套的实验性应用环境。为此，我们进行了一些探索和尝试，设计组建了一个企业级的管理会计实验室，以弥补在进行管理会计活动时和职业能力提高进程中的应用环境上的缺失。

管理会计实验室主要在五个方面开展实践活动：

1. 管理会计理论与知识体系的培训；

2. 管理会计工具与技术的训练；

3. 管理会计应用模型与案例的创建与整理；

4. 编制组织级职业能力发展计划；

5. 设计编制管理会计能力培训体系和能力测试题库。

在作者的童年时代，司机还是一个职业，而今汽车驾驶成为一种能力渗透到了社会生活中，并改变着现代人的行为方式。无人驾驶技术日渐成熟的今天，人与车的交互体验已经让我们看到了智能化交通的未来，而管理会计也将如此。

在昨天，管理会计还是大学里的一门课程。

而今天，管理会计已经逐渐变成一个人或一个岗位，使用管理会计的工具，履行管理会计的职责。

而随着管理会计的发展进步，在不远的将来管理会计会是一个部门，或是一个团队，也可能是一种职业，在评价着企业的过去，控制着企业的现在，规划着企业的未来。

但是管理会计不应仅仅局限在一个人、一个岗位或一种职业，而是如驾驶技术一样成为一种能力。这种能力于个人来说，可以提高个人的水平，于企业来说，这种能力变成了企业经营的组成部分，是企业掌控经济风险，谋取更大效益的能力，是企业持续创效的保证。

在云计算和大数据的支持下，管理会计必将走向智能化，这种智能化应该成为可以让更多人分享的管理会计能力，最终变成每个人所具有的能力。

参考文献①

[1] 顾锋．企业业务选择与优化[M]．上海:上海交通大学出版社,2009.

[2] 茅于轼．生活中的经济学[M].2 版．广州:暨南大学出版社,2003.

[3] 高金虎．军事情报学[M].1 版．江苏:江苏人民出版社,2017.

[4] (美)埃文斯(James R. Evans)．高效商业分析[M]．王正林,王权,肖静(译)．北京:电子工业出版社,2015.

[5] 陈龙章．全面预算管理信息化案例分析[M]．北京:经济管理出版社,2012.

[6] 张智勇．ISO9001:2015 文件编写实战通用教程[M]．北京:机械工业出版社,2017.

[7] 彭鸿涛．发现数据之美[M]．聂磊．北京:电子工业出版社,2014.

[8] 王传道．刑事侦查学[M]．郭华,肖承海．4 版．北京:中国政法大学出版社,2013.

[9] 龚巧莉．全面预算管理案例与实务指引[M]．北京:机械工业出版社,2015.

[10] (美)Michael Milton. 深入浅出数据分析[M]．李芳(译).1 版．北京:电子工业出版社,2012.

[11] 冯巧根．全面预算管理[M]．北京:中国人民大学出版社,2015.

[12] 杨善林．企业管理学[M]．李一军,李垣,胡祥培,傅为忠．北京:高等教育出版社,2009.

[13] 郑翔洲．资本与商业模式顶层设计[M]．叶浩．1 版．北京:电子工业出版社,2014.

[14] 查尔斯 T. 亨格瑞．管理会计教程[M]．潘飞,沈红波(译)．北京:机械工业出版社,2012.

[15] 白晓松．ERP 原理与实施[M]．周涛,乐承毅,陈晓璠．成都:西南财经大学出版社,2012.

---

① 本书的写作中，我们参考了一些书籍、文献和资料，为了体现科学的继承性，出于对原作者和出版者的尊重，并希望与读者达到信息资源共享，为我们按 GB/T 7714 - 2015 中 3.10 的规定，以阅读型参考文献的形式列出，仅供读者参考。虽经反复核对，此处列出的目录仍难免疏漏，挂一漏万，尚望读者指正，以便再版时补正。

[16] (美)滋维·博迪(Zvi Bodie). 投资学[M]. 汪昌云,张永冀. 北京:机械工业出版社,2013.

[17] 杨思卓. 职业培训师的8堂私房课[M]. 北京:北京大学出版社,2013.

[18] 崔淑芬. 新编管理会计[M]. 南京:南京大学出版社,2011.

[19] 云倩. 红烧肉一样的项目管理[M]. 北京:北京联合出版社,2013.

[20] 孙慧. 项目成本管理[M]. 北京:机械工业出版社,2007.

[21] 周宝源. 管理会计学[M]. 2版. 天津:南开大学出版社,2010.

[22] (美)Project Management Institute. 项目管理知识体系指南[M]. 5版. 北京:电子工业出版社,2012.

[23] (美)约翰 M·伊万维奇(John M. Ivancevich). 人力资源管理[M]. 赵曙明,程德俊. 原书第11版. 北京:机械工业出版社,2011.

[24] (英)阿弗里德·马歇尔. 经济学原理[M]. 廉运杰(译). 北京:华夏出版社,2005.

[25] (美)杰克·吉多. 成功的项目管理[M]. 张金成(译). 3版. 北京:电子工业出版社,2007.

[26] 邝孔武. 信息系统分析与设计[M]. 王晓敏. 3版. 北京:清华大学出版社,2006.

[27] 罗莉. 微表情心理学[M]. 北京:民主与建设出版社,2016.

[28] 王华. 管理会计[M]. 方丽,蒲文燕,杜菲. 成都:西南财经大学出版社,2012.

[29] 郭现芳. 企业战略管理[M]. 成都:西南财经大学出版社,2012.

[30] 陈锡坤. 中国石化全面预算管理[M]. 北京:中国石化出版社,2013.

[31] 严蔚敏. 数据结构[M]. 吴伟民. 2版. 北京:清华大学出版社,1992.

[32] (美)Watts S. Humphrey. 软件管理沉思录[M]. 黄征,成慧,刘然(译). 北京:人民邮电出版社,2012.

[33] (美)J·C·卡尔森(J·C·Carson). 像间谍一样思考[M]. 程波,高昂(译). 北京:中信出版社,2013.

[34] (美)雷 H·加里森(Ray H. Garrision). 管理会计[M]. 罗飞,陈辉(译). 北京:机械工业出版社,2009.

[35] 孙茂竹. 管理会计学[M]. 文光伟,杨万贵. 7版. 北京:中国人民大学出版社,2014.

[36] 叶鹰. 情报学基础教程[M]. 武夷山. 2版. 北京:科学出版社,2012.

附录1　管理会计基本指引

第一章 总 则

第一条　为促进单位（包括企业和行政事业单位，下同）加强管理会计工作，提升内部管理水平，促进经济转型升级，根据《中华人民共和国会计法》《财政部关于全面推进管理会计体系建设的指导意见》等制定本指引。

第二条　基本指引在管理会计指引体系中起统领作用，是制定应用指引和建设案例库的基础。管理会计指引体系包括基本指引、应用指引和案例库，用以指导单位管理会计实践。

第三条　管理会计的目标是通过运用管理会计工具方法，参与单位规划、决策、控制、评价活动并为之提供有用信息，推动单位实现战略规划。

第四条　单位应用管理会计，应遵循下列原则：

（一）战略导向原则。管理会计的应用应以战略规划为导向，以持续创造价值为核心，促进单位可持续发展。

（二）融合性原则。管理会计应嵌入单位相关领域、层次、环节，以业务流程为基础，利用管理会计工具方法，将财务和业务等有机融合。

（三）适应性原则。管理会计的应用应与单位应用环境和自身特征相适应。单位自身特征包括单位性质、规模、发展阶段、管理模式、治理水平等。

（四）成本效益原则。管理会计的应用应权衡实施成本和预期效益，合理、有效地推进管理会计应用。

第五条　管理会计应用主体视管理决策主体确定，可以是单位整体，也可以是单位内部的责任中心。

第六条　单位应用管理会计，应包括应用环境、管理会计活动、工具方法、信息与报告等四要素。

第二章　应用环境

第七条　单位应用管理会计，应充分了解和分析其应用环境。管理会计应用环境，是单位应用管理会计的基础，包括内外部环境。

内部环境主要包括与管理会计建设和实施相关的价值创造模式、组织架构、管理模式、资源保障、信息系统等因素。

外部环境主要包括国内外经济、市场、法律、行业等因素。

第八条　单位应准确分析和把握价值创造模式，推动财务与业务等的有机融合。

第九条　单位应根据组织架构特点，建立健全能够满足管理会计活动所需的由财务、业务等相关人员组成的管理会计组织体系。有条件的单位可以设置管理会计机构，组织开展管理会计工作。

第十条　单位应根据管理模式确定责任主体，明确各层级以及各层级内的部门、岗位之间的管理会计责任权限，制定管理会计实施方案，以落实管理会计责任。

第十一条　单位应从人力、财力、物力等方面做好资源保障工作，加强资源整合，提高资源利用效率效果，确保管理会计工作顺利开展。

单位应注重管理会计理念、知识培训，加强管理会计人才培养。

第十二条　单位应将管理会计信息化需求纳入信息系统规划，通过信息系统整合、改造或新建等途径，及时、高效地提供和管理相关信息，推进管理会计实施。

第三章　管理会计活动

第十三条　管理会计活动是单位利用管理会计信息，运用管理会计工具方法，在规划、决策、控制、评价等方面服务于单位管理需要的相关活动。

第十四条　单位应用管理会计，应做好相关信息支持，参与战略规划拟定，从支持其定位、目标设定、实施方案选择等方面，为单位合理制定战略规划提供支撑。

第十五条　单位应用管理会计，应融合财务和业务等活动，及时充分提供和利用相关信息，支持单位各层级根据战略规划做出决策。

第十六条　单位应用管理会计，应设定定量定性标准，强化分析、沟通、协调、反馈等控制机制，支持和引导单位持续高质高效地实施单位战略规划。

第十七条　单位应用管理会计，应合理设计评价体系，基于管理会计信息等，评价单位战略规划实施情况，并以此为基础进行考核，完善激励机制；同时，对管理会计活动进行评估和完善，以持续改进管理会计应用。

第四章　工具方法

第十八条　管理会计工具方法是实现管理会计目标的具体手段。

第十九条　管理会计工具方法是单位应用管理会计时所采用的战略地图、滚动预算管理、作业成本管理、本量利分析、平衡计分卡等模型、技术、流程的统称。管理会计工具方法具有开放性，随着实践发展不断丰富完善。

第二十条　管理会计工具方法主要应用于以下领域：战略管理、预算管理、成本管理、营运管理、投融资管理、绩效管理、风险管理等。

（一）战略管理领域应用的管理会计工具方法包括但不限于战略地图、价值链管理等；

（二）预算管理领域应用的管理会计工具方法包括但不限于全面预算管理、滚动预算管理、作业预算管理、零基预算管理、弹性预算管理等；

（三）成本管理领域应用的管理会计工具方法包括但不限于目标成本管理、标准成本管理、变动成本管理、作业成本管理、生命周期成本管理等；

（四）营运管理领域应用的管理会计工具方法包括但不限于本量利分析、敏感性分析、边际分析、标杆管理等；

（五）投融资管理领域应用的管理会计工具方法包括但不限于贴现现金流法、项目管理、资本成本分析等；

（六）绩效管理领域应用的管理会计工具方法包括但不限于关键指标法、经济增加值、平衡计分卡等；

（七）风险管理领域应用的管理会计工具方法包括但不限于单位风险管理框架、风险矩阵模型等。

第二十一条 单位应用管理会计，应结合自身实际情况，根据管理特点和实践需要选择适用的管理会计工具方法，并加强管理会计工具方法的系统化、集成化应用。

第五章 信息与报告

第二十二条 管理会计信息包括管理会计应用过程中所使用和生成的财务信息和非财务信息。

第二十三条 单位应充分利用内外部各种渠道，通过采集、转换等多种方式，获得相关、可靠的管理会计基础信息。

第二十四条 单位应有效利用现代信息技术，对管理会计基础信息进行加工、整理、分析和传递，以满足管理会计应用需要。

第二十五条 单位生成的管理会计信息应相关、可靠、及时、可理解。

第二十六条 管理会计报告是管理会计活动成果的重要表现形式，旨在为报告使用者提供满足管理需要的信息。管理会计报告按期间可以分为定期报告和不定期报告，按内容可以分为综合性报告和专项报告等类别。

第二十七条 单位可以根据管理需要和管理会计活动性质设定报告期间。一般应以公历期间作为报告期间，也可以根据特定需要设定报告期间。

第六章 附 则

第二十八条 本指引由财政部负责解释。

第二十九条 本指引自印发之日起施行。

附录2　企业的业务模式

（1）**资源垄断模式：**资源垄断型业务模式比较特殊，是建立在对某项政策资源或自然资源垄断基础上形成的业务模式。当企业通过某种方式获得这些资源，形成对资源的独占优势后，业务模式也就自然而然建立起来了。一般来说，对国家发展具有重要战略意义的国有大型企业多采用此种模式，例如，中国石油、中国电信等企业。通过对资源的独家垄断控制，企业可以彻底排除其他竞争者的进入，从而实现高额的利润。

（2）**规模效应模式：**虽然具有较大的规模并不一定意味着具有较强的竞争力和较高的利润水平，但是对于一些行业，如客户需求量非常大、产品高度同质化，采用规模效应模式可以帮助企业获得较强的市场控制力量，增强对销售渠道的议价能力，降低采购成本和吸收更多的稀缺资源。规模效应模式又可细分为资源规模效应模式、项目规模效应模式和交易规模效应模式。

1）资源规模效应模式。在某个市场上存在多个买家和卖家，如果各自单独交易则资源的利用效率太低，进而带来交易成本增加。企业可以将多项资源整合在一起，形成资源的规模化，然后按照各方所需对资源进行重新分配，如图附－1所示。

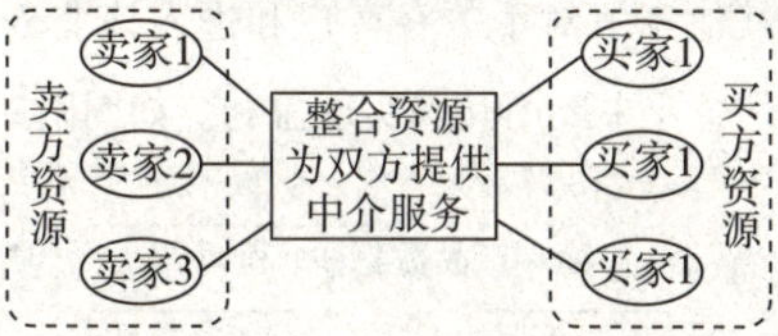

图附－1　资源规模效应模式

采用资源效应模式的企业实际上是作为买卖双方资源再分配的中介，控制着资源的流向和流量，参与交易的买家和卖家越多，资源规模越大，则交易成本越低，这种业务模式就越有价值。

2）项目规模效应模式。企业集中资源打造几个其他公司无法相比的项目，在单个项目上形成规模效应，而不是分散资源设计出一堆平庸的项目。该模型多用于前期投入巨大、项目寿命周期有限、项目开发后的边际制造成本较低的行业。企业要提高盈利就必须扩大产品的销售量，由于项目规模是别的公司无法比拟的，所以产品的定价一般较高，单位产品的利润率也较高，产品销量决定了利润水平和竞争力。

3）交易规模效应模式。一些业务的交易规模越大利润就越高，因为交易规模扩大后，单位产品的交易成本增长速度会低于单位产品的营业收入增长速度。此时“经验曲线”与“相对市场份额”的作用不大，利润主要集中在大额交易上，能够控制大规模交易的公司就能获得更多的回报，如经济类业务、运输类业务、房地产、投资银行、空运和广告等。此时，企业应该集中精力做大某项业务的交易规模，着力开发大客户并积极投资于这些客户，建立自己的市场领导地位。交易规模效应模式的关键是与大客户建立深厚的关系，保证企业能够获得最好最大的交易项目。

（3）**市场份额模式：**一些企业凭借自身实力，在整个市场或者某一区域市场份额中相对于竞争对手保持绝对的领先地位，成为行业的领导者。通过占有较高的市场份额可以有效降低广告等营销费用，能够吸引更多的技术和人才，同时保持现金流的充足，在市场波动的时候受到的影响也最小，因为他们对市场的控制力较强。如通用汽车、沃尔玛等企业都采取这种业务模式。

（4）**客户培养模式：**选择合适的客户群进行预先投资，通过帮助客户解决困难，建立和培养良好的客户关系，赢取客户的充分信任。例如根据客户的需求，为客户量身设计解决客户需求的产品或服务，帮助客户了解如何购买和使用产品。这种业务模式取得成功的重点是在前期的客户关系培养上，一旦建立了相互信任，日后在客户关系维护上的费用较低，而且客户的忠诚度极高，能够为企业带来稳定的高额利润。

（5）**高低端结合模式：**根据不同客户对价格的敏感程度和产品属性偏好不同，按照产品的价位和附加值将其分为高低端两大类。低端产品数目较大但是利润很少，目的是起到防火墙的作用，用来阻挡其他竞争对手争夺客户和进入该业务领域。高端产品种类较少，但是价格较高，利润较大，企业主要用其来实现盈利。如图附-2所示。

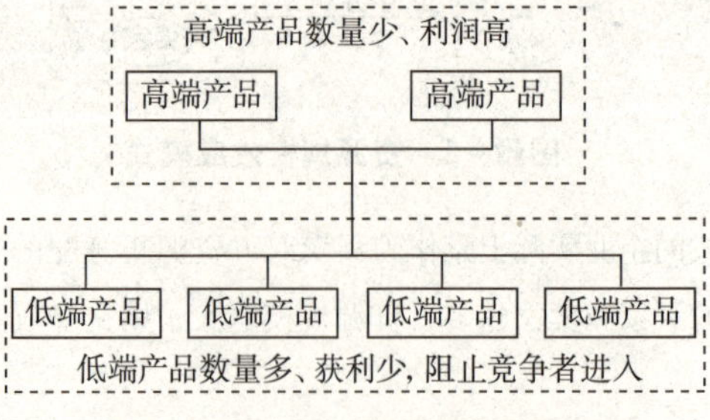

图附-2　高低端结合业务模式

例如，瑞士的SMH手表公司除了拥有欧米茄、浪琴、雷达等世界知名品牌的高端产品，为其获得巨额的利润外，还开发了一款价格超低、只有微利的手表品牌来建立防火墙，防止竞争者进入。正是这样的战略迫使日本的精工公司缩小其在手表业务上的投入。

（6）**速度领先模式：**创新的产品在上市初期尽管成本很高，但是价格也很高，这个时候的边际利润率最高。随着时间的推移，产品的价格和成本呈同时下降趋势，但是价格下降得比成本快，也就是说边际利润率在不断下降，甚至达到负值，如图附－3所示。

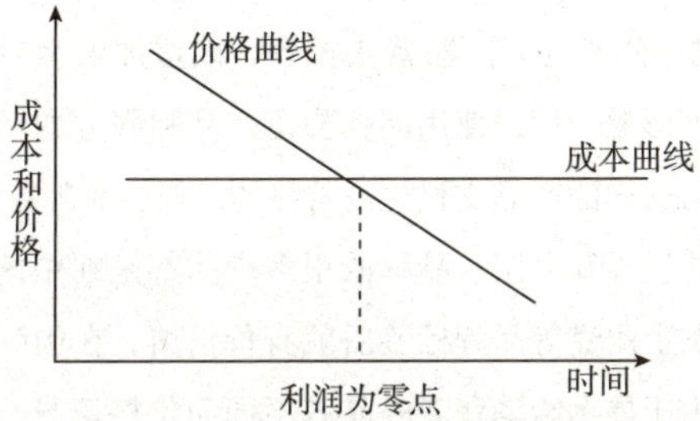

图附－3　速度领先模式盈利图

那么应用速度领先模式的企业在新产品上市初期（至少在利润为0点t之前）就要尽快使产品扩散，把好处用尽，等到产品成熟了，其他企业开始效仿的时候产品利润已经所剩无几。由于创新产品获得高额利润的时间很短，所以企业创新的速度和产品扩散的速度都非常重要。如英特尔公司、金融创新公司等高科技企业和创新型公司都适合采用该业务模式。

（7）**重复获利模式：**企业建立一项基础技术或者产品，利用这一基础技术或产品的功能特点，通过其不同的实现形式重复地获利。该模式对于那些拥有大量消费者的业务是强有力的获利机器。如宝洁公司推出的沙萱、潘婷、海飞丝、飘柔系列洗发水，虽然市场宣传的功效各不相同，但是配方和制造技术基本一样。再如迪斯尼公司将米老鼠、唐老鸭等卡通形象以电影电视、书刊、服装、饰物、主题公园、专卖店等形式表现出来，每种形式都获得了巨大的利润。与此类似的还有中国三辰卡通集团公司，该公司凭借其推出的《蓝猫淘气3000问》，先后在DVD、书刊、音像连锁店、特许专卖、品牌授权衍生等多个业务形态上反复获得了丰厚的利润。

重复获利模式的关键之处在于企业一旦投入巨资建立了一个品牌，建立在该品牌之下的一系列产品都会获得消费者的认可，企业可以通过不同的产品或服务形式重复获利。

（8）**渠道整合模式：**在某些市场上，存在许多供应商与许多客户发生交易，如果通过各自的渠道单独完成交易，则双方交易成本都非常高。这就会出现一种高价值的中介服务，来重新整合各方渠道，提供交易平台，降低各方交易成本。提供中介服务的企业也通过收取管理费、进场费等方式获得高额回报。如国美电器、苏宁电器都不是直接生产电器产品的企业，他们通过整合电器产品的销售渠道获得了商业上的巨大成功。

（9）**行业标准模式：**对于具有规模收益递增的行业，企业通过自身的技术优势，在行业内建立技术标准，迫使其他企业都必须服从这套标准。行业标准的所有者可以计划下一个阶段行业的发展规划，让竞争对手和客户只能被动地服从自己规定的节奏。同时采用该标准的客户越多，标准体系的价值就越高，随着体系价值的增加，标准持有者可以通过改进和升级来获得更多的回报。如微软、IBM、英特尔都是各自行业标准的制定者。

（10）**品牌制胜模式：**公司投下巨额营销投资，以增加顾客对自己产品的了解、认同和信任，树立良好的品牌形象。用户使用品牌公司产品和服务的经历可以增强这种无形的品牌效应。当用户愿意为这样的产品支付更高价格的时候，品牌效应便转化成企业的利润。例如，耐克、阿迪达斯等世界知名服装品牌的很多产品都是在中国代工生产，其成本仅有几十元，但是这些产品贴上耐克等品牌标签后就身价倍增，在国际市场上可以卖到上百上千元。完全相同的产品由于展示给消费者的品牌不同而价格迥异，这就是品牌制胜模式的秘诀所在。

（11）**瓶颈控制模式：**在许多行业的价值链上权力分配极不均衡，价值链的瓶颈环节控制着整个价值链的运行，其价值是其他环节的10倍，高额利润也集中在这些环节。这些都是商战中需要予以控制的制高点。控制了瓶颈的公司，其商业计划就决定了整个价值链的未来，而其他公司只能被动地做出相应的反应，总是落后一步。因此，把业务集中在某些瓶颈环节可以获得更高的回报。例如，在汽车行业中金融服务、货款担保等下游业务是价值链上的瓶颈环节，也是利润的高集中区域。

（12）**周期利润模式：**一些行业具有明显的周期性，在低谷时需求量减少，大多数企业面临亏损，在高峰时期需求大量增加，企业开始盈利。生产成本随着由低谷进入高峰而减少，价格不断增加。一些企业将自己的成本减少到平均线以下，在其他企业亏损的时候，可以持平，在其他企业持平的时候，它开始实现盈利，如丰田公司。

（13）**价值延伸模式：**在一些行业，企业并不是依靠销售产品和提供服务来获利，而是依靠对价值链的延伸，也就是依靠产品的售后服务和融资来获利。特别是对于高价格的产品，如航空业，尽管顾客的选择余地大，价格敏感度较高，但是售后服务相对价格要比原产品低很多，顾客对其价格不敏感。企业可以通过价值延伸方式，从后续的价值活动上获取较高的边际利润。而且即使一家企业没有自己的基础产品，也可以通过对其他企业产品的价值延伸获利。

（14）**文化传播模式：**在产品同质化比较严重的市场上，产品质量差别不大，如果单纯依靠价格战则会大大降低企业的边际利润。这时候就需要利用顾客看重产品的形象和文化含义，通过文化理念的传播，产生心理暗示来吸引消费者的诉求，从而获得较高盈利。

对于可乐产品而言，百事可乐和可口可乐就产品本身没有太大的差别，两者的价位基本一样。百事可乐为了在巨大的可乐消费市场上分得一杯羹，在营销宣传上突出了“欢快、青春、活泼、时尚、新鲜、活力、经久不衰、活跃”的“新的一代”的文化理念，通过对这种文化理念的传播，吸引了大量的年轻消费者，同时也为百事可乐带来了较高的市场回报。

（15）**低成本模式**：低成本模式成为许多企业战胜竞争对手、赢取市场的利剑。拥有较低成本优势的企业可以率先发起价格战挤压对手；在商业周期处于低谷时，可以缓解行业周期的制约，保持获利。采用低成本来设计企业业务模式可以战胜传统的经验，使行业中现有对手的经验失去价值。西南航空公司采用低成本模式，用“短距离、低价格、点对点”的空运模式战胜了“长距离、高价格、辐射式”的空运模式。戴尔公司用直销方式降低了库存，提高了周转速度，战胜了传统的店面销售和渠道分销模式。

（16）**电子商务模式**：互联网的普及无疑为众多企业提供了千载难逢的商机，电子商务已经成为一种全新的业务模式。电子商务相对于传统商务活动具有交易范围广泛、受时空限制影响小、信息来源广、交易环节少、交易费用低、交易效率高等明显的优势。例如，“中华速购”利用中美之间巨大的贸易逆差和中国的产品制造优势，为中美贸易提供电子商务服务，创造了 BtosmallB 的电子商务业务模式。

目前，电子商务模式主要包括：BforC 型，如爱代购；BtoC 型，如当当、卓越、淘宝、易趣；BtoB 型，如阿里巴巴、慧聪；CtoC 型，如淘宝、易趣。其中，阿里巴巴作为中国最大的电子商务网站，能够为 220 多个国家和地区的 760 多万企业和商人提供电子商务交易服务。每年通过阿里巴巴在国内的交易额达到 250 亿元以上，国际交易额达到 100 亿美元以上，而且每年都在大幅度增长。

附录3　管理会计常用工具与技术

1. **帕累托图**　依据帕雷托法则（二八法则）按照发生频率大小顺序绘制的直方图，又叫排列图、主次图。

2. **敏感性分析**　从众多不确定性因素中找出对项目或运营的经济效益指标有重要影响的敏感性因素，并分析、测算其对经济效益指标的影响程度和敏感性程度，进而判断项目或运营承受风险能力的一种不确定性分析方法。

3. **高斯分布**　也称正态分布，是一种概率分布。

4. **线性回归分析**　是利用数理统计中的回归分析，来确定两种或两种以上变量间相互依赖的定量关系的一种统计分析方法。

5. **标杆对照—先进性**　是借助于标杆管理的理论和方法，发现问题、分析问题和解决企业问题的一种方法。

6. **网络图**　在实际应用中一般用来表示项目的进度计划。

7. **决策树**　自上而下来生成的，对决策局面的一种图解。

8. **专家判断**　又称德尔菲法。是依据系统的程序，采用匿名发表意见的方式，作为预测的结果。

9. **焦点小组**　是由一个经过训练的主持人以一种无结构的自然的形式与一个小组的被调查者交谈。

10. **原型法**　是在获取一组基本的需求定义后，利用高级软件工具可视化的开发环境，快速地建立一个目标系统的最初版本，并把它交给用户试用、补充和修改，再进行新的版本开发。

11. **三点估算**　用网络图或者表格或者矩阵来表示各项具体工作的先后顺序和相互关系，以时间为中心，找出从开工到完工所需要时间的最长路线，并围绕关键路线对系统进行统筹规划，合理安排以及对各项工作的完成进度进行严密的控制，以达到用最少的时间和资源消耗来完成系统预定目标的一种计划与控制方法。在估算中考虑不确定性和风险，用以提高估算的准确性。

12. **资金关键链法**　是一种进度网络分析技术，可以根据有限的资源对项目进度表进行调整。

13. **统计抽样**　是同时具备随机选取样本与运用概率论评价样本结果两种特征的抽样方法。

14. **试验设计**　是一种安排实验和分析实验数据的数理统计方法；主要对试验进行合理安排，以较小的试验规模（试验次数）、较短的试验周期和较低的试验成本，获得理想的试验结果以及得出科学的结论。

15. **假设分析**　是针对结构质量不良的问题，在价值认识冲突假设意见众多的情况下，将各种假设汇集并创造性地综合以最终认定问题的方法，假设分析是一种综合分析。

16. **散点图**　在回归分析中，数据点在直角坐标系平面上的分布图。

17. **本量利分析**　在变动成本计算模式的基础上，以数学化的会计模型与图文来揭示固定成本、变动成本、销售量、单价、销售额、利润等变量之间的内在规律性的联系，为会计预测决策和规划提供必要的财务信息的一种定量分析方法。

18. **边际收益分析**　是增加一单位产品的销售所增加的收益，即最后一单位产品的售出所取得的收益。

19. **力场分析**　是一种现代心理学理论。

20. **平衡积分卡**　是一种绩效管理的工具，通过图、卡、表来实现战略的规划。

21. **鱼骨图（因果图、石川图）**　是一种透过现象看本质的分析方法。通过头脑风暴找出这些因素，并将它们与特性值一起，按相互关联性整理而成的层次分明、条理清楚，并标出重要因素的图形就叫特性要因图。

22. **逻辑图**　由许多逻辑图形符号构成，是描述逻辑函数的一种方法。是进行系统分析的基本手段。

23. **成本效益分析**　作为一种经济决策方法，将成本费用分析法运用于政府部门的计划决策之中，以寻求在投资决策上如何以最小的成本获得最大的收益。

24. **关键绩效指标（KPI）**　关键绩效指标是从对象（个人、业务单元、部门或组织）的关键成果领域中提取出来的主要工作目标。

25. **经济增加值（EVA）**　指从税后净营业利润中扣除包括股权和债务的全部投入资本成本后的所得。

26. **波特五力模型**　波特五力模型将大量不同的因素汇集在一个简便的模型中，以此分析一个行业的基本竞争态势。

27. **波士顿矩阵分析图**　一种规划企业产品组合的方法。

28. **战略地图**　是以平衡计分卡的四个层面目标为核心，通过分析这四个层面目标的相互关系而绘制的企业战略因果关系图。

29. **目标成本法**　是一种以市场导向（Market - driven），对有独立的制造过程的产品进行利润计划和成本管理的方法。

30. **标准成本法** 是指以预先制定的标准成本为基础，用标准成本与实际成本进行比较，核算和分析成本差异的一种产品成本计算方法。

31. **变动成本法** 是指在组织常规的成本计算过程中，以成本性态分析为前提条件，只将变动生产成本作为产品成本的构成内容，而将固定生产成本和非生产成本作为期间成本，并按贡献式损益确定程序计算损益的一种成本计算模式。

32. **作业成本法** 一般指 ABC 成本法，A 运用数理统计方法，进行统计、排列和分析，抓住主要矛盾，分清重点与一般，从而有区别地采取管理方式的一种定量管理方法。

33. **PDCA 循环** 是质量管理的基本方法，也是企业管理各项工作的一般规律。

34. **层次分析法** 是将与决策总是有关的元素分解成目标、准则、方案等层次，在此基础之上进行定性和定量分析的决策方法。

35. **主成分分析法** 旨在利用降维的思想，把多指标转化为少数几个综合指标（即主成分），其中每个主成分都能够反映原始变量的大部分信息，且所含信息互不重复。

36. **均方差法** 标准差能反映一个数据集的离散程度。平均数相同的两组数据，标准差未必相同。

37. **功效系数法** 功效系数法又叫功效函数法，它是根据多目标规划原理，对每一项评价指标确定一个满意值和不允许值，以满意值为上限，以不允许值为下限. 计算各指标实现满意值的程度，并以此确定各指标的分数，再经过加权平均进行综合，从而评价被研究对象的综合状况。

38. **甘特图** 通过条状图来显示项目、进度和其他时间相关的系统进展的内在关系随着时间进展的情况。

39. **安斯库姆四重奏** 是四组基本的统计特性一致的数据，但由它们绘制出的图表则截然不同。每一组数据都包括了 11 个（x，y）点。这四组数据由统计学家弗朗西斯·安斯库姆（Francis Anscombe）于 1973 年构造，他的目的是用来说明在分析数据前先绘制图表的重要性，以及离群值对统计的影响之大。

40. **桑基图** 是一种特定类型的流程图，图中延伸的分支的宽度对应数据流量的大小，通常应用于能源、材料成分、金融等数据的可视化分析。

41. **备选方案生成** 用来制定尽可能多的潜在可选方案的技术，用于识别执行工作的不同方法，如：头脑风暴、横向思维、备选方案分析等。

42. **备选方案分析** 很多进度活动都有若干种备选的实施方案，如使用能力或技术水平不同的资源、不同规模或类型的机器、不同的工具及自制外购或租赁相关资源。

43. **报告绩效** 收集发布绩效信息。在控制采购过程向管理层提供关于卖方正在如何有效实现合同目标的信息。

44. **产品分析**　产品分析技术包括：产品分解、系统分析、需求分析、系统工程、价值工程和价值分析。

45. **参数估算**　利用历史数据之间的统计关系和其他变量进行管理会计实务（BPU）时的工作时间和成本估算。

46. **储备分析**　为应对不确定性，在时间、成本估算中考虑应急储备、管理储备。在控制成本中，监督预算项目（或项目）应急储备和管理储备的使用情况，判断是否还需要这些储备，或者是否需要增加额外的储备。在控制风险任何时点比较剩余应急储备与剩余风险量，确定剩余储备是否仍然合理。

47. **成本汇总**　把成本估算依据预算结构汇总，或在项目化运营中汇总到WBS中的工作包，再汇总至更高层次（如控制账户）最终得出预算或项目的总成本。

48. **成本效益分析**　对每个质量活动进行成本效益分析，比较其可能成本与预期效益。

49. **冲突管理**　常用的解决冲突方法：撤退/回避、缓和/包容、妥协/调解、强迫/命令、合作/解决问题。

50. **采购谈判**　买方和卖方就签署合同、合同执行中索赔、争议和未决事项进行谈判。

51. **采购绩效审查**　根据合同对卖方审查业绩。

52. **采购审计**　对采购过程进行结构化审计，总结经验和教训，供管理会计实务（BPU）中其他采购合同或执行组织内其他项目或运营的采购合同借鉴。

53. **多标准决策分析**　借助决策矩阵，用系统分析方法建立多种标准，从而对众多方案进行评估和排序。

54. **定量风险分析和建模技术（敏感性分析/预期货币价值分析/建模和模拟）**　定量风险分析工具。

55. **独立估算**　买方或找第三方编写，用坐标杆来和投标人的报价进行对比。

56. **分析技术**　根据可能的项目或环境变量的变化及他们与其他变量之间的关系，采用分析技术来预测潜在的后果。

57. **访谈**　通过与干系人直接交谈获取信息的正式或非正式的方法，一对一、一对多等。

58. **分解**　把预算动因或项目可交付成果逐步划分为更小的、更便于管理的组成部分。

59. **发布的估算数据**　外部公司发布的生产率和资源单价。

60. **风险概率和影响评估**　分别分析风险发生的可能性和后果。

61. **风险数据质量评估**　考察风险数据的准确性、质量、可靠性和完整性。

62. **风险分类**　可以按照风险来源，使用工作分解结构等对预算项目、预算动因、预算参量、项目、运营、量子单元进行分类。

63. **风险紧迫性评估**　评估哪些风险现在需要应对，哪些需要过一段时间应对。

64. **风险再评估** 在控制风险中，经常需要识别新风险，对现有风险进行再评估、删除已过时的风险。

65. **风险审计** 检查并记录风险应对措施的有效性、检查风险管理过程的有效性。

66. **观察** 直接观察个人在各自的环境中如何开展工作和实施流程，动作研究法/动作跟踪。

67. **滚动式规划** 近期详细、远期粗略。

68. **关键路径法（CPM）** 不考虑资源限制的情况下，估算完成项目的最短工期。

69. **过程分析** 识别所需要改进的过程，包括根本原因分析。

70. **观察和交谈** 通过观察与交谈，随时了解团队的工作表现和态度动态。

71. **沟通需求分析** 确定项目干系人的信息需求。

72. **沟通技术** 采用各种技术在项目干系人之间传递信息。

73. **沟通模型** 基本沟通模型包括沟通双方，发送方和接收方，媒介等。

74. **沟通方法** 推式（发 email）、拉式（在线课程、网站）、交互式（开会）。

75. **概率和影响矩阵** 根据概率和影响的各种组合，该矩阵把风险划分为低、中、高风险，描述风险级别的具体术语和数值取决于组织的偏好。

76. **广告** 在大众出版物上刊登广告，可以扩充现有的潜在卖方名单。

77. **干系人分析** 系统收集和分析各种信息确定在整个项目中应该考虑哪些人的利益。

78. **管理技能** 协调各方实现目标。

79. **会议** 通常可分为三类：交换信息、头脑风暴、制定决策。

80. **核对单分析** 根据以往类似项目和其他来源的历史性信息与知识编制风险识别核对单，简单易用但无法穷尽。

81. **合同变更控制系统** 规定修改合同的过程，包括文书工作、跟踪系统、争议解决程序、各种变更所需审批层次，与整体变更控制系统整合在一起。

82. **检查** 开展测量、审查与确认等活动，来判断工作和可交付成果是否符合需求和产品验收标准。

83. **紧前关系绘图法（PDM）** 创建进度模型的一种技术，用节点表示活动，用于一种或多种逻辑关系连接活动，显示活动的实施顺序，节点发（AON）是紧前关系绘图法的一种展示方法。

84. **进度网络分析** 包括 CPM、关键链、资源平衡、假设情景分析等。

85. **建模技术（假设情景分析/模拟）** 制定进度计划过程工具。

86. **进度压缩** 不改变范围情况下，缩短项目历时，包括赶工和快速跟进。

87. **进度计划编制工具** 和项目管理软件一起使用，通常是一种自动化的工具。

88. **绩效审查** 包括偏差分析、趋势分析、挣值绩效分析。

89. **基本规则**　对成员可接受行为进行明确规定。

90. **集中办公**　团队成员集中在同一个物理地点办公。

91. **积极风险或机会的应对策略**　开拓、提高、分享、接受。

92. **技术绩效测量**　把管理会计实务（BPU）中执行期间取得的技术成果和取得技术成果的计划进行比较。

93. **建议书评价技术**　基于卖方对既定加权标准的响应情况来选择卖方。

94. **检查和审计**　由买方开展，需要卖方支持。

95. **记录管理系统**　属于管理信息系统的一部分，用来管理合同、采购为采购文档和相关记录。

96. **类比估算**　以过去项目、运营、量子单元信息做基础来估算未来项目、运营、量子单元信息（历史、资源、成本）。

97. **历史关系**　基于历史关系，利用相关参数建立数学模型，预测预算、项目、量子单元的总成本。

98. **卖方投标分析**　成本估算过程中，可能需要根据合格卖方的投标情况，分析成本。

99. **偏差分析**　根据基准，分析实际绩效偏差大小，决定是否需要采取纠正或预防措施。

100. **培训**　提高团队成员能力的活动。

101. **偏差和趋势分析**　利用绩效信息对管理会计实务（BPU）中执行的趋势进行审查，可使用挣值分析以及项目偏差与确实分析的其他方法。

102. **群体创新技术**　头脑风暴法、名义小组技术、概念/思维导图、亲和图、多标准决策技术。

103. **群体决策技术**　为达成某种期望结果而对多个未来行动方案进行评估（一致同意、大多数原则、相对多数原则、独裁）。

104. **确定依赖关系**　硬逻辑、软逻辑、外部逻辑、内部逻辑。

105. **七种基本质量工具（老七种）**　包括因果图、流程图、核查表、帕累托图、直方图、控制图、散点图。

106. **其他质量规划工具**　包括头脑风暴法、力场分析、名义小组技术、质量管理和控制工具。

107. **人际交往**　正式、非正式的行业、职业环境下的人际互动，有助于认识人才。

108. **人际关系技能**　软技能：同情心、影响力、创造力、协调力、领导力、决策力。

109. **认可与奖励**　对优秀成员的行为给予认可和奖励，要根据对方需求进行奖励。

110. **变更控制工具**　为便于开展配置和变更管理，使用的一些手工或自动化的工具。

111. **审查与批准的变更要求**　对所有已批准的变更请求进行审查，以核实他们是否已按批准的方式得到实施。

112. **SWOT 分析** 优势、劣势、机会和威胁分析。

113. **数据的收集和展示技术** 包括访谈/概率分析、是定量分析风险方法。

114. **市场调研** 通过会议、在线评论和各种其他渠道收集信息，了解市场情况的过程。

115. **索赔管理** 针对争议性的变更如何进行管理，先按合同谈判，然后考虑仲裁，最后上法院。

116. **提前量与滞后量** 通过调整时间提前量与滞后量，设法使用进度落后的活动赶上计划。

117. **谈判** 与职能经理、其他项目管理团队或外部组织谈判，获得项目所需资源。

118. **团队建设活动** 在团队建设五阶段中持续开展团队建设活动。

119. **图解技术** 包括流程图、因果图、影响图。

120. **投标人会议** 承包商会、供货商会议或投标前会议，在投标书或建议书提交之前，在买方和所有潜在卖方之间召开的会议。

121. **问卷调查** 通过设计书面问卷向为数众多的采访者快速收集信息。

122. **文件分析** 通过分析现有文档（商业计划、营销文献、协议、建议邀请书、现行流程等），识别与需求相关的信息，来挖掘需求。

123. **完工尚需绩效指数（ICPI）** 为了实现特定管理目标，剩余工作实施必须达到的成本绩效指标（预测值）。

124. **文档审查** 对管理会计实务（BPU）中的文档（合同、计划、项目档案等）进行评估审查。

125. **项目管理信息系统** 为项目从启动到收尾的所有方面提供支持，可以包括人工和自动系统。

126. **系统交互图** 展示业务系统及其与人和其他系统之间的交互方式。

127. **管理软件** 利用先进软件有助于规划、组织与管理可利用资源、编制资源估算。

128. **虚拟团队** 为共同目标而努力可几乎大家不见面。

129. **绩效评估** 对成员的表现进行评估。

130. **信息管理系统（MIS）** 以实物或电子形式收集、存储和分发信息的设施、流程和程序。

131. **信息收集技术** 包括头脑风暴法/德尔非法/访谈/根本原因分析，识别风险的工具。

132. **消极风险或威胁的应对策略** 回避、转移、减轻、接受。

133. **引导技术** 头脑风暴、冲突处理、问题解决、会议管理等。

134. **预测**　EAC、ETC。

135. **预分派**　事先选定的，三种情况：竞标过程承诺、取决于特定技能、项目章程承诺。

136. **应急应对策略**　制定应急计划，当风险发生时再执行。

137. **自下而上估算**　对预算动因或项目活动估算，然后向上汇总到预算项目或项目工作包，再汇总到可项目总资源。

138. **人力资源优化技术**　包括人力资源平衡、人力资源平滑，确保人力资源使用量稳定均衡。

139. **质量成本**　一致、非一致成本。

140. **资金限制平衡**　平衡资金支出，不要有很大起伏。

141. **挣值管理**　PV、EV、AC、CV、SV、CPI、SPI、EAC、ETC、TCPI。

142. **质量管理控制工具（新七种）**　包括亲和图、过程决策程序图、关联图、树形图、优先矩阵、活动网络图、矩阵图。

143. **质量审计**　独立的结构化审查，由审计师进行。

144. **组织理论**　个人、团队、组织的行为方式。

145. **组织图和职位描述**　按组织部门排列下面列出工作包，层级型、矩阵型、文本型、项目管理计划其他组成部分。

146. **招募**　从外部招聘人员。

147. **人事测评工具**　向项目经理和项目团队洞察成员的优势与劣势。可帮助项目经理评估团队成员的偏好和愿望，团队成员如何处理和整理信息，如何制定决策，以及团队成员喜欢如何与人打交道。

148. **自制或外购分析**　确定某个工作是团队自己完成还是外部采购。

149. **支付系统**　通过买方的应付账款系统向卖方支付，所有支付都必须严格按照合同条款进行并加以记录。

150. **目标分析法**　当一个企业确定其发展目标后，为实现这个目标，必然对企业人力素质提出标准和要求，即理想状态的人力素质。对理想状态的人力资本的结构和等级与现实企业状态的人力资本的结构能力进行比较分析，找出差距，确定培训项目及内容、方法。

附录4 风险的分类

由于对风险分析的目的不同，可以按照不同的标准，从不同的角度对风险进行分类。根据本书分析所涉及的范围，企业风险分类主要可以从以下几个方面来划分。

1. 按构成风险因素的性质划分

①自然风险。由于自然因素的不确定性给企业带来的风险，如洪水、风暴、地震等均属此类风险。这种风险通常是灾难性的，多数情况是人力无法抗拒的。

②经济风险。由于与企业生产经营活动相联系的各种经济因素的不确定性，而给企业带来的风险称为经济风险。这种风险是企业经常遇到的，它既可以给企业造成获益机会，也可以使企业承受损失。

③政治风险。这是指由政治因素变动对企业构成的风险。它包括国际政治风云变化，也包括国内政治、政策的改变。

④技术风险。技术风险指由于科学技术的发展，给企业带来的风险，这种风险通常是积极的，可为企业发展提供机会，也有可能是消极的，如技术进步导致企业发展极限提前到来。即便这种风险是积极的，但如果企业不能及时抓住机遇，墨守成规，也可能蒙受风险损失。

2. 按风险形成的原因划分：

①主观风险。指由于主观决策上的原因所构成的风险，它是由主观认识的局限性造成的。

②客观风险。指由于客观原因的影响而构成的风险。客观风险不是由企业主观因素引起的，但企业可以根据客观条件的变化及时准确地预测客观情况的变化趋势，以便及时采取应变措施，力求保证企业长久立于不败之地。

主观与客观是一组相对的概念，站在企业立场上，所谓的客观条件，对于国家来说，很可能是主观条件。因而，所谓客观风险的不可控性也是相对的，企业不可控的客观风险，有些是国家的可控风险。

3. 按风险的范围划分

①局部性风险。这是指在某一局部范围内存在而未波及全局的风险。

②全局性风险。这是指在一个整体内涉及全局性的风险。

4. 按风险程度划分

①轻度风险。这是风险程度最低的，在一般情况下即使有风险，对整体不会造成大的影响。

②中度风险。比轻度风险要大，这种风险虽然未达到左右整体的程度，但对整体却会产生明显的影响。

③高度风险。也称为重大风险或严重风险。这种风险一旦发生，就会使整体陷于困境，必须经过一定的时间才能恢复正常状态，严重时能造成企业无法生存，置企业于死地而难以绝处逢生。

5. 按风险存在的方式划分

①潜在型风险。风险作为一种可能性存在着，并已估计到风险的程度和范围，但这种可能性尚未变成现实性。

②延缓型风险。由于有利条件的增强，使不利因素发生的影响暂时受到抑制，因而风险的发生比原来估计的时间推迟，但风险尚未排除。

③突发性风险。这主要是由偶发事件引起的风险，是人们事先没有估计到并在没有思想准备的情况下出现的。

④转移型风险。由于客观条件的改变，而使构成风险的因素发生作用方向改变，从而导致风险向别的主体转移。

⑤竞争性风险。竞争性风险指由于企业间的竞争，而彼此对对方构成的风险，这种风险所形成的后果，主要由企业竞争能力和策略决定，风险存在的范围广，形式复杂，企业应予以足够的重视。

6. 按风险控制的程度划分

①可控制风险。是指人们对风险形成的原因和条件认识的比较清楚，并能通过采取相应的措施，把风险控制在一定的范围内。

②不可控制风险。这主要是由于自然因素和外界因素的影响而构成的风险，人们对这种风险形成的原因和条件认识不清，或者即使对构成这种风险的原因和条件认识比较清楚，但无力改变外界的条件，因而失去控制能力。

7. 按企业经营类型划分

①维持型风险。是指企业在不增加新的投入，维持原有经营规模条件下所遇到的风险。

②扩展型风险。是指企业追加新的投入，扩大规模或提高质量的条件下所遇到的风险。

③开拓型风险。是指企业的生产经营活动超出原有范围，或者改变原来的经营方向，向新领域开发所遇到的风险。

④开放型风险是指在开放条件下，企业在对外发生经济联系过程中所遇到的风险。

8. 按风险效应来划分

①纯风险。是企业在不改变原有经营条件和维持原有经营状况下所遇到的风险。这种风险的结果只有遭受风险损失，而不会带来机会收益。

②投机风险。这是企业在其进行生产经营活动中由于进行某种探索，使原有经营条件有所改变的情况下所遇到的风险。这种风险的结果，可能造成损失，也可能带来收益。

9. 按风险责任承担来划分

①国家风险。主要是指在开放条件下国家在进行国际贸易、国际信贷等方面所遇到的风险。国家对国内风险应承担的部分，也属于国家风险。

②企业风险。是指企业在其进行经营活动中应承担的风险。

③个人风险，也叫私人风险。是指由个人承担的那部分风险。

10. 按风险的内容划分

①市场风险；②技术风险；③生产风险；④信贷风险；⑤资源风险；⑥环境风险；⑦涉外风险；⑧人事风险；⑨事故风险；⑩制度改革风险等。

11. 按决策要求划分：

①可接受风险。人们在对某一项风险进行决策时，是否愿意承受这一风险，取决于这种风险的可能后果与决策者的主观意愿。如果这种风险可能给企业带来较大的风险收益，尽管也可能使企业蒙受风险损失，只要收益大于损失，且收益可能性较大，而损失可能性较小，那么，企业可以认为这种风险是可接受的。当然，对这种风险是否可以接受，应由企业决策者最后来决断。

②不可接受风险。任何人从主观上来说都不愿蒙受风险损失，这就是所谓风险厌恶倾向。

人们对风险的厌恶程度是随风险损失的可能性增大而增强。当风险损失的可能性大于风险收益的可能性时，人们就不能主动承担这种风险，这种风险也就成为不可接受风险。可接受风险与不可接受风险的界限不是绝对的，它受时间、企业自身条件和决策者素质等因素所决定。在短时期看，属于不可接受风险，但从长时期分析，可能属于可接受的风险；在一个实力较小的企业看来是不可接受的风险，但对一个实力很强的企业却可能是可接受风险；在一个比较保守的决策者看来是不可接受的风险，而对于一个开拓精神较强的决策者却是可接受的。如此等等，说明划定其界限的困难。

对风险的上述分类，仍然不能包括风险分类的全部。根据风险分析的目的和具体要求，还可以从不同的角度，对企业风险类别进行具体划分。对于不同企业进行风险分析，其风险分类应各具特色。